성숙훈련
IN CHRIST'S IMAGE TRAINING

열매가 익으면 곧 낫을 대나니

이는 추수 때가 이르렀음이니라

막4:29

성숙훈련
AWAKE

프랜시스 프랜지팬 지음 | 미래공동체 엮음

그리스도 형상 닮기
겸손
기도
연합

좋은땅

목차

재출판 안내문   *006*
서문   *008*

Ⅰ. 그리스도 형상 닮기 Christlikeness   *011*

Ⅱ. 겸손 Humility   *101*

Ⅲ. 기도 Prayer   *181*

Ⅳ. 연합 Unity   *277*

* 일러두기
본문의 성경구절은 개역한글판(Korean Revised Version)을 기본으로 인용하였습니다.

재출판 안내문

그리스도 형상 훈련
(IN CHRIST'S IMAGE TRAINING)

'천국의 도서관'에서 발간된 4권의 시리즈『그리스도 형상 닮기』,『겸손』,『기도』,『연합』의 저자인 프랜시스 프랜지팬 목사님은 이 책들을 통하여 수많은 예수님의 제자를 길러 내었고 지금도 열정적으로 사역하고 있습니다. 이 책자들은 국내에서도 몇몇 크리스천 모임에서 교재로 사용되었으며, 개별 독서를 통해 많은 유익을 얻었다는 후기도 전달받았습니다. 그럼에도 불구하고 출판사의 운영 미숙과 개인적인 형편을 핑계로 보석 같은 책들이 오랫동안 동안 절판되고 빛을 보지 못했던 것에 대해 죄송한 마음을 전합니다.

만물의 마지막이 가까운 지금, 한편으로는 성도들의 소망의 시간이 다가오는 이때에 귀한 책을 나눌 수 있도록 마음을 허락하신 주님께 감사드립니다. 그리고 주 안에서 지체된 서금옥, 송영광, 이미선, 허남, 황의정 님께 감사한 마음을 드립니다. 그들은 눈에 보이는 아무런 가치도 없는 작은 출판사에 조건 없이 후원해 줌으로써 사랑의 빚을 안겨 주었고, 그 사랑이 다시 이 책을 출판하는 힘이 되었음을 고백하지 않을 수 없습니다.

우리 세대에 거룩한 하나님의 백성들을 일으키는 '성도운동'에 헌신하고자 했던 그날의 약속은 '성숙훈련'이라는 보다 구체적인 사역으로 꽃피게 될 것입니다. 폭우가 쏟아지던 밤, 서울의 한 지하 예배실에서 올려 드렸던 우리의 작은 마음과 기도를 받으신 주님의 신실하심으로 반드시 열매 맺게 될 것입니다.

Christlikeness, Humility, Prayer, Unity

copyright © 2004 Francis Frangipane

Korean Edition published by HEAVENLY LIBRARY © 2009

서문

성숙훈련

　신랑 되신 예수님이 다시 오실 때 성숙하지 못한 성도들은 추수되지 못하고 남겨질 것이라고 성경은 경고하고 있습니다. 하나님이 베푸신 무조건적인 은혜는 그 사랑을 받은 자녀들에게 순결하고 자발적인 순종을 요구합니다. 그리스도의 계명을 따르며 주님 안에 거하는 자들만이 그 양분을 통해 자라고 성숙하여 아름다운 열매를 맺고 주님과 함께 다스리는 권세를 얻게 될 것입니다.

　'성숙훈련'을 통하여 주님을 기다리는 미래 세대를 일으키는 일에 동참하고자 합니다. 어느 지역, 어느 교파에 있는지는 중요하지 않습니다. 하나님의 놀라운 사랑 안에서 은혜를 입은 거듭난 지체들이 언제든지 연합하여 교통하고, 또 흩어져서 삶으로 예배드리는 영적 공동체를 보고 싶습니다. 특별히 특정 지역교회에 출석하지는 않지만 하나님을 사랑하고 신앙을 지키고 있는 일명 '가나안 성도'들을 응원합니다. 여러분이 스스로 교회가 되고, 여러분이 있는 곳이 교회가 되게 하십시오. 여러분의 가정, 직장, 삶의 자리가 하나님과 동행하는 신앙의 터전입니다.

　그리고 모든 성도들이 '안식년'을 가지시기를 권고합니다. 사회 일부 계층에서 '안식년'이라는 휴식과 충전의 시간을 특권으로 인식하고 있지만,

본질적으로는 하나님이 택하신 백성에게 주신 참된 안식의 시간이며 땅에서 하늘의 안식을 맛보는 성도들의 권리인 것입니다. 세상 속에서 무언가의 노예처럼 쉼 없이 바쁘게 살아가다가 어딘가 고장이 나서야 멈춰 서서 후회하는 것이 우리 인생입니다. 영혼의 안식, 육체의 안식을 위해 구하십시오. '성숙훈련'은 이러한 휴식의 시간 동안 말씀 안에서 신앙을 새롭게 돌아보는 과정이 될 것입니다. 영원한 것을 위해 영원하지 않은 것을 포기할 수 있는 지혜로운 사람이 되시기를 바랍니다.

by 미래공동체

I.
그리스도 형상 닮기

Christlikeness

하나님이 미리 아신 자들로 또한 그 아들의 형상을
본받게 하기 위하여 미리 정하셨으니

로마서 8:29

Intro

오늘날 열방은 역사 속 그 어느 때보다 혼란 가운데 서 있습니다. 테러와 뻔뻔스러운 반역과 세계 곳곳에서 일어나고 있는 다양한 충돌 속에서, 과연 하나님의 마음속에는 수많은 군중들을 그분의 나라로 인도하실 또 한 번의 대각성(great awakening)이 있을까요? 아니면 이미 우리의 미래는 돌이킬 수 없는 진로가 정해져서, 천재지변의 재앙과 저주만이 기다리고 있을까요? 저는 개인적으로 주님의 마음이 열방을 향해 불타고 있다고 확신합니다. 그리고 엄청난 추수의 계절이 우리를 기다리고 있다고 믿습니다.

죄를 보고 저주를 예견하는 것은 아주 쉬운 일입니다. 하지만 하나님께서 우리에게 주신 특권과 기도를 통하여 살펴보면, 그분께서 우리가 우리의 세상을 변화시키는 일에 그분과 동참하라고 말씀하시고 계신 것을 알 수 있습니다. 진실로 모든 나라들이 죄악에 휩싸여 있을지라도, 하나님의 마음은 에스겔 선지자가 말씀하고 계신 그러한 성도를 찾고 계십니다.

> 이 땅을 위하여 성을 쌓으며 성 무너진 데를 막아서서 나로 멸하지 못하게 할 사람을 내가 그 가운데서 찾다가 얻지 못한고로
>
> 에스겔22:30

하나님은 한 사람이라도 그리스도를 닮아 변화된 사람이 있다면, 그 사람이 남성이든 여성이든, 죄악 된 세상과 하나님의 나라 사이에 막힘없는 중보를 할 수 있게 해서서 국가의 미래를 바꿀 수 있게 하십니다! 제가 과장된 말을 한다고 생각하실지 모르지만, 이것이 바로 성경과 세계사가 말해 주고 있는 정확한 사실인 것입니다. 역사를 통해 살펴보면, 하나님께서는 가정과 교회와 도시와 국가를 위해 담대하게 일어섰던 각 개인들을 사용하셔서 역사의 진로를 바꾸셨습니다(히브리서11장, 전도서9:15). 이러한 일을 감당할 수 있는 능력을 하나님께로부터 얻기 위한 유일한 길은 "그리스도를 닮는 것"입니다. 그리스도 형상 훈련의 모든 과정은 예수 그리스도를 믿는 우리의 믿음에 초점을 맞추어 구성되었습니다.

그리스도 형상 훈련(IN CHRIST'S IMAGE TRAINING)에서 우리의 비전은 그리스도를 닮은 수많은 목회자, 지도자, 그리고 중보기도자들을 훈련시켜 세상의 각 나라로 파송하는 것입니다. 우리는 가장 엄청난 변화의 시대로 빨려 들어가고 있습니다. 그 속도가 점점 더 가속화되고 있습니다. 하나님께서는 우리를 통해 가족과 이웃뿐만 아니라, 더 넓은 세상으로까지 말씀을 전하시기를 원하십니다. 하지만 그분께서는 그렇게 하시기 전에 반드시 우리들의 마음을 새롭게 하시고 변화시키십니다. 하나님의 성령께서 여러분의 마음속 깊은 곳까지 철저하게 변화시키신다는 사실을 부인하지 마십시오. 주님께서는 마지막 때에 그분의 사역을 위해 사람들을 일으키실 것을 약속하셨고, 열방에 '철저하고 빠르게(로마서9:28)' 복음이 전달될 것을 이미 말씀하셨습니다. 믿음을 가지십시오! 그분은 '그분의 시간에(이사야60:22)' '서둘러' 우리를 변화시키신다고 말씀하셨습니다.

1장
그리스도 닮아 가기

예수님께서 여러분과 함께하신다는 것은 단순하게 외형적인 축복만을 의미하는 것이 아니라 그분의 '십자가의 도'를 따르는 것을 의미하는 것입니다. 여러분의 삶의 방식이 십자가의 도를 따름으로 인해 여러분의 기쁨도 점점 더해질 것입니다. 그와 동시에 한때 열정을 쏟았던 여러분의 수많은 아이디어들이나 프로그램들이 점차적으로 그 힘을 잃어 가고 더 이상 효과적이지 못하게 될 것입니다. 심지어 여러분이 선호하는 기독교적 주제들과 교회 형태 등 신앙의 정의가 좀 더 단순해지고, 여러분은 그저 예수님만을 더 알기 원하게 될 것입니다. 여러분은 예수님을 드러내지 않는 모든 프로그램이나 교회 사역은 아무리 잘 만들어진 것일지라도 사람들을 변화시킬 능력이 없는 '죽은 사역'이라는 것을 발견하게 될 것입니다. 그것은 성령님께서 여러분을 주님으로부터 새롭고 신선한 기름부음을 받도록 하기 위하여 준비시키고 계시는 것입니다.

우리는 교회를 통해 수많은 가르침을 받아 왔지만 예수 그리스도의 제자가 되라는 가르침을 받지 못하였습니다. 사람들에게 교리만 가득 채워 주었지 하나님을 가득 채워 주지 못하였습니다. 사람들에게 매뉴얼

(manual)을 주었지 임마누엘(Emmanuel)을 주지 못하였습니다. 그래서 누가 어떠한 교단적인 배경을 가지고 있는지 분별하는 것은 그리 어렵지 않습니다. 거의 모든 교단이나 영적 운동은 자신들만의 독특한 전통적인 성향이나 시스템을 개발하였으며, 어떤 것들은 단순하고 순수하게 그리스도께 헌신할 수 있는 부분을 불분명하게 만들어 버렸습니다. 그런 교단이나 영적 운동에 순종하는 순간 여러분도 그들처럼 되어 버리고 맙니다. 우리는 예수님처럼 되기를 원하지 사람들처럼 되기를 원하지 않습니다. 우리는 하나님의 나라를 원하지 전형적인 미국 기독교나 한국 기독교를 원하지는 않습니다.

그러므로 우리들은 방심하지 말고 열정적으로 우리 자신을 성령님과 주 예수님의 말씀에 복종시켜서 끊임없이 하나님 나라의 거룩한 기준에 이르도록 해야 합니다. 그리스도의 풍성함 안에서 그리스도 이외의 것에 초점을 맞춘다든가 목표를 정한다면 그러한 것들이 유혹의 근원이 되어서 앞으로 다가올 미래를 어둡게 만들 것입니다.

예수님께서 평범한 사람들에게 어떤 일을 행하셨는지 살펴보십시오. 삼 년 반 정도밖에 안 되는 기간 동안 평범한 남성과 여성들을 두려움이 없는 제자들로 변화시키셨고, 진실로 하나님의 성령이 충만하도록 만드셨습니다! 그들은 고통을 당해도 움츠러들지 않았고, 희생하는 것을 두려워하지 않았습니다. 그 보통 사람들은 마귀를 쫓아내는 영적 권세로 무장하였고 병을 고치는 능력을 발휘하였습니다! 그들이야말로 그리스도께서 사람들을 변화시키신다는 살아 있는 증거입니다. 삼 년 반 동안 예수님께서 제자들에게 행하셨던 희석되지 않은 하나님의 나라를 오늘 우리에게도 허락하고 계십니다! 그들은 우리들처럼 평범한 사람들이었습니다.

어떤 이들은 "그 사건은 2000년 전의 사건이 아닙니까?"라고 반문할지도 모릅니다. 사실 그렇습니다. 하지만 "예수 그리스도는 어제나 오늘이나 영원히 동일"하십니다(히브리서13:8). 여러분은 '그들은 예수님의 말씀을 들었고 예수님께서 행하시는 이적을 보았지 않느냐!'고 항의할지도 모릅니다. 하지만 한 가지 분명한 사실은 그 당시 예수님을 통해 역사하셨던 성령님은 오늘도 똑같이 역사하신다는 것입니다. 성령님은 늙거나 기운이 약해지는 분이 아니십니다. 성령님은 변절하시는 분이 아닙니다. 성령님은 오늘도 충만하게 임하십니다. 진실로 1세기 때 예수님께서 하셨던 말씀은 오늘도 수많은 사람들의 마음속에 여전히 '살아있고 역사하고(히브리서4:12)' 있습니다! 예수님께서 "내가 세상 끝날까지 너희와 항상 함께 있으리라(마태복음28:20)"고 말씀하지 않으셨습니까? 예수님은 동일하시고 성령님은 충만하게 부어 주시며 하나님의 말씀은 여전히 역사합니다. 분명한 것은 우리에게 변명의 여지가 없다는 사실입니다.

2000년 전에 자신의 나라를 세우신 영원하신 분은 오늘도 동일하게 임하셔서 우리로 하여금 완전하게 동일한 열매를 맺게 하십니다. 우리가 해야 할 것은 예수님만 의지하고 그분께 솔직하게 나아가는 것입니다. 우리에게 필요한 것은 그분 이외의 그 어떤 것이나 어떤 사람들로 인한 만족이 아니라 오직 그분 안에서만 만족을 얻고자 하는 진실된 마음입니다.

만약에 우리들이 그다지 중요하지 않은 교리들에 관해 논쟁을 한다면, 우리들은 예수님의 제자를 만들어 내야 하는 교회의 참된 목적을 완전히 상실하게 됩니다. 여러분 중에는 목사가 되기를 원하는 분이 있을 것이고 장로가 되기를 원하는 분도 있을 것입니다.

여러분들 중 극소수의 사람들은 사도와 선지자의 기능이 공존하여 큰 능력이 나타날 때까지는 절대로 만족하지 못할 것입니다. 좀 더 분명하게 말씀드리면, 지금 이 시점에서 하나님께서는 '사역자(ministries)'를 세우시는 것이 아니라 '종(servants)'을 세우십니다! 우리들이 사역자가 아니라 종이라는 것을 인식한 후에만 교회를 회복시키시는 그리스도의 권능을 볼 수 있게 됩니다.

앞으로 다가올 시대의 리더십 양상은 아주 간단합니다. 지도자 각 사람이 예수 그리스도와 하나 되기를 원하는 불타오르는 열정이 있어야만 합니다. 그리스도의 형상을 소유하고 싶은 불타오르는 열정이 여러분 마음속에 일어나고 있습니까? 우리들이 진실로 원하는 교회의 모습은 계속해서 프로그램을 동원하여 성도들을 지치게 만드는 것이 아닙니다. 참된 교회의 이슈는 성도들이 '강력하게 그리스도 찾기를 소망하는가?'여야 합니다.

분명한 사실은 하나님께서는 회중들이 진심으로 하나님을 만나기를 소망하기만 하면, 어떠한 교회 형태(또는 교단이나 교리)라도 사용하실 수 있습니다. 오순절 이전에 하나님은 작은 다락방 교회의 120명 성도만을 가지고 계셨지만 그들은 전심으로 하나님을 찾는 사람들이었습니다! 안디옥교회에는 협력하여 하나님을 찾은 선지자들과 교사들이 있었습니다! 마틴 루터(Martin Luther)가 살았던 시절에는 불만족스러운 사제들뿐이었지만 루터는 하나님을 찾았습니다! 모든 부흥운동에서 주님은 평범한 남성들과 여성들을 사용하셨는데 사용된 이들의 공통점은 열정적으로 오직 하나님만 찾았다는 점입니다!

전능하신 하나님께 외형적인 모습은 전혀 관심거리가 되지 않습니다.

진정한 이슈는 그분 앞에서 우리의 태도입니다! 하나님께서는 실질적으로 회중들이 진심으로 하나님께 굶주려 있기만 하면 모든 교회의 형태를 통해 역사하십니다!

우리는 교회의 구조나 절차에 관하여 논쟁할 수 있습니다. 분명한 사실은 하나님의 움직이심은 구조의 훌륭함과 정돈된 상태 속에서가 아니라 "혼돈하며 공허한(창세기1:2)" 상태에서 시작하신다는 것입니다. 열정적이고 기름부음이 있고 하나님만 찾는 사람들이 모인 곳, 그곳이 다락방이든 지하실이든 하나님께서는 바로 그곳을 사용하십니다. 성령님은 그들에게 공허함을 은혜로 주시며 목적이 있어서 허락하신 자기 부인의 빈자리를 충만하게 채워 주십니다. 그들은 의도적인 혹독함에 의해 그들이 가진 모든 재능과 기술을 내려놓고 하나님 앞으로 나아오게 됩니다. 그리스도께서 자신을 비우신 것처럼, 그들 또한 자신들의 특권과 안위를 버리고 그리스도의 형상인 '종의 형체'를 입게 되는 것입니다(빌립보서2:7).

그런 다음 그들은 충만함을 얻기 위해서는 반드시 자신을 완전히 비워야 한다는 사실을 깨닫고 사막과 같은 자신의 모습을 그분 앞에 드리게 됩니다. 그들은 자신들의 영적 빈곤이 하나님의 나라를 준비시키는 하나님의 은사라는 사실을 깨닫습니다(마태복음5:3, 요한계시록3:17). 우리 속에 공허함을 많이 느끼면 느낄수록 하나님을 향한 우리들의 굶주림이 강해지는 것입니다.

하나님께서는 정결한 자, 공허하게 비운 자, 그리고 새 포도주를 담았을 때 팽창하는 것을 견딜 수 있는 자들을 선택하십니다. 그들의 마음은 하나님의 성령께서 쏟아부어 주시는 것을 담는 그릇입니다. 그들은 그리스도의 내재하시는 충만함으로 팽창하게 됩니다. 그들의 삶의 목적은 성령님의 열매와 권능을 포함하게 됩니다.

엄격하고 정밀한 구조를 가진 딱딱한 모습으로는 하나님께 접근할 수 없으며 오히려 고정되지 않은 부드러운 모습으로 나아가야 합니다. 그리스도께서 우리 안에서 실제로 우리의 형상을 만들어 주실 때까지 우리들은 열정적으로 하나님만 찾는 그런 사람들이 되어야 합니다(갈라디아서 4:19).

그러므로 교회의 형체나 구조가 쟁점이 되지 않도록 합시다. 우선적으로 해야 할 것은 우리 자신들의 생각을 내려놓고 복음으로 돌아가서 예수님께서 명령하신 것을 순종하는 것입니다. 하나님을 찾는 영적 굶주림의 기간 동안에는 목적이 있는 자기 부인이 필요합니다.

하나님께서 이처럼 새롭게 휘저으시는 중에 교회의 지도자와 중보자로서 우리의 목표는 예수님 안에 거하는 것이지 다른 교단보다 자신이 속한 교단이 높아지게 하는 것이 아닙니다. 사도 요한은 "저 안에 거한다 하는 자는 그의 행하시는 대로 자기도 행할찌니라(요한일서2:6)"라고 가르치고 있습니다. 만약에 우리들이 진실로 그분 안에 거한다면 '그분의 행하시는 대로 우리도 행하여야' 합니다. 혹시 우리 삶의 여러 부분들에서 예수님의 인격이 아닌 '종교'가 자리 잡고 있지는 않습니까?

초대 교회 일세기 때 성도들은 예수님의 말씀을 가졌고 예수님의 성령을 가졌습니다. 간단명료하게 말하자면 그 사실만으로 교회는 넘치는 위대함과 권능을 누렸습니다. 이제 우리들도 그분의 제자가 되려고 해야 하고 예수님께서 행하셨던 것과 같이 행하기를 간구해야 합니다. 이것이 바로 주님의 집을 건축하는 데 필요한 유일한 조건입니다. 우리 마음속에 오직 그리스도의 형상만을 세우기를 원해야만 합니다.

그것이 가능할까요? 예수님께서 하신 말씀을 들어 보십시오. 예수님께서는 "내가 진실로 진실로 너희에게 이르노니 나를 믿는 자는 나의 하는 일을 저도 할 것이요 또한 이보다 큰 것도 하리니 이는 내가 아버지께로 감이니라(요한복음14:12)"고 말씀하셨습니다. 예수님께서는 "너희가 내 안에 거하고 내 말이 너희 안에 거하면 무엇이든지 원하는 대로 구하라 그리하면 이루리라(요한복음15:7)"고 가르치셨습니다. 우리들이 하나님의 뜻에 정확하게 맞추기만 하면 진실로 아버지의 보증과 아들의 권세를 받게 됩니다.

그러므로 우리들의 목표는 그리스도를 닮는 것, 그 이상도 이하도 아니며 그리스도를 닮는다는 것은 하나님의 방법에 의한 지식으로 완전하게 훈련받는 것입니다. 주님은 우리에게 주님께서 지불한 것과 똑같은 것을 지불하라고 하셨고, 똑같은 일을 행하라고 하셨으며, 예수님께서 드렸던 기도와 똑같은 기도를 드려 똑같은 은혜를 입으라고 우리를 부르고 계십니다. 우리들은 하나님께서 약속하신 것을 그 어떤 것과도 타협할 수 없으며 그분이 요구하시는 것에 불순종해서도 안 됩니다. 위의 구절들은 예수님의 말씀이 가르쳐지고 예수님의 성령께서 자유하신 곳이면 예수님의 생명이 나타난다고 확인해 주고 있습니다. 이것이 우리들의 즉각적이고 장기적인 목표가 되게 하십시오. 예수 그리스도를 바라본다는 것은 바로 교회에 그분의 충만함을 드러내는 것입니다.

주 예수님, 주님을 사랑하는 것보다 교회의 형식이나 교리들을 더 사랑한 것을 용서하여 주십시오. 주여, 잘못된 종교적 전통의 영향력으로부터 저희를 정결하게 해 주십시오. 지금 이 순간에도 오직 주님만, 주님만을 위한 열정이 식지 않게 하여 주옵소서! 당신의 영광을 위해 살기를 원합니다. 예수님 이름으로 기도합니다. 아멘.

2장
그리스도를 닮기 위한 헌신

히브리서 기자는 '믿음이 없으면' '하나님을 기쁘게 할 수 없다'고 말하고 있습니다(히브리서11:6). "믿음은 바라는 것들의 실상이요 보지 못하는 것들의 증거(히브리서11:1)"입니다. 히브리서는 계속해서 믿음에 관하여 설명하고 있는데, "보이는 것은 나타난 것으로 말미암아 된 것이 아니니라(히브리서11:3)" 즉, 보이는 것은 보이지 않는 것으로부터 온 것이라는 것입니다. 다른 말로 하면 믿음이 있는 사람은 다른 사람들의 눈에는 보이지 않는 것을 영적으로 보며, 결국에는 그것이 나타나게 된다는 의미입니다.

계속해서 히브리서를 공부해 보면 하나님께서 영감을 주셔서 참된 믿음을 가졌던 이들의 이름들을 보게 됩니다. 오늘날 믿음을 가졌다는 의미를 '그리스도께서 나의 죄를 위해 죽으셨고 나는 예수님 때문에 천국에 간다는 것'으로 인식하고 있습니다. 물론 이것이 믿음의 출발점입니다. 하지만 주님은 우리의 믿음을 시작하게 하시는 분이실 뿐만 아니라 완전하게 하시는 분이시기도 합니다. 그리스도께서 영감을 불어넣어 주시는 믿음은 우리가 죽었을 때 천국에 가게 할 뿐만 아니라, 우리가 살아가고 있는 이 땅에 천국을 임하게 하기도 합니다. 그러한 면에서 히브리서에 기록된 '믿음의 전(hall of faith)'의 리스트에 있는 모든 이들은 하나님을 믿었을 뿐만 아니라, 하나님께로부터 진정한 기름부음을 받아 이 세상의 진행 방향을 드라마틱하게 바꾸는 삶을 살았던 이들입니다.

히브리서의 생각을 참고해 보십시오.

> 내가 무슨 말을 더 하리요 기드온 바락 삼손 입다와 다윗과 사무엘과 및 선지자들의 일을 말하려면 내게 시간이 부족하리로다. 저희가 믿음으로 나라들을 이기기도 하며 의를 행하기도 하며 약속을 받기도 하며 사자들의 입을 막기도 하며 불의 세력을 멸하기도 하며 칼날을 피하기도 하며 연약한 가운데서 강하게 되기도 하며 전쟁에 용맹되어 이방 사람들의 진을 물리치기도 하며
>
> 히브리서11:32-34

믿음을 가진 사람들은 '믿는 자'일 뿐만 아니라 '세상을 변화시키는 자'입니다.

오늘날 수많은 사람들이 그들이 속해 있는 국가의 죄악을 보면서 죄에 대한 하나님의 진노에 근거해서 확실한 저주가 있을 것이라는 견해를 가지고 있습니다. 그들은 믿는 자의 권능과 능력, 그리고 기도하는 교회들이 있다는 사실을 간과하고 있습니다. 예수님께서는 자신의 백성들이 그들의 손에 믿음의 미래를 가지고 있다고 말씀하셨습니다. 예수님께서는 그의 제자들에게 '무엇이든 땅에서 매면 하늘에서도 매일 것이요 무

엇이든 땅에서 풀면 하늘에서도 풀릴 것'이라고 가르치셨습니다(마태복음 18:18).

예수님께서는 '분석하는 자'에게가 아니라 '믿는 자'에게만 모든 것이 가능하다고 가르치셨습니다. 바울 사도는 '사랑은 모든 것을 믿는다'라고 하였습니다. 예수님께서는 "인자가 올 때에 세상에서 믿음을 보겠느냐(누가복음18:8)"라고 물으셨는데 주님은 분명히 믿음을 찾으실 것에 대해 의심하시지 않으셨으며, 그분은 지금 우리 각자에게 '내가 네게서 믿음을 찾을 수 있겠느냐?'라고 묻고 계십니다. 우리는 반드시 그분의 질문에 긍정적인 답을 드려야 합니다. '예! 주님, 제가 주님을 믿습니다! 주님은 부지런하게 주님을 찾는 사람에게 보상하시는 분이심을 믿습니다.'

자신이 속해 있는 국가가 반드시 하나님의 저주를 받을 것이라고 하는 생각을 받아들이게 되면 불안감이 그 사람의 마음속에 들어가게 됩니다. 그러한 치명적인 사상을 받아들이게 되면 자연히 국가 전체의 치유나 부흥운동을 위해 기도하고 금식하고 사랑하고 희생하고 믿음에 굳게 서는 것을 하지 않게 됩니다. 그렇게 되면 마음속에 원한과 자기 의가 생기게 되어 믿음을 가진 사람들에 대해 화를 내게 됩니다.

우리가 미국이 죄가 없다고 말하지 않는다는 사실을 기억하십시오. 어떤 면에서 미국의 죄는 2001년 9월 11일 이후 더욱더 두드러지고 도전적이 되었습니다. 하지만 여전히 하나님의 근본적인 목표는 죄인들을 멸망시키지 않는 것이며 그들이 그리스도처럼 되게 하는 것입니다. 미국 또는 여러분의 국가의 악한 상황은 여러분이 그리스도를 닮게 만드는 가장 완벽한 환경입니다. '미국은 엄청난 기도와 사랑과 믿음이 필요하며 신앙인 모두가 완전하게 그리스도를 닮아야 할 필요가 있습니다.'

이러한 면에서 저는 미국이 멸망하도록 저주받지 않고, 영적 각성을 하도록 운명 지어졌다고 확신합니다. 제가 어떻게 그런 말을 할 수 있겠습니까? 이사야서 52장 15절 말씀이 "후에는 그가 열방을 놀랠 것이며 열왕은 그를 인하여 입을 봉하리니 이는 그들이 아직 전파되지 않은 것을 볼 것이요, 아직 듣지 못한 것을 깨달을 것임이라 하시니라"라고 가르쳐 주고 있기 때문입니다. 저는 단순하게 그리스도께서 흘리신 보혈의 권능이 미국의 죄의 권능보다 훨씬 더 크다는 것을 믿습니다.

어떤 이들은 교회가 곧 급작스럽게 들림을 받을 것이라고 믿고, 또 어떤 이들은 교회가 일정 부분 또는 전체적으로 대환란을 당할 것이라고 확신합니다. 그러나 저는 다음 단계에서 드러날 하나님의 역사는 들림도, 대환란도 아닌 교회로 하여금 그리스도를 닮게 하는 것이라고 확신합니다. 교회가 그리스도를 닮는 이슈(issue)는 영광스러운 행사로서 하나님의 모든 구속 사역 가운데 핵심이 되는 것입니다. 이것은 창조 그 자체로부터 근원을 찾을 수 있습니다(창세기1:26).

어떤 이들은 이스라엘의 영적 회복이 주님의 관심이라고 말하기도 하고 또 어떤 이들은 열방이 함께 모이는 것이라고 말하기도 합니다. 하지만 저는 마지막 시대의 사건 중에서 지금 시작되고 있는 '그리스도를 닮는 것'보다 더 중요하고 중추적인 역할을 하는 참된 일은 없다고 생각합니다. 저의 진지하고 끊임없는 기도는 바로 이 진리, 즉 그리스도께서 교회에 풍성하게 나타나는 것이며 이 진리가 하나님의 이름을 부르는 모든 사람들의 불타오르는 열정이 되는 것입니다.

우리들은 교회의 영적인 면에 관하여는 불신의 요새 속에서 살아왔습니다. 저는 이것을 '계속되는 죄가 넘치는 교리'라고 부릅니다. 왜냐하면 그러한 상황 속에서는 절대로 영적 성숙을 이룰 수 없기 때문입니다. 하지만 비유컨대 한 신부가 있을 것이고 그녀는 자신에게 허락된 은혜를 찾고 정결한 예복을 입고 흠도 티도 없이 신랑을 맞을 준비를 할 것입니다! 그리스도의 형상으로 변화되어 가는 영광이 넘쳐나는 교회가 있습니다. 극복한 사람들이 있을 것이며 그들은 하나님의 약속을 상속받게 될 것입니다!

그동안 우리들은 엄청나게 타협하고 비틀거리며 살아왔지만 이제 하나님께서는 그리스도와 함께하기를 원하는 자들을 찾고 계십니다. 만약에 우리가 그리스도를 닮는 이러한 비전을 소유하지 못하고 있다면 우리의 노력은 탈레반(이슬람 무장조직)이 육신을 통제하려는 것보다 나을 것이 없습니다. 저는 단순히 제 육신을 통제하기만을 원치 않으며 제 삶 속에서 하나님의 말씀이 저의 육신이 되시기를 원합니다!

> 그가 혹은 사도로, 혹은 선지자로, 혹은 복음 전하는 자로, 혹은 목사와 교사로 주셨으니 이는 성도를 온전케 하며 봉사의 일을 하게 하며 그리스도의 몸을 세우려 하심이라. 우리가 다 하나님의 아들을 믿는 것과 아는 일에 하나가 되어 온전한 사람을 이루어 그리스도의 장성한 분량이 충만한 데까지 이르리니
>
> 에베소서 4:11-13

우리들은 '온전한 사람을 이루어 그리스도의 장성한 분량이 충만한 데까지 이르도록' 부름 받았습니다. 여러분은 그리스도의 사랑을 보고 계십니까? 그분의 사랑을 우리 사랑의 표준으로 삼아야 합니다. 그분의 믿음

에 깊은 인상을 받았습니까? 그분의 믿음이 우리의 삶에서도 보여야 합니다. "하나님이 미리 아신 자들로 또한 그 아들의 형상을 본받게 하기 위하여 미리 정하셨으니 이는 그로 많은 형제 중에서 맏아들이 되게 하려 하심이니라(로마서8:29)." 만약에 여러분에게 이 비전이 없다면 여러분은 육신의 정욕을 이길 수 없습니다. 결국 교회를 떠나게 될 뿐입니다.

"저 안에 거한다 하는 자는 그의 행하시는 대로 자기도 행할찌니라(요한일서2:6)." 예수님께서는 "내가 진실로 진실로 너희에게 이르노니 나를 믿는 자는 나의 하는 일을 저도 할 것이요 또한 이보다 큰 것도 하리니 이는 내가 아버지께로 감이니라(요한복음14:12)." "주를 향하여 이 소망을 가진 자마다 그의 깨끗하심과 같이 자기를 깨끗하게 하느니라(요한일서3:3)." 그리스도 닮기의 소망은 우리 자신이 정결해져서 '그리스도처럼 정결해지는 것'을 열망하도록 해 줍니다.

그러면 이러한 일이 이 세상에 어떤 의미가 있겠습니까? 하나님께서는 그리스도를 닮은 성도들의 군사를 파송하실 것입니다. 그들은 삶 속에서 잘못된 것을 발견할 때 단순하게 판단하지 않고 기도할 것입니다. 그들은 죄악 된 것들에 대하여 자신을 희생하여 중보할 것입니다. 그들은 다른 사람들이 가자고 한 것보다 오리(五里)를 더 함께 가 줄 것이며, 한 뺨을 맞으면 다른 뺨도 내놓을 것입니다. 그들은 하나님의 진노가 드러나기 전에 완전하게 하나님의 긍휼을 드러낼 것입니다.

바울은 "너희의 복종이 온전히 될 때에 모든 복종치 않는 것을 벌하려고 예비하는 중에 있노라(고린도후서10:6)"고 했습니다. 바울은 모든 생각이 그리스도의 순종에 이를 때까지를 말씀하고 있습니다. 그리스도의 순종은 무엇을 의미합니까? 그리스도의 순종이란 긍휼이 승리하게 하기 위하여 생명을 내놓는 것입니다. 이는 우리 주변에 있는 세상을 위하여 생명까지 드리는 사랑의 희생으로 이어지게 되는 것입니다.

　사랑하는 예수님, 주님은 저를 단순하게 교회에 출석만 하라고 부르신 것이 아니고 세상을 변화시키라고 부르셨습니다. 주여, 마치 주님께서 저를 사용하셔서 다른 사람들을 변화시키시는 능력이 없는 것같이 불신앙의 눈으로 세상을 바라보았던 것을 용서하여 주십시오. 주님, 주님께서는 이 세상을 이용하셔서 저의 믿음을 완전하게 하시고 저를 정결하게 하십니다. 오! 의로우신 왕이시여, 권능을 드러내시며 이 진리를 제게 말씀하여 주옵소서. 예수님 이름으로 기도합니다. 아멘.

3장
삶을 정결하게

　성경은 우리에게 주님은 우리를 지키시는 분이시라고 말씀하고 있습니다. 그러나 '지켜 주신다'는 의미가 우리들이 시험에 직면하지 않는다는 것을 의미하는 것은 아닙니다. 심지어 예수님께서도 시험을 당하셨습니다. 지켜 주시는 분이라는 의미는 오히려 시험과 환란을 당할 때도 하나님께서 지키신다는 의미입니다. 그분이 우리를 지켜 주시는 방법은 그분의 말씀 즉 성육신하신 말씀을 통해서입니다. 그러므로 만약에 우리들이 거룩하고자 한다면 말씀이신 그분과 친해져야만 합니다.

> 청년이 무엇으로 그 행실을 깨끗케 하리이까 주의 말씀을 따라 삼갈 것이니이다 내가 전심으로 주를 찾았사오니 주의 계명에서 떠나지 말게 하소서 내가 주께 범죄치 아니하려 하여 주의 말씀을 내 마음에 두었나이다
>
> 시편119:9-11

　위의 시편의 질문은 "어떻게 청년이 깨끗하게 될까?"가 아니라 "어떻게 청년이 깨끗함을 유지할까?"입니다. 만약에 우리들이 하나님의 말씀과 교

제하며 그 안에 거한다면, 마음의 정결은 도달할 수 있고 지킬 수 있는 것입니다. 우리들의 나이가 어떻든 간에 상관없이 '하나님의 말씀을 마음에 두고 지키면' 우리는 깨끗함을 유지할 수 있습니다.

성경 말씀에는 단순한 지식의 한계를 넘어서야 하는 부분들이 있습니다. 우리 안에 거하여야 할 살아 계신 하나님의 말씀이 있다는 말입니다. 살아 계신 하나님의 말씀을 마음에 두어 보물로 삼을 수 있습니다. 말씀을 보물로 삼는다는 것은 말씀을 사랑하는 것이며, 그 말씀은 "살았고 운동력이 있어 좌우에 날선 어떤 검보다도 예리하여 혼과 영과 및 관절과 골수를 찔러 쪼개기까지 하며 또 마음의 생각과 뜻을 감찰"합니다(히브리서4:12).

말씀을 마음에 두어 보물로 삼는다는 것은 말씀이 '마음의 생각과 뜻을 완전하게 감찰'함으로써 우리 자신을 완전하게 가난한 상태로 유지하는 것을 의미합니다. 말씀은 우리의 동기를 드러냅니다. 이는 우리 마음의 어두운 곳을 비추는 빛으로서 성령의 등불입니다. 이는 숨겨진 죄악의 요새로부터 우리들을 자유롭게 만들어 줍니다. 말씀은 우리의 존재를 관통하여 상처를 입히지만 또한 치료도 해 주십니다. 성령과 함께 연합한 주님의 말씀은 우리를 그리스도의 형상으로 변화하게 하는 매개체입니다. 말씀을 마음에 둔 자는 거룩함을 이룰 수 있습니다.

수많은 사람들이 성경을 단순히 그들의 현재 신앙을 보강하기 위하여 읽습니다. 심지어 그러한 사람들은 성경 전체를 읽을지라도 성경에서 단지 일정한 교리들만 볼 뿐입니다. 그들은 읽은 것을 믿는 대신에, 단지 그들이 믿고 있는 것들만을 읽을 뿐입니다. 그래서 그런 사람들은 성경에서 좀처럼 새로운 진리를 발견하지 못합니다. 침례교인들은 자신들의 견해로 성경을 보고, 오순절과 은사주의 신자들은 자신들의 견해로만 성경을 보고, 카톨릭과 다른 교단들 역시 자신들의 견해를 가지고 성경을 보기 때문에 전혀 다르게 성경을 이해합니다. 유대인들이 "모세에게 속하여 다 구름과 바다에서 세례를 받고(고린도전서10:2)"라고 기록된 것과 다를 것 없이, 크리스천들도 종종 교단에 의해 세례를 받습니다. 사람들이 완전하게 교리에 휩싸이게 되면 그들의 마음은 특정 교단의 가르침에 빠지게 되고 그리스도의 형상은 교단에 의해 자기식대로 만들어집니다.

하지만 우리들이 진정 그리스도의 형상으로 성장하려면 어떤 특정한 교단의 교리나 견해가 아니라, 그리스도의 성령으로 세례를 받아야 합니다. 누구든지 그리스와 합하여 세례를 받으면 그 사람의 영은 실제로 그리스도로 옷 입게 됩니다(갈라디아서3:27).

참된 제자가 찾아야 할 것은 거룩함과 권능 안에서의 '그리스도의 형상'입니다. 단순히 '구원'에 대한 사실을 알려주는 몇몇 성경 구절을 주입받는 것에 만족해서는 안 되며 하나님의 충만하심으로 가득 채워져야 합니다. 여러분은 예수 그리스도의 제자입니다. 하나님 나라의 현실성이 예수님께서 가르치신 모든 것의 의미와 합해지는 것을 발견할 수 있어야 합니다. 그러므로 여러분은 모든 말씀을 마음에 두어야 합니다.

말씀은 하나님이십니다. 성경은 하나님이 아니지만, 성경 말씀에 영감을 불어넣으신 성령님은 하나님이십니다. 여러분이 주님을 만나고자 바랄 때 침대 끝자락에서 무릎을 꿇고 성경을 읽지 않습니까? 여러분은 전능하신 분을 만나려고 하지 않습니까? 성경을 단지 지식적으로만 읽지 않게 해 달라고 기도하십시오. 말씀(예수님은 성육신하신 말씀이십니다!)

을 통해 여러분의 마음에 말씀해 달라고 성령님께 구하십시오.

참된 제자가 되기 위하여 여러분은 하나님께서 말씀하실 때 두려워해야 합니다(이사야66:2). 여러분의 마음이 경외심을 가지고 예배드릴 수 있도록 준비하십시오. 주님 앞에 겸손하게 무릎을 꿇을 때, 말씀이신 예수님께서 여러분의 영에 연합하실 것이며 실제로 그분은 여러분의 본성의 한 부분이 되실 것입니다(야고보서1:21).

다시 말하지만 이미 설립된 교리들을 보강하기 위해서 성경을 읽지 말고 성경에 기록되어 있는 여러 가지 가치 있는 것을 이해할 수 있도록 기도하는 마음으로 읽기 바랍니다. 노트할 준비를 해서 성령님께서 말씀하시는 것을 기록하십시오. 살리는 분은 성령님이시라는 점을 염두에 두십시오. 의문(율법조문)은 죽이지만 성령님께서는 살리십니다(고린도후서3:6). 성육신하신 말씀께 완전히 순종하지 못하고, 말씀을 완전하게 지키지 못하고, 여러분의 마음속에 완전하게 담아 두지 못할지라도, 말씀이신 예수님을 받아들이겠다는 마음가짐과 겸손하고 회개하는 마음가짐으로 성경을 읽으십시오. 수많은 사람들이 바로 이 시점에서 넘어지고 맙니다. 그들의 마음속에 명령하시는 것이 불가능해 보이고 이성적이 아닌 것처럼 느껴질 때 무시해 버리기 때문입니다. 하지만 예수님께서는 "나의 계명을 가지고 지키는 자라야 나를 사랑하는 자니 나를 사랑하는 자는 내 아버지께 사랑을 받을 것이요 나도 그를 사랑하여 그에게 나를 나타내리라(요한복음14:21)"고 말씀하셨습니다. 여러분이 말씀이신 주님께 순종할 수 있게 될 때까지 여러분은 무수히 말씀을 지켜야 합니다. 반드시 하나님께서 여러분 안에서 '뜻하시고 행하셔야' 합니다(빌립보서2:13). 하나님께서는 먼저 여러분이 뜻하게 하시고 그다음에 행할 수 있게 하십니다.

그러한 과정 속에서 말씀이신 주님께서 여러분을 관통하게 하시고 여러분을 십자가에 못 박게 하십시오. 말씀이신 주님과 함께 고통을 당하되 단순하게 고통만 당하지는 마십시오. 성경에 기록되어 있는 모든 명령들을 주목하십시오. '네가… 될 것이다'라고 기록되어 있는 모든 하나님의 약속하신 축복이, 여러분이 확고부동하게 그분의 말씀을 지킬 때 이루어지게 됩니다. 말씀을 지키면서 그분의 명령을 여러분 마음에 담아 두면, 말씀 그 자체가 여러분 안에서 역사하여 여러분의 삶에 은혜가 되고 여러분을 변화시킵니다.

우리들 각 사람의 마음속에는 각자 비축할 수 있는 만큼의 성경 말씀이 비축되어 있어야 합니다. 저는 하나님과 동행하기 시작한 처음 10년 동안 매일 다섯 장씩 성경의 첫 부분인 모세오경을 읽고 깊이 연구하였습니다. 그런 다음에 시편 기자의 감정과 믿음대로 표현하면서 시편 다섯 장을 읽었습니다. 다음에 잠언 한 장을 아주 자세하게 읽고 예언서를 세 장 읽었습니다. 그다음에 신약성경의 서신을 읽고 마지막으로 복음서를 읽었습니다. 모두 합해서 매일 적어도 열여덟 장의 말씀을 읽었습니다. 그렇게 성경을 읽음으로 저는 성경의 다양한 진리들의 균형을 맞출 수 있었습니다.

여러분들이 그렇게 하지 못할 수도 있지만 적어도 하루에 네 장씩 읽는다면 일 년 안에 성경을 다 읽을 수 있습니다. 어떠한 방법을 선택하더라도 구약과 신약의 균형을 맞추기 바랍니다. 저라면 정한 방법으로 부지런히 성경을 읽되 성령님께서 읽고 있는 성경에 영감을 불어넣어 주실 때까지 계속할 것입니다. 성령님께서 인도하시면 그분께 영광을 돌리고 그분께서 인도하시는 대로 따를 것이며 그분께서 가르쳐 주신 것을 상세하게 기록해 둘 것입니다. 그리고 다음 날도 주님 앞에 무릎을 꿇고 전날에 이어 계속해서 읽던 방법대로 성경을 읽을 것입니다.

항상 펜과 노트를 가지고 다니십시오. 밤에 잠잘 때에도 펜과 노트를 옆에 두십시오. 하나님께서는 사랑하는 자에게 잠잘 때에도 말씀하십니다. 우리들은 그분 안에 거하도록 부름을 받았지 단순히 방문을 받도록 부름 받은 것이 아닙니다. 궁극적으로 우리들에게 예수님의 말씀이 충만하게 주어지게 될 것입니다. 복음서가 성경의 다른 부분보다 우위에 있어야 합니다. 크리스천들은 종종 예수님보다 바울이나 다른 사도들에 관하여 설교합니다. 하지만 바울은 "그리스도의 말씀이 너희 속에 풍성히 거하여 모든 지혜로 피차 가르치며 권면하고 시와 찬미와 신령한 노래를 부르며 마음에 감사함으로 하나님을 찬양하고(골로새서3:16)"라고 가르치고 있습니다. 그리스도의 말씀이 모든 제자들을 변화시켰습니다. 사도 요한은 "지나쳐 그리스도 교훈 안에 거하지 아니하는 자마다 하나님을 모시지 못하되 교훈 안에 거하는 이 사람이 아버지와 아들을 모시느니라(요한이서 1:9)"고 가르쳐 주고 있습니다.

우리들은 그리스도의 가르침에 거하도록 부름 받았습니다! 하지만 크리스천들은 그리스도의 말씀에 아주 적은 시간만을 할애하고 그분 안에 거하기보다는 그분에 관한 것을 읽으려고만 합니다. 우리 주변에는 '어떻게 하면 된다'라는 책들이 수없이 많습니다. 책을 읽는 것이 기독교의 본질인 것처럼 생각하는 경우가 너무 많습니다. 우리들은 항상 배우지만 절대 진리의 지식에 다가가지 못합니다(디모데후서3:7). 사랑하는 여러분, 진리는 예수 그리스도 안에 있습니다.

그러므로 우리들은 성경의 다른 부분들을 읽을 때에도 그리스도의 가르침 안에 거하는 것을 배워야 합니다. 오직 예수 그리스도만이 우리의 죄를 위하여 돌아가셨습니다. 우리의 영적 노력의 유일한 목표는 오직 예수님만 쫓는 것이어야 합니다.

여러분은 성령님께서 모든 장소에서 모든 것을 말씀해 주시는 것을 들을 수 있는 영적 귀를 가지도록 준비해야 합니다. 성령님께 영광을 돌리면 성령님께서는 여러분을 영광스럽게 해 주십니다. 여러분 마음속에 말씀이신 주님을 담아두면 주님께서 여러분을 정결하게 하십니다. 주님께서 여러분의 길을 정결하게 하십니다.

주 예수님, 저희 안에 역사하시니 감사합니다. 저로 하여금 당신의 뜻을 마음에 품게 하시고 더욱더 주님의 뜻대로 행하게 하시옵소서. 하나님, 당신의 말씀을 사랑합니다. 제가 당신의 말씀을 지킬 때 당신의 말씀이 저를 지키시며 저의 길을 정결하게 하십니다. 예수님 이름으로 기도합니다. 아멘.

4장
예수님의 말씀에 충실하기

수많은 사람들이 하나님을 믿고 구원받기를 원합니다. 하지만 대부분의 사람들은 하나님의 성령께서 그들의 마음을 관통하여 그들을 변화시키시는 하나님의 말씀과 친해지려고 하지 않습니다. 그런 사람들은 일주일에 하루 교회에 가면 한 주 동안 하나님으로부터 충분히 보호받을 것이라고 생각합니다.

많은 사람들이 예수님의 말씀은 유대인이나 일세기의 사람들을 대상으로 한다는 가르침을 받았습니다. 저는 그러한 교리는 대단히 잘못된 것이라고 생각합니다. 어떻게 우리가 예수님을 사랑한다고 하면서 그분이 말씀하신 것을 행하지 않습니까? 예수님께서는 "너희가 나를 사랑하면 나의 계명을 지키리라(요한복음14:15)"고 말씀하셨습니다. 만약에 우리가 예수님을 사랑한다면 그분의 계명을 지키기를 원해야 합니다.

사람들이 예수님의 마음을 알지 못하고 그분의 말씀을 읽기 때문에 말씀이 어렵다고 하는 것입니다. 그들의 문제점은 그분의 은혜를 이해하지 못했기 때문에 생긴 것입니다. 예수님 안에서 은혜와 진리를 깨달아야 합니다. 예수님께서 무엇인가 불가능한 것처럼 보이는 것을 주실 때는 우리에게 성취할 수 있는 은혜도 공급해 주시는 것입니다. 그분의 계명을 즉

각 순종할 수 없을 것처럼 느낄 때가 있을 것입니다. 하지만 그럴 때 포기하지 마시고 그것을 마음속에 담아 두고 꽉 붙잡고 계십시오. 그분의 말씀이 오늘날 여러분을 위한 것이라는 사실을 분명히 알고 전심으로 매달리십시오. 그렇게 하면 불안하던 것이 점차적으로 기쁨으로 바뀌게 될 것입니다. 온유한 마음으로 예수님의 말씀을 환영하면 그 말씀이 우리 안에 심어지고 우리의 본성에 접목되어 우리의 영혼을 구원하는 능력을 가지게 됩니다.

"너희가 내 안에 거하고 내 말이 너희 안에 거하면 무엇이든지 원하는 대로 구하라 그리하면 이루리라(요한복음15:7)." 왜 사단이 예수님의 말씀으로부터 여러분을 분리시키려 하는지 아십니까? 그분 안에 거하면 여러분의 기도 생활에 권능이 생겨나기 때문입니다!

하나님께서 말씀을 통해서 우리 마음속에 살아 숨 쉴 때보다 우리가 하나님을 가깝게 만날 수 있는 때는 없습니다. 하나님께서 말씀을 통해서 여러분 속에 임재하시는 동안은 성령님께서 태초에 운행하셨던 것과 동일하게 여러분 속에 운행하시면서 말씀이신 그리스도를 통하여 여러분을 그리스도의 형상으로 변화시켜 주십니다. 그 살아 계시고 숨 쉬는 말씀은 하나님이십니다!

변화산에서 베드로는 하나님의 영광중에 '세 개의 장막' 짓기를 구했습니다. 베드로는 하나님께서 행하시는 것을 프로그램화하거나 조직화하기를 원했습니다. 홀연히 빛난 구름이 그들을 덮으며 구름 속에서 "이는 내 사랑하는 아들이요 내 기뻐하는 자니 너희는 저의 말을 들으라(마태복음 17:5)"고 하는 하나님의 음성이 들렸습니다. 이것이 바로 아버지의 마음속에서 강력하게 원하시는 것이기 때문에 우리들이 고안해 낸 프로그램들이나 장치들을 버리고 순수하게 예수님의 말씀을 들어야 합니다. 베드로가 경험했던 것과 똑같은 영광이 우리들 가까이에 있으므로 베드로의 행동에 대해 비웃지 마십시오. 우리들 또한 베드로와 똑같이 실수할 수 있는 본능을 가지고 있기 때문입니다.

> 사람이 내 말을 듣고 지키지 아니할찌라도 내가 저를 심판하지 아니하노라. 내가 온 것은 세상을 심판하려 함이 아니요 세상을 구원하려 함이로라. 나를 저버리고 내 말을 받지 아니하는 자를 심판할 이가 있으니 곧 나의 한 그 말이 마지막 날에 저를 심판하리라
>
> 요한복음12:47-48

예수님께서는 세상을 구원하시려고 오셨지 세상을 심판하러 오지 않으셨다고 분명히 말씀하셨습니다. 세상을 구원하시고 세상을 심판하시는 두 가지 방법은 모두 그분의 말씀이십니다. 만약에 우리가 그분의 말씀을 행하면 말씀은 우리를 구원합니다. 반대로 그분의 말씀을 거절하면 말씀은 우리를 심판합니다. 그분께서 하신 말씀에 어떻게 우리들이 반응하는가에 따라 구원받고 심판당하는 것이 결정되는 것입니다. 우리가 그분을 "주여, 주여"라고 부르면서 그분이 말씀하신 것을 행하지 않으면 어떻게 우리를 구원하실 수 있겠습니까?

우리 생명의 유일한 보장은 예수님의 말씀에서만 찾아질 수 있는 것입니다. 예수님께 순종함으로, 즉 그분의 말씀을 듣고 들은 대로 행하면, 하나님께서 보호하시는 보호막이 우리에게 형성되는 것입니다. 예수님은

다음과 같이 말씀하셨습니다.

> 그러므로 누구든지 나의 이 말을 듣고 행하는 자는 그 집을 반석 위에 지은 지혜로운 사람 같으리니 비가 내리고 창수가 나고 바람이 불어 그 집에 부딪히되 무너지지 아니하나니 이는 주초를 반석 위에 놓은 연고요, 나의 이 말을 듣고 행치 아니하는 자는 그 집을 모래 위에 지은 어리석은 사람 같으리니
>
> 마태복음7:24-27

예수님께서는 '만약'에 폭풍이 불면, 또는 '만약'에 비가 오면 이라고 말씀하시지 않으셨습니다. 예수님은 '폭풍이 불고' '비가 오면'이라고 말씀하셨습니다. 이 세상에 사는 모든 사람은 인생을 사는 동안 폭풍을 만나게 되어 있습니다. 폭풍이 불 때는 집을 지을 수 없습니다. 여러분은 폭풍이 불기 전에 예수님께서 말씀하신 대로 여러분을 드리면서 날마다 집을 지어야 합니다. 지평선에 폭풍이 다가오고 있습니다. 현재 번영하고 있다고 현혹되지 마십시오. 교회가 안전한 장소가 되려면 그리스도의 말씀을 듣고 순종하는 반석 위에 세워져야 합니다.

마지막 때에 이 땅에 미혹이 만연하게 될 것입니다. "거짓 그리스도들과 거짓 선지자들이 일어나 큰 표적과 기사를 보이어 할 수만 있으면 택하신 자들도 미혹하게 하리라(마태복음24:24)." 예수님의 경고를 예사롭게 생각하지 마십시오. 예수님의 말씀이 바로 오늘날 이 세상에 있는 엄청난 미혹과 혼란으로부터 우리를 보호하는 안전장치입니다.

예수님께서는 "이 천국 복음이 모든 민족에게 증거되기 위하여 온 세상

에 전파되리니(마태복음24:14)"라고 말씀하셨습니다. 여기서 복음은 거룩함과 권능으로 온유함과 권세로 선포된 예수님의 말씀입니다. 그런 다음에야 세상에 '끝이 오리라'고 말씀하셨습니다.

　하나님의 의도는 그리스도께서 심판주로 임하시기 전에 열방이 우리 안에서 그리스도를 보게 하는 것입니다. 우리 안에서 예수님이 드러나는 것이 바로 우리의 소망이요, 비전이며, 그러할 때 세상이 교회 안에 있는 그리스도의 형상을 거절하면 하나님께서 세상에 마지막 심판을 행하시는 것이 정당화되게 되는 것입니다.

　만약 누구든지 예수 그리스도의 복음을 일관성 있게 가르치지 않는 것을 듣게 되면 여러분은 그 가르치는 자에게 책임을 가지고 온유하게 조언하십시오. 하나님 나라의 충만함에 이르는 지름길은 없습니다. 하나님 나라에 가기 위해서는 하나님의 최상의 것을 얻어야 하고 그것을 위해 우리의 모든 것을 희생해야 합니다. 이는 곧바로 우리를 십자가로 가게 하며 십자가를 통해 하나님 나라를 얻게 되는 것입니다. 자신의 생명을 희생하면 하나님의 생명을 얻을 수 있습니다. 우리는 하나님 나라의 복음대로 행하도록 부름 받았습니다(에스겔33:12-13).

　예수님, 당신의 말씀을 제 마음속에 두시기를 원합니다. 저는 제게 필요한 육적 양식보다 당신의 말씀에 굶주려 있습니다. 당신의 입으로부터 흘러나오는 모든 말씀을 품을 수 있도록 제게 은혜를 허락하옵소서. 성령님, 제가 그리스도의 말씀을 읽을 때 충만하게 하옵시고 저로 하여금 진정한 그분의 제자가 되게 하여 주시옵소서. 예수님 이름으로 기도합니다. 아멘.

5장
추수의 때

예수님께서는 우리에게 종말과 다가올 심판에 관하여 한 가지 비유를 말씀하고 계십니다. 추수는 모든 예언적인 사건을 드러내는 것과 일치되어 있기 때문에 그분의 눈은 추수를 바라보고 계십니다. 예수님께서 가르쳐 주신 것을 주의 깊게 살펴봅시다.

> 또 가라사대 하나님의 나라는 사람이 씨를 땅에 뿌림과 같으니 저가 밤낮 자고 깨고 하는 중에 씨가 나서 자라되 그 어떻게 된 것을 알지 못하느니라. 땅이 스스로 열매를 맺되 처음에는 싹이요 다음에는 이삭이요 그 다음에는 이삭에 충실한 곡식이라. 열매가 익으면 곧 낫을 대나니 이는 추수 때가 이르렀음이니라
>
> 마가복음4:26-29

예수님께서는 하나님의 나라를 농부가 곡식이 익는 것을 기다리는 것에 비유하셨습니다. 농부는 두 가지에 관심을 가지고 있습니다. 그가 심은 것의 양과 질입니다. 어떤 지역에서는 처음에는 아주 건강하게 자라던

옥수수나 콩이 높거나 낮은 이상 기온과 가뭄으로 인해 도중에 죽거나 덜 자라는 경우가 있습니다. 그러면 농부들은 이삭이 여물지 못했기 때문에 밭을 갈아엎습니다.

농부들이 줄기에 익은 곡식이 달려 있지 않으면 수확하지 않는 것과 마찬가지로 하나님께서도 숫자를 기다리실 뿐만 아니라 이삭이 완전하게 자라서 익은 곡식이 될 때까지 기다리십니다. 예수님께서는 "열매가 익으면 곧 낫을 대나니 이는 추수 때가 이르렀음이니라(마가복음4:29)"고 말씀하셨습니다. 영적 이삭의 추수는 예언된 것처럼 마지막 날의 큰 사건들에 의해 결정됩니다.

바울은 "너희의 복종이 온전히 될 때에 모든 복종치 않는 것을 벌하려고 예비하는 중에 있노라(고린도후서10:6)"고 기록하였습니다. 완전한 순종은 어떠한 것일까요? 그것은 "모든 이론을 파하며 하나님 아는 것을 대적하여 높아진 것을 다 파하고 모든 생각을 사로잡아 그리스도에게 복종케"(고린도후서10:5) 하는 것이라고 생각합니다. 하나님께서는 성숙한 크리스천들을 사용하셔서 우리들을 익게 만드시며 그것은 실제로 그리스도의 재림을 재촉하는 것이기도 합니다(베드로후서3:12).

'하나님의 형상대로 만든 사람'이 바로 씨앗이며 전능하신 하나님은 시간이 시작될 때부터 이를 계획하셨습니다. 하나님의 진노를 나타내시는 것이 하나님의 최우선이 아니며, 진노의 심판으로부터 인간을 구원하는 것 역시 하나님의 원래 목적에 부합한 것은 아닙니다. 하나님의 원래 계획은 '인간이 완전하게 그리스도의 형상에 이르도록 하시는 것'입니다. 이것이 바로 '이삭(곡식)'의 모습입니다. 이러한 열매가 바로 추수되어 한데 모아지는 것입니다. 가장 중요한 그날을 위하여 모든 선지자들의 예언이 있는 것입니다.

오랜 시간 동안 우리들은 하나님 아버지의 관심사가 그분이 원하시는 숫자만큼 모일 때 추수될 것이라는 것에 초점을 맞추어 왔습니다. 물론 구원받는 사람들의 숫자는 아주 중요합니다. 하나님의 나라에 '이방인의 숫자가 차야만' 합니다. 그러나 전능하신 주님께서는 단지 숫자만을 원치 않으시고 '성숙한 알곡'을 원하십니다.

이러한 면에서 볼 때 주님께서는 달력을 보시고 '오! ○○○○년이구나!'라고 하시면서 '정해진 날이니 세상을 멸망시켜야겠구나!'라고 생각하시지 않으신다는 것을 알 수 있습니다. 그분은 추수하기 위해 숫자가 증가하고 영적으로 온전해지는 것을 보십니다. 농부가 먼저 그의 밭을 돌아보고 알곡이 여물어서 추수를 해도 괜찮은지 확인해 보지 않고는 추수를 결정하지 않는 것과 같습니다.

추수는 반드시 되지만 기후나 토양의 조건 등 다양한 변수 때문에 추수할 날과 시간은 아무도 모릅니다. 이러한 면으로 볼 때 주님의 재림이 이루어지려면 두 가지 조건이 먼저 갖추어져야 합니다. 한편으로는 우리 자신을 영적 성숙에 이르도록 드려야 하며 또 다른 한편으로는 잃어버린 자들을 위한 마음을 가져야 합니다.

수많은 크리스천들이 영적으로 성숙하지 못한 상태로 얼어붙어 있습니다. 그들은 쉽게 화를 내고, 너무 자주 마음이 혼란하여 기도하지 않고, 성숙을 위한 영적 제자훈련도 받지 않습니다. 우리들은 그저 하나님께서 우리의 현재 상태의 유지만을 원하신다고 생각하지만 주님은 우리들이 그리스도를 닮기까지 성숙하게 되기를 원하십니다. 그분은 우리들을 성령과 성육신하신 말씀으로 먹이시어 우리들로 하여금 그리스도의 삶과 인격을 얻도록 모든 자원을 공급해 주고 계십니다.

심지어 이 순간에도 그리스도를 더욱더 많이 닮아 가는 크리스천의 영적 추수가 있습니다. 교회 안에 적은 무리들이 있는데 그들은 "우리가 다 수건을 벗은 얼굴로 거울을 보는 것 같이 주의 영광을 보매 저와 같은 형상으로 화하여 영광으로 영광에 이르니 곧 주의 영으로 말미암음이니라 (고린도후서3:18)"라고 바울 사도가 이야기한 것과 같은 성도들입니다.

주님은 그분께서 선택한 자들 중에서 그리스도를 닮은 성숙한 자들을 찾으십니다. 또한 그분은 진실로 잃어버린 자들을 찾아 그분의 나라로 들어오게 하십니다. 사랑하는 여러분, 저는 너무나 많은 크리스천들이 '수확'을 기다리는 대신에 '휴거(rapture)'를 기다리고 있다는 사실에 두려움을 표합니다. 저 역시 예수님과 연합하기를 간절히 원합니다. 하지만 여러분이 '전천년' 또는 '후천년' 또는 '무천년설' 중에 어떤 교리를 택하든지에 상관없이 성경은 알곡을 수확한다고 기록하고 있습니다.

마태복음 13장을 보십시오. 예수님께서는 추수기의 수확에 대하여 다시 가르치고 계십니다. 예수님께서는 다음과 같이 말씀하셨습니다.

> 밭은 세상이요 좋은 씨는 천국의 아들들이요 가라지는 악한 자의 아들들이요
> 가라지를 심은 원수는 마귀요 추수 때는 세상 끝이요 추숫군은 천사들이니
> 그런즉 가라지를 거두어 불에 사르는 것 같이 세상 끝에도 그

러하리라

마태복음13:38-40

예수님께서는 "둘 다 추수 때까지 함께 자라게 두어라(마태복음13:30)"고 설명하고 계십니다. '추수는 세상 끝날'이고 '밭은 세상'이라는 사실을 기억하십시오. 세상 끝날까지 밭(세상)에서 가라지와 곡식이 함께 자랍니다. 다시 말씀드리면 '휴거'가 있을 때 추수가 있을 터인데, 모든 열방과 백성과 부족과 언어 안에 알곡과 같은 사람들과 가라지와 같은 사람들이 추수를 당하게 되는 것입니다. 제가 말씀드리고자 하는 요점은 세상 인구의 거의 30%에 해당하는 지역에서 곡식이 전혀 자라지 못하고 있으며 가라지와 함께 자라고 있는 곡식 또한 아주 적다는 사실입니다! 중국, 인도, 파키스탄의 대부분 지역에 복음의 씨앗이 뿌려져야 합니다. 이 세 나라의 인구만 합쳐도 20억이 넘습니다. 여전히 예수님의 비전은 세상에 곡식과 가라지가 함께 자라는 것입니다. 아직도 30% 이상의 세계 인구가 복음을 전혀 들어 본 적이 없는데 어떻게 추수를 기대할 수 있겠습니까? 주님께서 "이 천국 복음이 모든 민족에게 증거되기 위하여 온 세상에 전파되리니 그제야 끝이 오리라(마태복음24:14)"고 말씀하신 것을 기억하십시오. 우리들이 겸손히 기도하며 복음이 '온 세상'과 '모든 나라'에 전파되어야만 한다는 사실에 주의를 기울인다면, 추수 때가 올 때까지 전 세계적으로 가라지와 곡식이 함께 자라게 될 것이며 아직 하나님께서 낫을 댈 때가 아니라는 것을 알게 될 것입니다.

성숙한 크리스천으로서 우리들은 이 추수에 관하여 생각하고, 계획하고, 기도하고 있습니까? 살아 있는 모든 교회가 이 사명에 대하여 강한 비전이 있어야만 합니다. 심지어 우리들이 보냄을 받은 자가 아니더라도 날마다 드리는 우리 기도의 한 부분은 추수하는 주인에게 '추수할 일꾼들을 보내어 주소서(누가복음10:2)'라는 청원이어야 합니다.

우리들은 속 좁고 자만하여 눈이 멀었던 일세기 초대 교회의 유대인 크리스천들과 똑같은 실수를 범하고 있습니다. 그들은 이방인들을 추수하기를 꺼려했습니다. 혹시 우리들도 중국과 인도와 이슬람 세계를 포기할 준비를 하고 있지 않습니까? 하나님은 세상을 너무나 사랑하십니다. 예수님은 세상의 죄를 위해 돌아가셨습니다. 주님께서는 '모든 사람이' 구원받기를 열망하십니다(디모데전서2:3-4).

"하나님이 가라사대 말세에 내가 내 영으로 모든 육체에게 부어 주리니 너희의 자녀들은 예언할 것이요, 너희의 젊은이들은 환상을 보고 너희의 늙은이들은 꿈을 꾸리라(사도행전2:17)." 오늘날 주님께서는 온 세상에 성령을 부으시기를 간절히 원하십니다. 실제로 콜로라도 스프링스(Colorado Springs)에 있는 세계기도센터(World Prayer Center)의 통계에 의하면, 대략 1995년에서 2004년까지 십년 동안 구원받은 사람의 숫자가 그리스도 시대부터 그때까지 구원받은 사람의 숫자보다 많다고 합니다!

우리는 추수기에 살고 있지만 아직 추수의 마지막 사건이 될 '휴거'는 일어나지 않았습니다. 하나님께서 복음을 위하여 모든 사람들을 예비하시므로 열방이 흔들릴 것이고 훈련이 있을 것입니다. 주 하나님께서는 세상의 종말이 오기 전에 두 가지를 성취하시기를 의도하고 계십니다. 모든 국가에 '가라지'와 함께 살아가는 하나님의 백성이 있을 것과, 가라지로 인해 하나님의 백성들이 그리스도의 인격으로 닮아 가게 되는 것입니다. 그래서 이 곡식들이 익으면 추수 때가 되었으므로 주님께서는 즉시 그분의 낫을 댈 것입니다.

주 예수님, 주님께서는 계속해서 추수를 위한 영적 완전함을 찾고 계십니다. 저희가 당신의 형상으로 자라나고 참된 곡식이 되어 당신을 위해 일할 수 있도록, 완전하게 자랄 수 있도록 도와주시옵소서. 예수님 이름으로 기도합니다. 아멘.

6장
영광의 임재

> 이는 하나님의 영광의 광채시요 그(하나님) 본체의 형상이시
> 라 그의 능력의 말씀으로 만물을 붙드시며 죄를 정결케 하는
> 일을 하시고 높은 곳에 계신 위엄의 우편에 앉으셨느니라
>
> 히브리서1:3

하나님의 마음을 가장 확실하게 아는 방법은 그분의 말씀을 공부하는 것입니다. 우리가 그저 단순하게 성경이 명령하는 것을 순종하기만 하면, 우리는 결코 하나님의 영광의 부족함을 경험하지 않게 될 것이며 그분의 임재의 장소를 발견하게 될 것입니다.

저는 『그분의 임재의 날들(The Days of His Presence)』이라는 책에서 주님께서 제게 보여 주신 대로 이 시대의 마지막 시간에 대한 환상을 기록하였습니다. 저는 마지막 시간의 일부분만을 희미하게 보았다는 것을 잘 압니다. 여러분들처럼 저 또한 회개하지 않은 세상이 대환란을 당하게 된다는 사실을 알며, 전 세계적으로 많은 크리스천들이 적그리스도의 영적 감옥에 갇히게 될 것이라는 사실도 압니다. 그러나 살아 있고 기도하는 교회는 계속해서 그리스도의 형상에 가까워지고 그들 앞에는 위대한

영광과 추수가 틀림없이 기다리고 있을 것입니다.

제가 1973년에 하와이(Hawaii)의 힐로(Hilo)에 있는 작은 교회에서 목회하고 있을 때, 저는 한 달 동안 격렬한 기도와 장기간 금식을 하였습니다. 그때 저는 진심으로 하나님께 가까이 나아가기를 소원하였습니다. 그 기간의 마지막 무렵, 한밤중에 주님께서 저를 방문하심으로 인해 잠을 깼습니다. 제가 주님의 육체적인 형상을 본 것은 아니었지만 저는 그분의 영광을 보았고 그분의 임재로 인해 완전하게 압도되었습니다.

저는 즉시 죽은 사람처럼 되어서 손가락조차 움직일 수가 없었습니다. 하지만 영적으로는 제 앞에서 천국이 경계 없이 완전하게 열렸습니다. 제가 인지한 상태는 그동안 제가 전혀 체험해 보지 못한 그런 상태였습니다. 저는 마치 요한계시록에 등장하는 "몸 안과 주위에 눈이 가득한(요한계시록4:8)" 그런 생물과 같은 느낌을 가졌습니다.

저는 저의 '내적인 눈'을 통해 제 의에 관한 참모습을 발견하였습니다. 제가 주님께 아주 가까이 있었다는 것을 기억하십시오. 그때까지 저는 제 영적 상태가 좋다고 생각했습니다. 하지만 저는 갑자기 저의 진짜 인간적인 상태를 느끼고 알게 되었습니다. 제 인생이 완전하게 죄로 물들어 있다는 사실을 너무도 생생하게 발견하게 된 것입니다. 저는 저의 죄악이 제가 때때로 짓는 죄 때문에 생긴 것이 아니라 제가 항상 가지고 있었다는 사실을 보았습니다.

저는 즉각적으로 제가 좀 더 사랑하고 친절하고 민감했어야 했다는 사실을 알게 되었습니다. 또한 그동안 제가 행한 행동들이 얼마나 이기적이었는지 깨닫게 되었습니다. 하지만 그러한 불의가 제 안에 있는데도 주님께서는 저를 꾸짖으시거나 심판하지 않으신다는 것을 느꼈습니다. 제가 잘못 행한 것을 심판하는 그 어떤 음성도 하늘로부터 들리지 않았습니다. 오직 제 자신의 음성만이 저를 심판하였습니다. 주님의 임재 앞에서 저는 제 자신을 혐오하였습니다(**욥기42:6**).

스스로 의롭다 여기거나 속이지 않았어도, 다른 사람과 비교할 필요도 없이, 그저 하나님 앞에 나 자신을 비추어 봤을 때 실제로 내가 얼마나 하나님의 영광에 이르지 못하는가를 깨닫게 되었습니다. 저는 왜 인류에게 그리스도의 보혈이 필요한지 깨닫게 되었습니다. 저는 또한 제 스스로 성취한 그 어떤 것으로도 예수님처럼 될 수 없다는 것을 알게 되었습니다. 제가 이해한 가장 중요한 핵심은 오직 그리스도만이 그리스도처럼 사실 수 있다는 분명한 사실이었습니다. 하나님의 계획은 저를 개선하시려는 것이 아니라 저를 제거하시려는 것이고, 제거된 자리에 주 예수님께서 직접 저를 통하여 그분의 삶을 사시려 한다는 것을 깨달았습니다(갈라디아서 2:20).

저는 즉시 저의 개인적인 것들을 관찰하였습니다. 저는 또한 그리스도의 충만한 임재와 그분의 영광이 마지막 때에 교회에 임할 것이라는 사실을 이해할 수 있게 되었습니다. 제가 침대에서 느꼈던 하나님의 '전기쇼크' 상황은 초자연적인 생명체들이 먼 거리에서 한 줄로 서서 무엇인가를 선포하고 있는 것이었습니다. 가장 앞쪽에는 천사장과 체루빔(Cherubim)과 세라핌(Seraphim) 등이 쌍으로 있었습니다. 거기에는 모든 종류와 계급의 천사들이 있었습니다. 각 쌍은 그 자체로부터 화려한 광채가 나는 독특한 옷을 입고 있었습니다.

뒤쪽으로 약 삼분의 일 지점에 주님께서 계셨습니다. 그분의 영광의 빛은 아름답고 다양한 색상의 별빛 속에서 빛나는 태양과 같았습니다. 그분의 뒤에는 도저히 셀 수가 없는 숫자의 성도들이 있었지만 주님의 광채로 인해 정확하게 볼 수가 없었습니다. 그분의 광채가 그분을 따르는 성도의 무리를 감싸고 있었고 성도의 무리는 마치 그분의 존재가 된 것 같았습니다. 전체 행렬을 눈부시게 비춰 주는 것은 그분으로부터 나온 것이 분명하였습니다.

저는 주님께서 단순히 지구를 심판하러 오시는 것이 아니라 그분의 영광으로 충만하게 하려고 오신다는 사실을 알게 되었습니다. 비록 주님께서 아주 멀리 계셨고 그분의 영광은 너무 충만하여서 말로는 도저히 여러분께 설명할 수가 없지만 그분의 임재의 광채는 마치 제 양심에 살아 있는 불과 같았습니다. 그 열기는 거의 고통을 느낄 정도였습니다.

그런 다음에 전혀 예고도 없이 그 행렬의 막이 내렸는데 제가 확신하기는 저뿐만 아니라 이 세상에 대해서도 막을 내린 것이었습니다. 그것은 마치 시간의 분기점이나 영적 경계가 교차된 것 같았습니다. 즉시 저의 영적 양심은 주님의 강렬한 임재로 인해 압도되었습니다. 저는 그분의 영광이 증가되는 것을 감당할 수가 없었습니다. 마치 저라는 존재가 그분의 광채의 폭발적인 용광로에 의해 타 버릴 것만 같았습니다.

그때까지 제가 드렸던 기도 중에 가장 깊은 기도를 드리면서 저는 주님께 제 몸속에 다시 거하여 달라고 간구하였습니다. 감사하게도 저는 익숙한 제 침대와 세상의 감각을 회복하게 되었습니다. 그 밤이 지나고 새벽이 왔을 때 저는 아주 일찍 일어나서 옷을 입고 밖으로 나갔습니다. 매 발자국마다 저는 그 환상을 깊이 묵상하였습니다. 주님께서는 저로 하여금 지평선에서 솟아오르는 태양을 바라보게 하셨습니다. 태양을 바라보자마자 저는 태양의 광채와 주님의 광채가 동일하다는 것을 깨닫게 되었습니다. 저는 "하늘이 하나님의 영광을 선포(시편19:1)"한다는 것을 새로운 방법으로 인식하게 되었습니다.

저는 심지어 태양이 지구로부터 약 1억 5000만km 떨어져 있지만 그것의 열을 느끼고 그 빛 안에서 살아가고 있다는 것을 보았습니다. 태양은 상상할 수 없을 정도로 멀리 떨어져 있지만 태양의 에너지는 지구까지 전달됩니다. 그것은 우리를 따뜻하게 해 주고 그 빛은 우리의 삶이 존재하게 해 줍니다.

마찬가지로 하늘에 계시는 주님의 영광의 몸으로부터 주님의 임재의 광대함이 흘러나옵니다. 육체적으로 그분은 먼 곳에 계시지만 우리들은 실제로 이곳에서 그분의 임재를 느낍니다. 실제로 우리들은 그분의 사랑으로 따뜻하게 됩니다.

태양이 뿜어 주는 광채처럼 우리들이 하늘로부터 일정한 거리에 있으면 그리스도의 영광은 항상 '안전'합니다. 매 십 년마다 태양이 지구에 가까이 접근한다고 상상해 보십시오. 방사선과 열과 빛이 극적으로 늘어나게 될 것입니다. 태양이 접근하는 각 단계마다 우리 모두가 알다시피 지구는 혁신적인 변화를 겪게 될 것입니다.

마찬가지로 주 예수님 자신과 그분의 천년의 다스리심이 가까워질수록 이 세상은 변하게 될 것입니다. 그분의 임재의 광채가 넘쳐흘러 우리 세상을 싸고 있는 모든 영적 영역을 채우게 될 것입니다. 우리들이 알고 있는 것처럼 주님께서 마귀의 요새를 와해시킴으로써 세상이 극적인 변화를 경험하게 될 뿐만 아니라, 주님을 향하여 마음이 열려 있고 주님을 간구하는 사람들에게도 엄청난 변화가 일어나게 될 것입니다.

　태양이 점점 더 가까워지면 태양의 열과 빛이 더욱더 증가되는 것처럼 주님의 임재를 통해 의인들은 "영광과 존귀와 평화(로마서2:10)"를 체험하게 될 것이며, 회개하지 않은 세상에 미치는 그분의 임재는 무시무시한 "환난과 곤고(로마서2:9)"가 될 것입니다. 악한 자들은 산과 바위에게 말하기를 "우리 위에 떨어져 보좌에 앉으신 이의 낯(임재)에서와 어린 양의 진노에서 우리를 가리우라(요한계시록6:16)"고 말하며 울부짖을 것입니다. 주님께서 점점 더 가까이 다가오시므로 주님과 화해하지 못하는 마음들은 애굽의 바로 왕처럼 강퍅해질 것입니다.

　진흙을 단단하게 만드는 태양은 동시에 버터를 녹이기도 합니다. 마찬가지로 주님께서 가까이 오시매 의로운 자들의 기도는 '어린양의 임재로 충만하게 하소서!'가 될 것입니다. 그리스도의 임재는 우리 생각의 모든 부분을 채울 것입니다. 주님을 사랑하는 사람들은 그분의 기쁨을 만끽하는 체험을 하게 될 것입니다. 그들은 하늘나라의 진수를 맛볼 것입니다. 주님과 함께하든지, 아니면 주님을 반대하든지, 모든 사람들의 마음은 하나님에 관하여 꽉 차게 될 것입니다.

> 만군의 여호와가 이르노라. 보라, 극렬한 풀무불 같은 날이 이르리니 교만한 자와 악을 행하는 자는 다 초개 같을 것이라. 그 이르는 날이 그들을 살라 그 뿌리와 가지를 남기지 아니할 것이로되 내 이름을 경외하는 너희에게는 의로운 해가 떠올라서 치료하는 광선을 발하리니 너희가 나가서 외양간

에서 나온 송아지 같이 뛰리라. 또 너희가 악인을 밟을 것이
니 그들이 나의 정한 날에 너희 발바닥 밑에 재와 같으리라.
만군의 여호와의 말이니라

말라기4:1-3

동시에 일어나는 위의 두 사건은 동일하고 영원한 근원을 통해 나타나게 될 것입니다. 똑같은 임재의 증가가 악한 자들에게는 저주가 될 것이지만 의로운 자들에게는 영광스럽고 높임을 받는 사건이 될 것입니다. 우리들처럼 주님을 경외하는 자들에게는 '의로운 해'가 떠올라서 치료하는 광선을 발할 것입니다.

예수님께서 이 세상에 재림하실 때는 아버지의 영광으로 오십니다(마가복음8:38). 저의 기도는 우리들 각자가 이러한 현실을 인지하기를 원하는 것입니다. 바로 하나님 자신이 이 땅에 점점 더 가까이 오시는 것입니다! 선지자 하박국은 실제적으로 주님께서 이 세상에 자신을 드러내실 때의 멋진 광경을 기록하고 있습니다.

> 하나님이 데만에서부터 오시며 거룩한 자가 바란산에서부터 오시도다(셀라)
> 그 영광이 하늘을 덮었고 그 찬송이 세계에 가득하도다
> 그 광명이 햇빛 같고 광선이 그 손에서 나오니 그 권능이 그 속에 감춰었도다

하박국3:3-4

주 예수님께서 실제로 하늘에 나타나실 때가 올 것입니다. 그 마지막 순간의 주님의 광채는 문자 그대로 '태양빛'과 같이 온 세상을 덮을 것입니다. 모든 눈이 무시무시한 번개처럼 번쩍이는 권능으로 임하시는 주님을 보게 될 것입니다.

주님께서 임하시기 전이라 아직 보이지는 않지만 가까이 오실 때에도 그와 똑같은 영광의 광채가 '모든 육체' 위에 부어질 것입니다(사도행전2:17-21). 이러한 주님의 임재가 주님께서 재림하시기 전 교회 위에 임하여 더욱더 빛을 발하실 것입니다.

주님의 영광의 진동으로 인해 이 땅 위의 수많은 것들이 소생하게 될 것입니다. 사단과 그 수하에 있는 나라들은 주님과 주님의 목적에 반대하여 격노할 것입니다. 마귀의 조종을 받는 사회나 민족들은 격렬하게 변란을 일으킬 것이고 무법천지가 되고 반역하고 이 땅에는 소망이 없게 될 것입니다. 지구 자체는 가뭄과 공기와 물의 오염으로 인해 고통당할 것이며 예상치 못한 일들이 일어나고 수많은 곳에서 삶의 형태가 바뀌어 재앙이 일어날 것입니다. 전에는 지진이 없던 지역에서 지진이 일어날 것입니다. "일월성신에는 징조가 있겠고 땅에서는 민족들이 바다와 파도의 우는 소리를 인하여 혼란한 중에 곤고하리라(누가복음21:25)"는 말씀처럼 해변 도시들에는 엄청난 피난 소동이 일어나게 될 것입니다.

그와 동시에 우리들처럼 자신을 그리스도께 열고 드린 자들은 그분의 임재하심이 자신들 안에 강해지고 증가되는 것을 보며 놀라움을 금치 못하게 될 것입니다! 그분은 우리의 생각을 정복하시고 불신앙을 없애 버리시고 육체의 정욕을 깨끗하게 해 주실 것입니다. 그분은 그분 자신을 위해 흠도 티도 없는 신부를 맞이하게 될 것입니다.

이전에는 불가능할 것이라고 생각했던 교회에게 주어진 약속들이 우리 안에 충만하게 거하시는 그리스도에 의해 완전하게 성취될 것입니다. 앞으로 다가올 날들은 영광의 계절일 뿐입니다. 그분의 백성들의 칭송으로 보좌에 오르시는 그리스도의 쉐키나(Shekinah) 임재는 사라지지 않는 영광을 드러내고 영원히 함께할 것입니다. 예배 인도자들이 "그 이름의 영광을 찬양하고 영화롭게 찬송할찌어다(시편66:2)"라고 명령할 그날이 다가오고 있습니다. 영적인 위엄이 하나님을 예배하는 자들에게 나타날 것입니다. 지구상의 가장 비천한 사람들 사이에서도 하나님을 사랑하는 자들에게는 그분의 고귀한 임재가 나타나게 될 것입니다. 가장 의미 있는 것은 주님의 광대하심이 우리 앞에 드러나게 되는 것입니다. 우리들은 하나님께서 이 땅의 왕들을 어떻게 겸손하게 하시고 낮추시는지를 보고 경탄하게 될 것입니다. 오직 단 한 분의 왕만이 두드러지게 될 것입니다. 모든 사람들이 그분께 무릎 꿇고 엎드리어 경배할 것입니다! 우리들 또한 그분의 영광에 엎드리어 경배할 것이지만 우리들의 가장 큰 기쁨은 개인적으로 우리들이 그분을 알고 있다는 사실입니다!

각자가 새로운 영광의 단계에 도달하고 드러낼 때마다 성령님께서는 우리와 그리스도의 관계를 새롭게 하시고 점검하실 것입니다. 우리들의 배경이 복음주의든 은사주의든 전통주의건 오순절이건 상관없이, 누구든지 주님을 사랑하는 자들은 변화될 것입니다. 우리 삶 속에 녹아있는 것이 무엇이든 간에 그것은 우리가 그리스도와 살게 될 때 그분의 임재의 불에 의해 타서 소멸되게 될 것입니다.

이러한 변화의 시기에 우리들은 그분의 고난과 부활의 권능에 동참하여 그분을 알게 될 것입니다. 우리들은 그리스도를 완전하게 알게 될 것입니다. 그분을 아는 것은 절대 없어지지 않을 것입니다. 그 이유는 우리들의 의로 말미암는 것이 아니라 우리 안에 주님께서 더욱더 완전하게 충만해지기 때문입니다. 그분의 임재가 모든 것과 모든 곳을 채울 때까지 그분은 흥하여야 하겠고 우리들은 쇠하여야 합니다.

아버지, 저는 그리스도의 영광을 획득할 수 있다는 약속으로 인해 변화되기 시작하고 있습니다! 저는 경외와 거룩한 두려움으로 가득 차 있습니다. 심지어 제가 공부하고 기도할 때도 저는 당신께서 실제로 제 마음을 변화시키고 계심을 실감하고 있습니다. 오, 하나님! 당신의 살아 있는 임재로 저를 가득 채워 주소서. 당신의 영광을 소유하는 비전이 제 인생의 유일한 기쁨이 되게 하옵소서! 예수님 이름으로 기도합니다. 아멘.

7장

상처받음의 은사

세상과 세상이 포함하고 있는 모든 것들은 한 가지 목적을 위해 창조되었습니다. 바로 하나님의 아들의 위대하심을 드러내기 위한 목적입니다. 예수님 안에서 하나님의 고귀하고 완전하신 본성이 계시되었습니다. 그분은 하나님의 "본체의 형상(히브리서1:3)"이십니다. 뿐만 아니라 예수님을 바라보면 인간에 대한 하나님의 감각을 볼 수 있습니다. 우리들이 그분처럼 되기를 간구하면 우리가 필요한 것을 충분하게 공급해 주시도록 우리를 창조하셨다는 사실을 발견하게 됩니다. 또한 그리스도의 구속사적인 본질은 우리의 삶에서 승리한 후에 긍휼이 우리가 속해 있는 세상의 주변에도 넘치게 된다는 것을 볼 수 있습니다.

우리들은 어떻게 영적부흥이 일어나는 때를 인식할 수 있을까요? 우리가 보고 각성해야 할 것은 바로 다음의 것들입니다. 남자와 여자와 어린아이들과 노인들 모두가 예수님과 같은 모양이 되어가는 것입니다. 언제 영적부흥이 시작됩니까? 영적부흥은 우리들이 예수님처럼 되기를 원한다고 "예" 하고 대답하는 순간부터 시작됩니다. 그리스도께서 우리를 통하여 계시됨으로 다른 사람들에게 전파되는 것입니다.

긍휼을 향한 그리스도의 마음을 간직하는 것이 우리의 영적 성장의 첫 발걸음이 됩니다. 변화의 과정을 통해 우리들은 더욱더 깊이 성장합니다. 진실로 예수님께서 고통 당하신 것을 통해 순종을 배우신 것처럼 우리 역시 그렇게 해야만 합니다(히브리서5:8). 우리들이 중보하거나 사역할 때 그분은 우리에게 '상처받음의 은사'를 주십니다.

"그것이 은사라고요?" 하고 질문하실 분도 있을 것입니다. 예! 그렇습니다! 긍휼의 사역을 위해 상처받는 것은 은사입니다. 상처받음은 우리의 육적인 마음을 닫는 대신 구속의 역사에서 하나님의 권능이 나타나게 해 주어 사랑을 절정에 이르게 해 줍니다. 상처받은 중보자의 끊임없는 기도는 하나님의 마음을 크게 움직이게 해 줍니다.

상처받음을 체험하지 못하고는 그리스도를 닮을 수 없습니다. 우리들이 그리스도 앞에 나아왔을지라도 우리가 사랑을 위해 베풀 수 있는 범위와 구속 사역을 위해 얼마만큼 고통을 인내할 수 있는지는 이미 정해져 있습니다. 상처받는 것은 그러한 인간적인 한계를 드러나게 하고 우리들 속에 부족한 그분의 본질을 나타내 줍니다.

상처받음은 우리들이 참된 변화를 구할 때 직면하게 되는 좁은 문입니다. 실제로 수많은 크리스천들이 사람들에 의해 상처받고 공격받기 때문에 그리스도의 성품에 도달하지 못하고 넘어집니다. 그런 사람들은 낙담하여 다시는 교회를 섬기거나 이끌거나 교회 사역에 참여하지 않겠다고 맹세하며 교회를 떠납니다. 그런 분들의 은사가 남을 사랑하지 않고 돌보지 않는 사람들에 의해 망쳐지게 되는 것입니다. 긍휼로 행하는 중에 일격을 당하고 배척을 당하면 그것은 우리에게 치명적이 될 수 있습니다.

특별히 우리들이 진심으로 행하는 일에서 그랬다면 더더욱 그렇습니다.

하지만 만약 우리들이 그리스도를 따른다고 하면 상처받는 것은 필연적입니다. 예수님은 '상하였고(이사야52:14)' 상처받으셨습니다(스가랴13:6). 만약에 우리들이 진정으로 그분의 본성을 추구한다면 우리 역시 고통 당할 것입니다. 그렇지 않는다면 어떻게 완전한 사랑을 할 수 있겠습니까?

우리들은 그리스도를 닮고 용서하든지, 아니면 계속해서 상처를 기억하고 살면서 영적으로 갇히게 되든지, 둘 중 한 가지를 선택하게 되어 있습니다. 진실로 하나님 한 분 이외에는 인생을 살면서 입은 상처를 치료해 주실 분은 아무도 없습니다! 하나님께서는 오직 그리스도께서 우리 안에 거하심으로 우리들이 생존할 수 있다고 선포하셨습니다.

중보자들은 변화의 최전선에서 살아갑니다. 우리들은 사람의 필요와 하나님의 공급 사이에 서 있는 중보자들입니다. 우리들은 구속사의 중개자들이기 때문에 사단은 항상 우리들을 공격하고, 낙심하게 만들고, 무관심하게 만들고, 우리들의 기도의 강력한 능력을 훔쳐 가려고 합니다. 우리들이 입는 상처는 반드시 악한 영향을 반대로 바꾸고 악한 것이 공격하는 중에도 그것을 선하게 바꾸시는 하나님의 약속 안에서 해석되어야만 합니다(로마서8:28). 영적인 공격이 필연적이므로 우리들은 하나님께서 어떻게 우리들의 상처를 큰 능력으로 사용하시는지를 발견해야만 합니다. 이것이 그리스도께서 이 세상을 구속하신 바로 그 능력입니다.

예수님은 고통 당하면서도 계속해서 사랑하고 용서하는 것이 구속의 역사가 일어나게 하는 열쇠라는 사실을 분명하게 아셨습니다. 이사야 53장 11절은 "가라사대 그가 자기 영혼의 수고한 것을 보고 만족히 여길 것이라. 나의 의로운 종이 자기 지식으로 많은 사람을 의롭게 하며 또 그들의 죄악을 친히 담당하리라"고 말해 주고 있습니다.

예수님께서는 하나님의 신비로움 속에서 '계시의 지식'을 소유하셨습니다. 그분은 세상을 변화시켜 해방시키는 권능이 십자가에 있다는 사실을 아셨습니다. 십자가의 무시무시한 공격이 바로 세상을 구속하기 위한 장소였습니다. 하지만 기억해야 할 것은 예수님께서는 우리도 그분과 마찬가지로 십자가를 지라고 부르셨다는 사실입니다(마태복음16:24). 상처는 하나님께서 우리에게 희생 제물로 준비하신 제단입니다.

예수님의 생애에 관하여 이사야의 예언을 들어 보십시오. 처음에는 이사야의 예언에 깜짝 놀라게 되지만 우리들은 그 속에서 가장 심오한 상처받음의 권능에 대한 진리를 발견할 수 있습니다. 이사야는 다음과 같이 기록하였습니다.

> 여호와께서 그로 상함을 받게 하시기를 원하사 질고를 당케 하셨은즉 그 영혼을 속건제물로 드리기에 이르면 그가 그 씨를 보게 되며 그날은 길 것이요, 또 그의 손으로 여호와의 뜻을 성취하리로다
>
> 이사야53:10

어떻게 예수님이 하나님께서 기뻐하시는 권능을 획득하셨으며 그 능력을 풍성하게 하셨습니까? 주님께서는 상함을 당하시고, 상처를 입으시고, 완전하게 망가뜨림을 받으실 때에도 보복하지 않으시고 자신을 완전한 속건제물로 드리셨습니다.

상함을 당하는 것은 재앙이 아니고 기회입니다. 여러분도 아시다시피 분명한 목적이 있는 우리들의 사랑은 죄인의 마음을 만져 줄 수도 있고 그렇지 않을 수도 있지만, 반드시 하나님의 마음을 사로잡을 수 있습니다. 우리가 사람들에 의해 상함을 당하지만 우리는 그것을 하나님께 제물로 드릴 수 있어야 합니다. 그렇게 하여 얻는 하나님으로부터의 긍휼은 그 무엇과도 비교할 수 없는 큰 유익이 됩니다. 우리들이 진정으로 하나님의 선하신 기쁨의 도구가 되기를 원한다면 우리의 손에서 풍성해져야 할 것은 저주가 아닌 구속입니다. 예수님께서는 공격을 당하셨을 때 심지어 자신이 '유다의 사자'이셨음에도 불구하고 '하나님의 어린양'이 되셨습니다. 그분의 넘치는 사랑은 외형적으로 고통을 받으셨을 때조차 항상 자신이 '속건제물'인 것을 잊지 않으셨습니다. 그래서 예수님은 자신에게 상처를 입힌 자들을 용서해달라고 아버지께 기도하셨을 뿐만 아니라 "많은 사람의 죄를 지며 범죄자를 위하여 기도(이사야53:12)"하셨던 것입니다. 예수님께서는 아버지께서 '악인이 죽는 것을 기뻐하지 아니하시기 때문에 (에스겔33:11)' 그 일을 행하셨고, 또한 예수님이 행하시려 하셨던 것을 하나님께서는 기뻐하셨습니다.

예수님의 십자가의 권능이 경이롭고 신비롭지 않으십니까? 마음과 영이 번민과 슬픔으로 가득 차고 상처를 입었음에도 그분은 자신을 참수하는 자들의 죄를 위하여 자신을 희생 제물로 드리셨습니다. 죄인들의 눈에는 성공할 증거가 없어 보였고 인간들 앞에서는 실패한 것처럼 보였을지라도 주님은 용맹스럽게도 참된 긍휼을 보여 주셨습니다. 무시무시한 상함 속에서도 주님은 사랑으로 가장 영광스러운 완전함을 성취하셨습니다다. 주님은 영원히 없어지지 않을 말씀인 "아버지여 저희를 사하여 주옵소서. 자기의 하는 것을 알지 못함이니이다(누가복음23:34)"라고 신음하며 말씀하셨습니다.

그리스도께서는 십자가를 피하실 수도 있었습니다. 주님을 붙잡으려고 로마 군인들이 왔을 때 베드로에게 "너는 내가 내 아버지께 구하여 지금 열두 영 더 되는 천사를 보내시게 할 수 없는 줄로 아느냐(마태복음26:53)"라고 말씀하신 걸로 미루어 보아 주님께서 십자가를 피하실 수도 있었다는 사실을 알 수 있습니다. 심장이 한 번 박동하기도 전에 온 하늘이 전투의 천사들로 꽉 차게 하실 수도 있으셨습니다. 그렇습니다! 예수님께서 십자가를 피하셨다면 인류는 멸망당했을 것입니다. 그리스도께서는 우리들 없이 천국에 가느니 우리들을 위하여 지옥에 가는 것을 선택하셨습니다. 인류를 정죄하는 대신 자신을 "속건제물"로 드리셨습니다(이사야53:10). 그분은 '아버지여 저들을 용서하여 주옵소서'라고 긍휼의 기도를 올렸습니다.

예수님은 "내가 진실로 진실로 너희에게 이르노니 나를 믿는 자는 나의 하는 일을 저도 할 것이요, 또한 이보다 큰 것도 하리니 이는 내가 아버지께로 감이니라(요한복음14:12)"고 말씀하셨습니다. 우리들은 예수님의 이 말씀을 우리들도 그분의 이적을 행하게 된다는 것으로 추정하지만, 예수님께서는 그분께서 하신 일, 즉 구속 사역과 긍휼로 울부짖으신 기도, 죄인들과 동일시하심, 자신을 속건제물로 드리는 것 등과 같은 모든 일을 우리들도 할 수 있다고 하신 것입니다.

그분께서 우리 안에 거하시므로 이사야 53장의 말씀이 단지 예수님만을 위한 것이 아니라 우리 안에 계신 그리스도를 위한 청사진이 되는 것입니다. 실제로 이것이야말로 주님께서 '그 씨를 보게 되는 것(이사야 53:10)'이라고 할 수 있지 않겠습니까? 사랑하는 여러분, 우리들은 그리스도와 한 가족입니다.

바울의 마음을 가지고 다음 말씀을 읽어 봅시다.

> 내가 이제 너희를 위하여 받는 괴로움을 기뻐하고 그리스도의 남은 고난을 그의 몸된 교회를 위하여 내 육체에 채우노라
>
> 골로새서1:24

바울 사도가 이야기하고 있는 것이 무슨 말입니까? 그리스도께서 인류의 진 빚을 단 한 번에 완전하게 지불하지 않으셨습니까? 바울 사도가 우리들이 예수님의 자리를 대신하여야 한다는 뜻으로 말씀하고 있는 것입니까? 아닙니다! 우리들은 절대로 예수님을 대신할 수 없습니다. 이 말씀의 의미는 예수님께서 우리의 자리를 대신하셨다는 것입니다. 하나님의 아들께서는 우리 안에서 그분의 구속적이고 희생적인 생명의 모든 요소들을 나타내셨습니다.

바울은 자신의 개인적인 구원과 그리스도를 동일시할 뿐 아니라 그리스도의 목적을 성취하기 위한 열정이 있습니다. 바울은 "내가 그리스도와 그 부활의 권능과 그 고난에 참예함을 알려 하여 그의 죽으심을 본받아(빌립보서3:10)"라고 기록하였습니다.

주님의 고통에 동참한다는 것이 얼마나 아름다운 것이겠습니까? 고통을 택함으로 그리스도의 목적과 함께 존재하게 되고 예수님과의 참된 친

교를 발견하게 되는 것입니다. 이것은 그리스도와 친밀하게 되는 것입니다. 그리스도의 고난은 전형적인 인간이 겪는 슬픔이 아닙니다. 그리스도의 고난은 사랑을 위해 고통받는 것입니다. 그분과 연합하고 하나님의 기쁨이 넘쳐나기를 소망합니다.

아버지, 당신께서는 제 삶의 그 어떤 계획도 아닌 저를 통하여 당신의 아들을 나타내 보이시기를 원하십니다. 저는 상처받음의 은사를 받았습니다. 받은바 은혜에 감사하여 그리스도께 순복하며 저를 상하게 하시기 위하여 사용하신 모든 사람들을 위해 제 자신을 드립니다. 저의 예배의 향기가 당신께 예수님을 생각나게 하여 주옵소서. 당신께서 제 주변에 있는 세상을 용서하시고, 정결케 하시고, 깨끗게 하여 주옵소서. 예수님 이름으로 기도합니다. 아멘.

8장
사단의 시간

아픔과 불공평함을 당하는 때보다 그리스도를 닮을 수 있는 더 좋은 기회는 없습니다. 사단이 악하게 분노할 때, 하나님의 계획은 그것을 선하게 돌려놓으시는 것입니다. 만약 우리들이 영적 전투에 성실하고 가장 순전한 사랑으로 행한다면 우리들은 하나님의 마음을 움직일 수 있습니다. 그것이 하나님의 권능을 얻는 길입니다.

저의 기도는 우리들이 그리스도 형상 닮기에 집중하여 거룩하지 못한 분열과 교회의 약점들을 제거하게 되는 것입니다. 동시에 저는 우리들이 목회자로서, 지도자로서, 교회로서, 할 수 있는 모든 것을 다하는데도 불구하고 분열이 생긴다는 것을 인식하고 있습니다. 우리들 중에 몇몇 사람들은 이것이 실제로 우리 삶을 위한 하나님의 위대하신 계획 중의 일부라고 생각합니다. 즉 우리들이 진정으로 그리스도를 닮아 가는 과정의 일부로서 버림받음과 분쟁과 비방을 견딜 줄 알아야 한다는 것입니다.

지도자로서 훈련을 받고 있는 우리들은 반드시 다음 사항을 알고 있어야 합니다. 분쟁의 시기와 영적 전투를 알아야 하고 이를 좀 더 그리스도를 닮기 위한 방편으로 삼을 줄 알아야 한다는 것입니다. 교회에 다툼과 분열이 있을 수 있다고 생각하는 사람들을 위해 말하려고 합니다. 저의 진정한 충고는 분열하고 있는 그룹에서 빨리 빠져나오라는 것입니다. 만약에 여러분의 교회가 분열되도록 완전히 결론이 났다고 하면 '집단 광기'가 일어나게 됩니다. 여러분은 여러분이 하고 있는 것이 잘못되었다는 것을 알지만 강퍅해져서 잘못된 것으로부터 빠져나오려고 하지 않게 됩니다. 여러분은 여러분이 화내는 것에 독이 있고 그것이 그리스도를 닮은 것이 아니라는 것을 알지만 화를 멈추지 않게 됩니다.

사랑하는 여러분, 그 누구도 진리를 지키기 위해 사랑을 버리지 않습니다. 사랑은 진리의 적이 아닙니다. 사랑은 진리를 정당화해 줍니다. 만약에 여러분이 사랑으로 말할 수 없다면 말하지 마십시오. 사랑 없이 말하는 것은 이미 여러분 속에 '집단적인 광기'가 감염되기 시작했다는 것을 말해 주는 것입니다. 사람들로 하여금 잘못된 것인 줄 알면서도 말하게 하고 행동하게 하는 이러한 무시무시한 광기를 격리시켜 버립시다. 예수님께서는 지상 사역 마지막 몇 날 동안 이 무시무시한 광기가 지옥으로부터 올라와 예루살렘 사람들을 감염시키는 것을 보셨습니다. 심지어 제자들까지 감염되었습니다.

좀 더 잘 분별할 수 있기 위하여 이러한 광란의 때를 '사단의 시간'이라고 부릅시다. '사단의 시간'이란 일정한 시간 동안 선해 보이는 모든 능력들이 단절된 시기를 말합니다. 그 시간에는 사랑 대신 불신에 의해 다스려지고 '어둠의 권세'가 나타나며 심지어 공손함까지도 상실되어 버립니다**(누가복음22:53)**. 이것은 마치 사람들이 지옥의 군대마귀를 초대한 것과 같아서 군대마귀들은 자신들을 필요로 하는 곳에 거주하며 해결되지 않은 채로 사람들의 마음속에 남아 있던 것들을 통로 삼아서 자신들의 비밀

병기인 '화'를 발산하게 만듭니다. 그래서 타락한 후에 인간들 속에 존재하는 악한 모든 것들을 깨어나게 만들고 그런 다음에 지옥의 권세로 무장시켜 그들의 욕구를 만족시킵니다.

이러한 집단 광기는 하늘로부터의 방문과는 정반대의 것입니다. 이것은 지옥으로부터의 방문인 것입니다. 이것은 육체를 치료하는 것이 아니라 마음에 상처를 입히는 것입니다. 이것은 사람들끼리 화해하게 만드는 것이 아니라 친구들 간에 이간질하게 만드는 것입니다. 이것은 사랑으로 진리를 말하게 하는 것이 아니라 저주로 감정을 발산하게 하는 것입니다. 이것은 평화의 복음이 아니라 다툼으로 인해 생기는 마음의 상처입니다. 사단의 시간 동안에는 친구가 적이 되고 충성하던 자가 배반하고 연합은 화해할 수 없는 분열이 됩니다. 사단의 시간에는 인간의 마음속에 숨겨져 있던 모든 '시기'와 해결되지 않은 비밀스런 '아픔'들이 마귀의 손에서 무기로 사용되기 때문에 도저히 상대할 수 없고, 멈추게 할 수 없고, 지옥의 침략이 성공한 것처럼 보입니다.

만약에 우리들이 예수님의 지상 사역 가운데 마지막 몇 날들에 있었던 무시무시한 마귀의 사건들을 공부한다면 우리들은 교회를 분열시키는 마귀의 행위들에 대한 아주 중요한 통찰력을 얻을 수 있습니다. 더욱더 중요한 것은 그것을 통하여 하나님께서 승리하게 해 주시는 비결을 발견할 수 있게 됩니다.

먼저 예수님께서는 그러한 악한 다수의 무리를 이미 알고 계셨다는 사실입니다. 예수님께서는 제자들에게 족쇄가 풀린 악마가 올 것을 경고하셨습니다. 그러한 것이 도래하였을 때 예수님께서는 제자들에게 어두움의 권세가 다가오고 있다고 선포하셨습니다(요한복음14:30). 사단의 어두운 시간을 알고 계신다는 사실이 그것을 인내하는 것을 쉽게 해 주지는 않았지만 예수님께서는 그것이 임박하였다는 것을 아시고 준비하셨습니다.

예수님께서는 이미 사단의 시간 동안에 악의 무리가 총공세를 퍼부을 것을 아셨고 당신의 제자들이 심하게 타격받을 것을 완전하게 알고 계셨습니다(누가복음22:31). 주님은 또한 자신의 추종하는 사람들이 흩어질 것을 아셨고 열두 제자들 중에 하나가 자신을 배반할 것도 아셨습니다. 심지어 자신과 가장 가까운 친구(제자)가 자신을 모른다고 부인할 것도 알고 계셨습니다(누가복음22:60-61). 사단의 시간은 어두움의 권세에 눌려 현실이 뒤틀려 버린 것처럼 보이는 때이며 아버지께서는 예수님에게 그것을 멈추게 할 수 있는 어떤 것도 허락하지 않으셨습니다.

하지만 우리는 예수님께서 그것을 이기시고 극복하신 것을 바라보아야만 합니다. 지옥의 문이 열렸을 때에는 심지어 하나님의 아들도 '슬픔과 고민에 잠겨서' 가장 가까운 제자들에게 그분의 번민을 말씀하셨습니다. 예수님께서는 베드로, 요한, 야고보에게 "내 마음이 심히 고민하여 죽게 되었으니 너희는 여기 머물러 나와 함께 깨어 있으라"고 강조하셨습니다. 사단의 무서운 공격이 그들을 압도하였을 때, 심지어 예수님의 가슴에 얼굴을 기대었던 요한까지도 잠을 떨쳐 버리지 못하여 얼굴을 들 수 없었습니다. 그들 모두는 넘쳐나는 슬픔을 뒤로한 채 잠들어 버렸습니다.

예수님께서는 당신께 대한 영적 공격의 압박에 비틀거리지 않고 "땅에 엎드리어 될 수 있는 대로 이때가 자기에게서 지나가기를 구하여" 기도하셨습니다(마가복음14:35). 우리들은 예수님께서 어디를 가시든지 평화의 사역을 하셨다는 사실을 잘 알고 있습니다. 하지만 이제 주님께서는 너무나 격렬한 공격을 받으셔서 얼굴에 핏줄이 서고 온몸이 땀으로 젖기까지 대항하여 기도하셨습니다. 주님께서는 다시 제자들을 깨우셨습니다. 제자들은 잠에서 깨어 예수님의 이마와 볼로부터 핏방울이 떨어지는 것을 보았지만, 예수님의 가장 가까운 제자들임에도 불구하고 그들은 여전히 잠을 견딜 수가 없었습니다.

저는 예수님께서 겟세마네 동산에서 기도하실 때 전적으로 모든 것을 아버지께만 의지하신 것이 아니라 주님의 친구들인 가장 가까운 제자들을 세 번씩이나 찾으셨던 것은 아주 중요한 포인트라고 생각합니다(마태복음26:39-45). 하나님을 대신할 존재는 아무것도 없지만 우리들에게는 절친한 친구도 필요하다는 말입니다. 절친한 친구는 형제보다 더 가까울 수 있습니다(잠언17:17).

하지만 겟세마네 동산에서 예수님의 친구들은 예수님을 위해 함께 있지 못했습니다. 주님께서 기도하실 때 그들은 깊은 잠에 빠져 있었습니다. 바리새인들이 왔을 때 그들은 도망하였습니다(마태복음26:56). 주님께서 고소를 당하실 때 그들은 숨었습니다. 모든 사람들이 주님을 떠날 때라도 주님의 마음을 잘 아는 함께 떡을 뗀 제자들은 주님을 보호했어야 했습니다. 겟세마네 동산에서부터 십자가에 이르기까지 예수님은 단지 한 제자의 목소리만을 들으셨습니다. 그것은 불과 하루 전에 주님께 충성을 맹세했던 베드로가 주님을 전혀 보지도 못하였다고 맹세하는 그 목소리였습니다.

우리의 주인께서는 배반과 버림받음과 포기와 중상과 모멸의 총체적인 불의를 당하셨습니다. 주님께서는 당신의 제자들의 실패로 인한 아픔을 맛보셨습니다. 제자들은 기도하기를 실패하였고 그들의 가장 귀한 친구인 주님에 관한 진리를 방어하는 데 실패하였습니다.

예수님을 따르는 사랑하는 여러분, 메시야께서 경험하신 것과 제자들이 겪었던 것들은 정도의 차이가 좀 있기는 하지만 오늘날 교회의 분열에서도 발견될 수 있는 요소들입니다. 교회의 분열이 있을 때 여러분의 목회자나 지도자들이 무슨 일을 겪겠습니까? 그것은 예수님께서 십자가에 달리시기 전 며칠 동안 겪으셨던 것과 비슷하지 않겠습니까?

지도자로서 교회의 분열의 비극으로부터 빠져나오는 유일한 길은 예수님처럼 되는 것입니다! 우리를 향한 하나님의 가장 위대하신 목표는 우리의 삶이 성공한 목회자처럼 되는 것이 아니라 그리스도처럼 되는 것이라는 사실을 알고 있습니까? 지도자가 되어 이끈다는 것은 그리스도처럼 변화될 수 있는 아주 좋은 기회인 것입니다. 그렇다고 우리들이 세상의 죄를 위하여 죽어야 한다는 뜻이 아니라 불의와 분열을 당할 때 죽을 수밖에 없는 우리의 삶에 그리스도께서 나타나셔야 한다는 의미입니다.

'우리의 삶에서 그리스도를 나타낸다!'는 의미는 우리들이 속한 세상에서 인간적인 실패에 대응하는 방법으로 예수님 자신이 그것을 당하셨을 때 행하셨던 그 방법을 배우라는 것입니다. 예수님께서는 제자들의 실패와 그들의 흔들림을 아시고 "그러나 내가 너를 위하여 네 믿음이 떨어지지 않기를 기도하였노니 너는 돌이킨 후에 네 형제를 굳게 하라(누가복음 22:32)"는 확증을 주셨습니다.

예수님의 제자들은 실패를 통한 배움이라는 귀한 교훈을 얻을 수 있었으며 예수님께서 이미 그것을 알고 계셨습니다. 예수님의 제자들은 그들 중에 누가 제일 크냐고 논쟁해 왔지만 이제 그들을 하나님께서 사용하시기에 충분하도록 겸손하게 되었고, 넘어짐을 맛보았고, 회개하였습니다. 하나님께서 그들의 실패를 통해 그들의 혼 가운데 있던 자만을 제거해 버리시고 텅 빈 그 자리에 이제 성령님으로 채움받을 수 있게 된 것입니다. 그렇게 비겁했던 제자들이 이제 주님을 위해 고통을 당하고 죽기를 두려워하지 않게 되었고 같은 일을 만났을 때 영광으로 그 일들을 감당하게 되었습니다. 다시는 주님을 부인하지 않게 되었습니다. 주님께서는 그들이 주님에 대해 실패할 것이라는 것을 아시고 그들이 시련 당할 때 그들을 위해 기도해 주셨고 다시는 그들의 믿음이 실패하지 않고 오히려 다른 사람들을 강건하게 해 주도록 하셨습니다.

　제자들에게 있어서 가장 큰 문제점은 그들이 했던 실패의 짐을 지고 다녀야 한다는 것이었습니다. 그들의 죄와 죄에 대한 비난이 그들을 압도할 수 있었습니다. 하지만 예수님께서는 그들이 그러한 실패를 하게 될 것이라는 말씀과 함께 즉시 제자들을 위로하셨습니다. "예수께서 대답하시되 네가 나를 위하여 네 목숨을 버리겠느냐? 내가 진실로 진실로 네게 이르노니 닭 울기 전에 네가 세 번 나를 부인하리라. 너희는 마음에 근심하지 말라. 하나님을 믿으니 또 나를 믿으라(요한복음13:38-14:1)." 놀랍게도 심지어 제자들이 넘어지기도 전에 예수님께서는 그들이 범한 실패의 짐을 제거하시기를 원하셨습니다.

　그러므로 사랑하는 여러분, 예수님께서 심지어 자신을 배반하기까지 하면서 실패하였던 제자들을 사랑하셨던 것처럼 우리들도 우리들의 기대에 부응하지 못했지만 아직도 우리 곁에 있는 사람들을 사랑해야 할 필요가 있습니다. 그들은 다른 사람들을 강건하게 할 사람들입니다. 우리들은 우리를 실망시켰던 사람들이 받아야 할 비난이나 저주를 제거해 줄 필요가 있습니다. 그리스도를 닮은 우리의 행실을 보고 그들도 하나님의 가장 높으신 목적을 위해 섬길 수 있도록 연합하게 될 것입니다.

예수님은 자신의 제자들을 사랑하셨고 그들로 하여금 그 어려운 시련을 극복할 수 있게 하셨습니다. 그러나 우리들이 다루어야 할 다음 종류의 사람들은 바로 원수의 역할을 한 사람들로서, 그들은 가십과 중상모략으로 사역을 무너뜨리기를 원하는 불의의 도구로 사용된 사람들입니다. 우리들은 그리스도께서 그러한 사람들에게 어떻게 반응하셨는지 살펴야 하며 그분의 행동을 닮아야 합니다.

우리들은 우리들을 고소하는 자들에 대하여 수많은 합법적인 논쟁을 하지만 예수님께서는 그들 앞에서 침묵하셨습니다. 사랑하는 여러분, 때때로 우리들은 오직 자신을 하나님께 맡기고 침묵해야 할 때가 있습니다. 베드로는 어떻게 예수님께서 폭풍처럼 밀려드는 힐난과 비난에 대처하셨는지 알려 주고 있습니다. 베드로는 "친히 나무에 달려 그 몸으로 우리 죄를 담당하셨으니 이는 우리로 죄에 대하여 죽고 의에 대하여 살게 하려 하심이라. 저가 채찍에 맞음으로 너희는 나음을 얻었나니(베드로전서2:23)"라고 기록하였습니다.

사랑하는 여러분, 만약에 여러분의 말이 여러분을 공격하는 사람들을 설득하지 못한다면 그때가 바로 침묵해야 할 시간이라는 사실을 인지하시기 바랍니다. 하지만 예수님은 단지 침묵하지만 않으셨고 그들의 죄를 자신이 지신 십자가로 가져가셨습니다(베드로전서2:24). 우리들 또한 그래야 합니다. 단지 부정적으로 침묵하는 것만으로는 충분하지 않으며 예수님께서 하셨던 것처럼 우리들에 대항하는 자들을 위해 긍정적으로 대처해야 합니다. 그들을 위해 자비를 간구하는 기도를 드려야 합니다. 심지어 우리들이 가진 비전이 그들의 공격으로 인해 사라질 때까지도 그리해야 합니다.

예수님께서 사단의 시간이 다가오는 것을 알고 계셨다는 사실을 여러분도 아실 것입니다. 또한 예수님께서는 그분의 구속사의 비전과 그분이 가지고 계신 사랑의 크기를 유지하시기 위해 바로 그 어두움의 시간을 통과해야만 된다는 사실도 알고 계셨습니다. 그래서 예수님께서는 슬프고 심하게 번민하셨지만 "지금 내 마음이 민망하니 무슨 말을 하리요. 아버지여 나를 구원하여 이때를 면하게 하여 주옵소서. 그러나 내가 이를 위하여 이때에 왔나이다(요한복음12:27)" 하고 기도하셨습니다.

예수님께서는 구속이 성취되려면 그분의 사랑이 가장 극단적인 시험을 직면해야만 한다는 사실을 이해하셨습니다. 예수님께서는 구속을 위한 열정이 인간들이 자신을 모욕하고 십자가에 달아도 유지될 것이라는 사실을 알고 계셨습니다.

이것은 우리들에게도 동일합니다. 하나님께서는 우리들의 사랑을 완전하게 하시기 위해 불의를 허용하십니다. 십자가는 승리하기 위해 우리들이 지불해야 할 대가입니다. 이 전투는 여러분과 여러분의 원수에 관한 것이지만 여러분이 불의의 한가운데서 사랑을 유지하는가에 관한 전투이기도 합니다.

그리스도를 따르는 동역자 여러분, 우리들이 가지고 있는 성공이라고 하는 의미를 다시 한번 정리해 봅시다. 구속의 권능을 가져다주는 성공은 다음과 같습니다. 우리들이 사단의 시간에 반응하기보다는 인내하며 역경을 통해 사랑을 정금같이 제련하면 우리들은 우리들이 존재하는 목적에 도달하게 됩니다.

사랑하는 여러분, 여러분에게 인내하도록 허락하신 시험은 여러분과 여러분이 마주하고 있는 적에 관한 것이 아닙니다. 참된 이슈는 여러분과 하나님에 관한 것입니다. 여러분은 사랑이 완전해지도록 하는 데 그 시간을 사용하시겠습니까? 사단의 시간을 여러분의 삶이 변화되어 그리스도를 닮는 제물로 삼으시겠습니까?

주 예수님, 제 영혼이 주님을 닮기를 간구하고 소원합니다. 모든 선한 것의 주인이 되시는 주님, 제가 사랑으로 성공하도록 은혜를 베풀어 주옵소서. 스스로의 힘으로 살아남으려고 하는 자연적인 본능으로부터 제 마음을 지켜 주시옵소서. 제가 절대로 강퍅한 것을 선택하지 않게 하옵소서. 모든 것에서 삶의 방법을 찾게 하옵소서. 지금 이 순간 저를 해하려고 하는 사람들을 위해 제 자신을 제물로 드립니다. 주님을 닮게 해 주시는 기회를 주셔서 감사합니다. 예수님 이름으로 기도합니다. 아멘.

9장
변화된 마음

우리들에 대한 하나님의 최우선적인 목적이 무엇일까요? 왜 하나님께서는 우리들을 창조하셨을까요? 태초부터 하나님께서는 인간을 한 가지 목적 때문에 창조하셨습니다. 우리들을 그분의 형상대로 창조하신 것입니다. 주님은 우리를 향한 그분의 최초의 의도를 한 번도 바꾸신 적이 없으십니다(로마서8:28-29). 이 세상에서 우리들이 어려움과 고난을 당합니까? 하나님의 목적 안에서 고난과 고통은 우리들로 하여금 한 단계 더 성장하고 성숙하게 하여 그리스도의 본성에 이르도록 배우게 하는 역할을 합니다. 이러한 면에서 우리들이 당하는 어려움은 우리로 하나님께 더 가까이 나아가게 하고, 그분은 그러한 것을 통하여 우리들이 강권적으로 그리스도를 닮고 변화되도록 인도해 주십니다.

그래서 주님께서는 우리들 각자에게 그분의 약속을 다음과 같이 말씀해 주시는 것입니다.

> 야곱아 너를 창조하신 여호와께서 이제 말씀하시느니라. 이스라엘아 너를 조성하신 자가 이제 말씀하시느니라. 너는 두려워 말라 내가 너를 구속하였고 내가 너를 지명하여 불렀나

니 너는 내 것이라. 네가 물 가운데로 지날 때에 내가 함께할 것이라. 강을 건널 때에 물이 너를 침몰치 못할 것이며, 네가 불 가운데로 행할 때에 타지도 아니할 것이요. 불꽃이 너를 사르지도 못하리니 대저 나는 여호와 네 하나님이요. 이스라엘의 거룩한 자요. 네 구원자임이라. 내가 애굽을 너의 속량물로, 구스와 스바를 너의 대신으로 주었노라.

이사야43:1-3

그분의 약속이 우리들에게 엄청난 위안이 되지만 우리들이 기억해야 할 것은 주님께서 우리들에게 불과 홍수가 없을 것이라고 말씀하지 않으시고, 불과 홍수 중에도 우리와 함께해 주시겠다고 하신 사실입니다. 왜 주님께서 아예 처음부터 고난을 지나쳐 버리도록 해 주지 않으십니까? 그것들을 통하여 주님의 자녀들이 그리스도를 닮도록 훈련시키시기 때문입니다.

풍랑이 치는 바닷가에서 제자들이 예수님과 함께 있지 않았던 상황을 생각해 봅시다. 그들이 타고 있던 배는 풍랑에 심히 요동치고 있었습니다. 예수님께서는 이른 아침 바다 위를 걸어서 제자들에게 나아오셨습니다. 예수님께서 그들에게 하신 첫 말씀은 "안심하라 내니 두려워 말라(마태복음14:27)"였습니다.

이 말씀에서 '나는(I Am)'이라는 용어는 영원하신 하나님을 상징하는 거룩한 용어입니다(스스로 있는 자, I am who I am). 실제로 예수님께서 제자들을 도우시려고 그곳에 오셨지만 다른 한편으로는 시간을 초월하여 임재하셔서 자신을 계시해 주셨던 것입니다. 또한 예수님께서는 그분의 모든 제자들에게도 그것이 유효하다는 것을 선포해 주신 것입니다. 그분은 세상 끝날까지 우리와 함께하시는 하나님이십니다!

예수님께서는 제자들을 도우시기 위해 오셨던 것처럼 우리들이 만나는 풍랑의 시간에 우리에게 나타나시며 우리에게 도달하시기 위해 불가능해 보이는 상황들을 문제 삼지 않으십니다. 그분은 인간의 모든 고민거리를 해결해 주시는 분이십니다. 그분은 우리들이 처한 모든 상황을 가리지 않고 전부 도와주실 수 있는 분이십니다.

마음속에 일어나는 불신의 풍랑을 잠잠하게 합시다. 그리스도께서는 지금 이 시간에도 우리들에게 오실 수 있으십니다. 그분을 느낄 때까지 풍랑 속을 바라보십시오. "안심하라, 내니 두려워 말라"고 하시는 주님의 음성을 들을 때까지 풍랑 속을 바라보십시오!

하지만 예수님께서는 그분의 제자들에게 위안을 주는 것보다 더 큰 것들을 그분의 마음속에 가지고 계셨습니다. 한편으로는 우리 주변에 있는 풍랑을 잔잔하게 하시는 예수님을 신뢰해야 하고, 다른 한편으로는 풍랑 속에서 그분과 함께하기 위하여 우리 자신이 스스로를 안전하게 지키려고 하는 것과 위험을 두려워하는 태도를 버려야 합니다. 이것이 바로 풍랑의 상황에서 배울 수 있는 것이며 이를 통해 하나님의 아들께서는 그분의 제자들의 믿음을 완전하게 하려고 하셨습니다.

다시 한번 하나님께서 우리를 향해 가지신 가장 큰 목적을 확인해 봅시다. 예수님께서는 단순히 우리들을 위로하려고 오지 않으셨고 우리들을 완전하게 하시려고 오셨습니다! 바로 이것이 우리들이 그렇게 되기를 원할 때 주님께서 우리를 인도하시는 목표 지점입니다. 우리를 완전하게 하시려는 그리스도의 목적을 바라보고 하나님의 또 다른 모습을 발견하게 되기를 바랍니다.

우리들은 구세주의 형상을 가졌음에도 불구하고 불신앙으로 인해 죄의 유혹이나 도전에 실패한 것을 회개해야 합니다. 그것은 거짓 형상이기 때문입니다. 우리들이 진실로 하나님을 안다면 '예수 그리스도는 철저하고 완전하게 우리들을 변화시키기 위해 모든 것을 하신다'는 사실을 진리로 인정해야 합니다.

모든 제자들 중에 오직 베드로만 비전과 믿음으로 주님께 반응을 보였습니다. 베드로는 바람에 요동치는 배 모서리에 손을 대고 어두움과 심한 바람 사이로 주님을 바라보았습니다. 베드로는 "주여 만일 주시어든 나를 명하사 물 위로 오라 하소서(마태복음14:28)"라고 외쳤습니다. 베드로의 외침에는 믿음이 담겨있었습니다! 예수님께서는 그의 제자 베드로에게 "오라!"고 명령하셨습니다.

베드로는 배 가장자리로 발을 옮기고 소용돌이치는 바다로 걸음을 옮겼습니다. 두 눈을 주님께 고정시키고 발을 내딛으며 베드로의 온몸이 주님의 말씀을 듣고 주님을 좇아 갔습니다. 아래로는 두 발이 움직이고 위로는 그의 믿음이 예수님께 고정되어 있습니다. 놀랍게도 베드로는 휘몰아치는 바다 위를 걸어 예수님께로 나아갑니다!

하지만 정확하게 그 상황을 살펴보면 베드로는 그의 체중을 '물 위'에 둔 것이 아니라, 그리스도의 "오라!"는 말씀에 둔 것입니다. 만약 예수님께서 불가능한 것을 하라고 하실 때, 즉 물 위를 걸으라고 하실 때, 베드로는 순종으로부터 오는 권능이 주님의 명령 속에 있다는 사실을 신뢰하였던 것입니다. 우리들은 곧바로 베드로의 믿음이 멈칫하게 된 것을 잘 알고 있습니다. 믿음이 멈칫해지자마자 그는 곧바로 가라앉기 시작합니다. 그런데 그것에 대한 예수님의 놀라운 반응을 볼 수 있습니다. 바로 그 반응 속에서 우리는 주님의 궁극적인 목적을 발견할 수 있습니다. 예수님께서는 베드로에게 명령을 하지도 않으셨고 칭찬을 하지도 않으셨습니다. 주님은 베드로를 꾸짖으셨습니다! 우리들은 그 상황에서 주님께서 베드로를 칭찬하거나 용기를 북돋아 줄 것으로 기대하지만 주님은 그렇게 하지 않으셨습니다.

예수님께서 화가 나셨습니까? 아니요! 예수 그리스도께서는 우리를 완전하게 만드시기 위해 혹독하게 다루신다는 사실입니다. 주님께서는 우리들이 영적으로 안주하려고 하는 것이 항상 그분께서 예비하신 무언가보다 부족하다는 것을 알고 계십니다. 또한 우리들이 좀 더 그분의 형상으로 변화되면 이 세상에서 악의 세력으로부터 좀 더 적게 상처받게 된다는 사실도 알고 계십니다. 그래서 그분께서는 우리들을 힘든 상황으로 밀어 넣으시는데 그것이 바로 우리들을 하나님께로 향하도록 하는 것이며 하나님께서는 우리로 변화되게 하십니다. 그리고 변화된 마음은 바로 면역력을 얻는 근원이 되는 것입니다.

주 예수님, 인생의 풍랑을 만났을 때 두려워했던 것을 용서하여 주십시오. 너무나도 오랫동안 저는 주님께서 저를 완전하게 만들기 위해 철저하게 헌신하신다는 사실을 모르고 살았습니다. 저는 변화되지 않고 구원받기만을 원하였습니다. 저는 예수님을 완전하게 닮는 것을 두려워했습니다. 제게 당신의 믿음을 주옵소서. 저를 완전하게 하시려고 당신께서 주시는 용기를 오해하지 않도록 해 주옵소서. 온 마음을 다하여 저의 삶으로 당신께 영광 돌리고 싶습니다. 제게 은혜를 허락하여 주옵소서. 다른 사람들이 당신께서 제 안에 이루신 것을 볼 때 그들도 당신께 영광을 돌리게 하옵소서! 예수님 이름으로 기도합니다. 아멘.

10장
그리스도를 닮는 자의 요새

 승리는 우리의 입으로 예수님의 이름을 부를 때 시작됩니다. 이것은 우리의 마음속에 있는 예수님의 본성에 의해 성취됩니다.
 대부분의 크리스천들은 영적 전쟁을 치를 때 당시의 고통에서 벗어나기를 기대합니다. 그러나 모든 영적인 것이나 영적 전쟁의 목적은 그리스도의 형상에 이르도록 하기 위한 것입니다. 만약에 우리들이 믿음의 한 가지 목적인 '그리스도를 닮는 것'을 망각할 때, 예배나 영적 전쟁, 사랑이나 구속, 이 모든 것을 절대로 얻을 수 없습니다. 우리들의 한 가지 목적은 바로 '그리스도를 닮는 것'입니다.
 하나님께서 옛 이스라엘을 이집트로부터 구속하시어 약속의 땅으로 인도하신 것을 생각해 봅시다. 마찬가지로 하나님께서 우리들을 죄악으로부터 구속하신 것은 우리들 자신의 모습대로 살라고 하신 것이 아니라 그리스도를 닮게 하시려는 것입니다. 우리의 목적은 하나님의 목적에 합당해야 합니다. 그렇게 되기 위하여 우리의 본성은 변화되어야 합니다. 그렇지 못하면 항상 구원받지 못했던 때의 문제점을 가지고 살기 때문에 그때와 똑같은 어려움을 당하며 살게 됩니다.
 우리들이 겪는 대부분의 영적 갈등들은 우리 마음속에 주 예수님의 인격이 형성될 때까지 사라지지 않고 계속해서 존재하게 됩니다. 구속함 속에 있는 하나님의 목적은 단순하게 우리가 등에 지고 있는 짐이나 악한 것을 내려놓는 것이 아닙니다. 진실로 하나님께서 우리들의 삶 전체를 휘저어서 역사하시려고 하시는 것은 우리들로 하여금 '그분의 아들의 형상'을 본받게 하시려는 것입니다. 우리의 구원에 있어서 아버지의 목적은 예수님께서 "맏아들이 되게 하시는 것(로마서8:28-29)"입니다. 하나님의 궁극적인 목표에 도달하는 길은 우리들이 그리스도를 닮아서 완전하게 변화되는 것입니다.

하나님의 성령이 우리 안에 들어오셔야만 주 예수님께서 살아 임재하셔서 우리의 영을 온전하게 주장하시게 되며, 그분의 영광이 우리의 삶으로 홍수처럼 밀려들어서 우리 안에 '조금도 어두운 곳이 없는(누가복음 11:36)' 상태가 됩니다. 우리 안에 주님의 임재가 시작되는 바로 그 순간부터 무너지지 않는 요새가 생기게 되는데 그 요새는 우리를 악으로부터 완전하게 지켜 줍니다. 그분을 통하여 우리들은 그분의 탁월한 도(道)에 들어가게 됨으로써 하나님과 교제할 뿐만 아니라 서로서로 교제하게 되며 그로 인해 수도 없이 많은 사단의 공격으로부터 보호받게 됩니다. 진실로 그분의 충만함이 우리 안에 증가하게 되면 성경에 기록된 것들이 성취되게 됩니다. "이로써 사랑이 우리에게 온전히 이룬 것은 우리로 심판날에 담대함을 가지게 하려 함이니 주의 어떠하심과 같이 우리도 세상에서 그러하니라(요한일서4:17)." "하나님께로서 난 자마다 범죄치 아니하는 줄을 우리가 아노라. 하나님께로서 나신 자가 저를 지키시매 악한 자가 저를 만지지도 못하느니라(요한일서5:18)."

우리들이 반드시 인식해야만 하는 한 가지 중요한 사실이 있습니다. 그것은 사단이 우리들을 넘어지게 하는 것이 아니라 우리들이 사단에게 열려 있기 때문에 넘어진다는 사실입니다. 마귀를 완전하게 정복하기 위하여 우리들은 반드시 '전능하신 자의 그늘 아래 거해야만' 합니다(**시편91:1**). 사단의 개입이 용납되는 유일한 이유는 마귀와 하나님의 성도들 사이의 영적 전쟁을 통해서 성도들이 그리스도를 닮아 가기 때문입니다. 그리스도를 닮아야만 그리스도의 본성을 통하여 우리들의 쉼터와 안전을 보장받게 되는 것입니다. 하나님께서는 영적 전쟁을 그분의 영원하신 계획을 촉진시키기 위해 허용하시는데, 그분의 영원한 계획은 인간을 그분의 형상으로 만드는 것입니다(**창세기1:26**).

아버지의 목적이 우리의 삶을 그리스도의 삶으로 변화시키는 것이라는 것을 인식함에 따라 우리들은 하나님께서 영적 전쟁에 관한 한 가지 답을 가지고 계시다는 사실을 알게 됩니다. 그것은 우리들이 그분의 아들의 본성에 합당하게 되는 것입니다! 여러분은 마귀로 인해 두려워하거나 의심 때문에 고통당하고 있지 않습니까? 그러한 부분들을 하나님께 맡기고 여러분의 불신앙을 회개하고 여러분 속에 있는 그리스도의 믿음에 여러분 자신을 드리십시오. 여러분은 악한 영이나 육욕이나 부끄러움 때문에 고통당하고 있지 않습니까? 그러한 부분의 죄를 하나님께 드리고 여러분의 옛사람에 대하여 회개하고 그리스도의 용서를 받아들이고 마음에 그분의 정결함을 받으십시오.

아버지께서는 사단을 멸절시키시는 것보다 우리들의 삶이 그분의 아들의 삶과 같이 변화되는 것에 더 많은 관심이 있으십니다. 마귀의 존재가 무엇입니까? 마귀가 하나님께 반항할 수 있습니까? 진실로 참된 진리는 마귀가 여러분을 공격해도 여러분이 그에게 끌려가지 않고 오히려 하나님께 가까이 나아가며 그 유혹에도 불구하고 여러분이 그리스도의 성품을 닮아 가면 마귀는 물러간다는 사실입니다.

예수님께서는 사단을 대적하셨을 뿐만 아니라 십자가를 지셔야 할 숙명을 완성하심으로 겟세마네와 십자가에서 사단을 쳐부수셨습니다. 세상에서 가장 큰 전쟁은 정복자이신 예수님께서 그분의 적인 사단을 말로조차 꾸짖지 않으시고 오히려 자신을 확실하게 죽이심으로 승리하신 것입니다! 이 세상의 주관자들과 정사와 권세를 잡은 자들은 전쟁에서 패해서 무장해제를 당한 것이 아니라, 예수님께서 십자가 위에서 자신을 내어주심으로 심판을 받고 그 사건으로 인해 무장해제를 당한 것입니다.

주님께서 우리들을 부르셔서 우리들의 교회와 공동체에 존재하는 지옥의 요새를 무너뜨리게 하실 때가 있습니다. 때때로 마귀에 대항하는 여러분의 영적 전쟁은 여러분을 위한 하나님의 고귀하신 목적으로부터 벗어나게 될 때가 있습니다. 중보자들과 전쟁에서 지휘관 역할을 하시는 분들이 알아야 할 것이 있는데 그것은 여러분의 마음을 낚아서 지옥으로 몰아넣으려는 목적을 가진 마귀가 존재한다는 것입니다. 그 마귀의 이름은 '잘못된 초점(Wrong Focus)'입니다. 마귀의 궁극적인 목적은 속함을 받은 성도들 안에 정신적인 질병이 생기게 하는 것입니다. 아주 집중해서 다음 말씀을 심사숙고해 보십시오. '우리들을 향한 부르심은 그리스도를 닮아 변화되는 것을 직접적으로 방해받는 경우를 제외하고는 영적 전쟁이나 마귀에 초점을 맞추라는 것이 아닙니다.' 하지만 마귀의 사역은 예수님으로부터 우리의 눈을 멀어지게 만드는 것입니다. 사단의 첫 번째 무기는 항상 우리의 눈을 예수님께로부터 멀어지게 만드는 것입니다. 그러나 예수님을 다시 바라보면 전쟁은 금방 사라져 버립니다.

한때 레코드 가게를 했던 사람이 있었는데 그는 가게를 돌보는 일 이외에 원본 즉 다른 모든 복사본을 만들 수 있는 원본의 음악을 듣는 데 많은 시간을 보냈습니다. 수년에 걸쳐서 그의 귀는 원본에서 제거해야 할 작은 잡음까지도 잡아 낼 정도로 예민해졌습니다. 어느 날 저는 그에게 음악과 함께 일하는 것은 아주 즐거운 일일 것이라고 말했습니다. 그러나 그의 대답은 저를 놀라게 했습니다. "나는 수년 동안 음악을 듣지 못했습니다. 고성능 스테레오를 틀기만 하면 그 음악이 무엇이든지 간에 나에게는 아주 작은 잡음이라도 그런 것들만 들리기 때문이지요."

그의 생각이 음악적인 불완전성 쪽으로 기울어 버린 것처럼, '잘못된 초점'은 계속해서 여러분의 생각을 원수로 향하게 만듭니다. 그러다 보면 어느 날 갑자기 마귀만 눈에 보이게 됩니다. 참된 은사인 '영분별'의 은사는 균형을 맞추어 주어 우리들로 하여금 악한 영뿐만 아니라 수많은 천사들도 인지하게 해 줍니다. 이 은사를 제대로 사용하기만 하면 항상 긍정적인 곳에 초점을 맞추게 되고 위선적인 분별의 영향을 받지 않게 됩니다.

영분별의 적절한 균형의 실례는 열왕기하에서 찾아볼 수 있습니다. 시리아 군대가 이스라엘의 한 도시를 에워싸고 있을 때 선지자 엘리사의 종이 그것을 보고 엄청나게 놀라게 되었습니다. 엘리사는 그의 종에게 "두려워하지 말라 우리와 함께한 자가 저와 함께한 자보다 많으니라(**열왕기하 6:16**)"라고 말했습니다. 그런 다음에 종의 눈을 열어 달라고 기도하였습니다. 주님께서 종의 눈을 열어 주셨을 때 그는 엘리사가 보는 것을 보게 되었습니다. "여호와께서 그 사환의 눈을 여시매 저가 보니 불말과 불병거가 산에 가득하여 엘리사를 둘렀더라(열왕기하6:17)."

영적 전쟁은 절대로 '인간인 우리들과 그들(마귀)' 간의 전투가 아닙니다. 참된 영분별은 하나님께 충성하는 천사들의 허다한 무리를 완전하게 인식하는 것과 마귀의 영역의 움직임을 인식하는 것입니다. 바로 우리 편에 있는 허다한 무리의 천사들이 원수보다 더 많고 강하다는 사실을 인식하는 것입니다. 기억해야 할 것은 영적 전쟁 중에 이것을 제대로 볼 수 없다면 여러분의 영분별은 무엇인가 불완전한 것입니다.

개인적인 차원에서 온종일 마귀에 대항하여 기도하는 것보다는 거룩한 영적 분별력을 개발하는 것이 더 좋은 일입니다. 진실로 주님께서는 우리들이 영적 우울증을 떨쳐 내는 것을 기뻐하십니다. 살아있는 우리들의 믿음은 영적 불순종을 파괴시킵니다. 진취적인 사랑이 두려움을 쫓아내어 버리는 것입니다.

우리들이 계속해서 그리스도께 순복함으로써 믿음으로 우리 자신을 그분의 본성과 말씀에 드릴 때, 우리들은 실제적으로 우리 주위에 그분의 임재를 통해서 무너지지 않는 요새를 세우게 되는 것입니다. 전능하신 하나님의 요새를 세우는 방법은 의외로 간단합니다. 승리는 우리의 입으로 예수 그리스도의 이름을 부를 때 시작됩니다. 이것은 우리의 마음속에 있는 예수님의 본성에 의해 성취되게 됩니다.

주 예수님, 저를 도우사 제 눈을 당신께 고정하게 하옵소서. 주님은 저의 강한 성루요, 요새이십니다. 원수에 의해 쉽게 무너질 수 있는 제 영혼의 약점들을 가르쳐 주옵소서. 어둠의 권세의 은신처가 된 부분을 드러내

주옵소서. 그리하여 당신의 빛으로 인해 무너지지 않는 요새 안에 거하게 하옵소서! 예수님 이름으로 기도합니다. 아멘.

11장
참된 성공

> 내가 그리스도와 그 부활의 권능과 그 고난에 참예함을 알려 하여 그의 죽으심을 본받아 어찌하든지 죽은 자 가운데서 부활에 이르려 하노니
>
> 빌립보서3:10-1

이 책자의 유일한 목적은 '교회가 그리스도를 닮게 하는 것'입니다. 연합은 그리스도를 닮으면 나타나게 되는 연속적인 현상이며, 권능은 그리스도를 닮은 결과이며, 회심과 치유와 영생을 누리는 데 있어 이 모든 것들은 한 가지 핵심 근원으로부터 샘솟는 것입니다. 그것은 바로 우리들이 모든 면에서 예수님처럼 되는 것입니다. 만약 우리들이 영적으로 완전하게 그리스도를 닮는 것 이외의 목표를 가지고 있다면 필연적으로 유혹과 죄와 분열에 약할 수밖에 없고 상처를 입게 됩니다. 제가 그리스도를 닮는다고 말할 때 겸손과 기도와 성숙함에 이르는 것과 마음에 구속(salvation)받은 태도를 가지는 것과 같은 몇 가지 특별한 것을 의미합니다.

사랑하는 여러분, 우리들 모두는 참된 그리스도의 겸손을 계시해 달라고 하나님께 간구할 필요가 있습니다. 예수님께서는 그분의 나라에서 가

장 큰 자는 겸손한 자라고 말씀하셨습니다(마태복음18:4). 오늘날 교회에는 지도자나 회중들 모두 이 겸손이 필요합니다. 예수님께서는 친히 허리에 수건을 두르시고 제자들의 발을 씻겨 주시는 겸손을 보여 주셨습니다(요한복음13:4-5). 이 겸손은 우리에게 강제적으로 요구된 것이 아니고 우리들이 구세주의 본성을 간구할 때에 선택할 수 있는 것입니다.

우리들은 앞에서 분열과 분쟁이 일어나는 이유 중에 하나를 종교적인 야심 때문이라고 언급하였습니다. 그러나 우리들이 그리스도의 온유함을 닮는 것을 목표로 삼게 되면 미래를 하나님께 전적으로 맡기게 됩니다. 그렇게 되면 신앙의 삶을 전진하면서 누군가의 비전이나 사역을 섬기는 데 전혀 문제가 없게 됩니다.

'그리스도 닮기'를 간구한다는 의미는 내가 거듭난 교회 안에서 또는 세상에서 잘못된 것을 보게 될 때, 그러한 것들을 두려워하지 않고 성숙한 자세로 바라볼 수 있게 된다는 것입니다. 저는 기도하는 사람이기 때문에 하나님께서 답을 가지고 계시다는 것을 신뢰합니다. 예수님께서 거라사(Gerasa)에서 귀신 들린 자를 어떻게 다루셨는지 되새겨 보십시오. 그 귀신 들린 자는 예수님께서 무덤가를 지나가실 때에 손과 발의 족쇄를 끊고 예수님과 마주치게 됩니다. 하지만 예수님께서는 몇 분이 안 되어서 군대마귀 들린 그 사람을 올바른 마음을 가진 사람으로 회복시켜 놓으셨습니다(마가복음5:1-15). 바로 그 예수님께서 우리들 안에 존재하는 흉악한 것들을 잔잔하게 해 주십니다. 주님은 흉악한 것들이 우리들을 삼키는 것을 원치 않으시며 오히려 그러한 것들을 변화시키도록 우리들을 부르신 것입니다.

바울은 우리들에게 그리스도께서 행하신 것과 같은 태도를 가지라고 말하고 있습니다. "너희 안에 이 마음을 품으라. 곧 그리스도 예수의 마음이니 그는 근본 하나님의 본체시나 하나님과 동등됨을 취할 것으로 여기지 아니하시고 오히려 자기를 비어 종의 형체를 가져 사람들과 같이 되었고 사람의 모양으로 나타나셨으매 자기를 낮추시고 죽기까지 복종하셨으니 곧 십자가에 죽으심이라(**빌립보서2:5-8**)." 다른 말로 표현하면 예수님께서는 인간들에게 필요한 것을 보셨고 인간들을 구원하시려고 오셨습니다. 주님께서는 간단하게 지구를 멸망시켜 버릴 수도 있었고 우리들의 필요를 무시해 버리실 수도 있었습니다. 그러나 그분의 발자취는 저를 위한 하나님의 뜻이었습니다. 저는 온 마음을 바쳐 그분이 행하셨던 것처럼 살기를 열망하고 있습니다. 사랑으로 말미암아 그분께서 행하셨던 것처럼 두려움 없이 나를 십자가에 못 박으려는 자들을 위해 죽기를 원합니다.

그리스도를 닮기 원한다고 말하는 것에는 권세에 순종하는 것을 포함하고 있습니다. 예수님께서는 그분의 육신의 부모님께 순종하며 성장하셨으며 영적으로 분명히 세례요한보다 위에 계셨지만 세례요한의 권위에도 순복하셨습니다. 주님께서는 빌라도의 불의한 세상 권세에도 순종하셨습니다. 주님께서는 두려움 없이 의롭게 심판하시는 아버지의 권능을 신뢰하셨습니다. 그리스도의 눈길은 빌라도에게 있지 않고 모든 불의를 멸하고 그것 자체를 구속의 한 부분으로 만드시는 전지전능하신 아버지께 있었습니다. 그래서 예수님께서는 인간에게 순종하셨던 것입니다. 왜냐하면 하나님 아버지를 믿으셨기 때문입니다.

사랑하는 여러분, 제가 여러분께 권하는 것은 그리스도께서 겸손과 순종함으로 걸어가셨던 것처럼 여러분들도 그렇게 하라는 것입니다. 그래야만 우리들이 흠도 티도 없는 교회를 그분께 드릴 수 있는 것입니다. 하나님께서 보시고 심판하신다는 것을 알고 고난 중에도 인내합시다. 단순히 이 땅에 이름이 알려지는 것이 아니라 그리스도를 닮고 하늘나라에 이름이 기록되고 영광을 받는 것이 진정한 성공이라는 사실을 깨닫기 바랍니다.

주 예수님, 저는 당신 안에서 제가 필요한 모든 것을 봅니다. 저는 온 마음으로 주님처럼 되기를 열망합니다. 주님께서는 제자가 스승처럼 된다고 약속하셨습니다. 주님의 약속이 제 안에 성취되기를 간구합니다! 저를 변화시키소서! 그래서 세상이 당신을 보고 경배하게 하소서! 저로 하여금 당신의 영광스러운 본성을 소유하는 한 가지 목적을 성취하여 참된 성공의 의미를 정의하게 하소서! 예수님 이름으로 기도합니다. 아멘.

12장
공격당하지 않는 마음

> 또 새 영을 너희 속에 두고 새 마음을 너희에게 주되 너희 육신에서 굳은 마음을 제하고 부드러운 마음(a heart of flesh, 새로운 마음)을 줄 것이며
>
> 에스겔36:26

하나님께서는 우리들에게 공격당하지 않는 새로운 마음을 주십니다. 마지막 때가 점점 더 가까워질 때에 많은 사람들이 믿음을 버릴 정도로 강한 공격을 받게 될 것이라고 하신 예수님의 경고를 깊이 생각해 봅시다. 주님께서 경고하신 것을 주의 깊게 경청해 봅시다.

> 그때에 많은 사람이 시험에 빠져 서로 잡아 주고 서로 미워하겠으며, 거짓 선지자가 많이 일어나 많은 사람을 미혹하게 하겠으며 불법이 성하므로 많은 사람의 사랑이 식어지리라
>
> 마태복음24:10-12

'많은 사람'이 공격을 받게 될 것이며, '많은 사람'의 사랑이 식어질 것입

니다. 저의 기도는 우리들이 경외함으로 주님의 말씀을 듣기를 바라는 것입니다. 우리들의 마음속에 단 하나의 마귀의 공격이라도 남아 있도록 허용한다면 그것은 영적으로 심각한 결과를 초래하게 될 것입니다. 위의 말씀에서 예수님께서는 세 가지 위험한 결과, 즉 배반하고 증오하고 식어 버린 사랑에 관하여 말씀하고 계십니다. 우리들이 누군가에 의해 공격을 받을 때 심지어 그가 우리들이 돌보는 사람이라고 할지라도 반드시 그 사람에게 나아가야 합니다. 그렇지 않으면 그 사람과의 관계를 배반하고 그 사람의 등 뒤에서 그 사람에 관하여 나쁘게 말하여서 그 사람의 약점과 죄를 드러내게 됩니다.

우리들은 단순히 충고하거나 상담하려고 말하였을 뿐이라고 둘러대면서 배반의 가면을 쓸 수 있을지 모르지만, 되돌아보면 우리들은 너무나도 많은 사람들에게 부정적인 말을 해 왔다는 것을 발견할 수 있습니다. 그러한 행동을 어떻게 배반이 아니라고 말할 수 있습니까? 식어 버린 사랑과 배반과 증오는 공격당한 영혼과 항상 함께하는 것입니다.

대개 사람들은 둥근 돌에 넘어지기보다는 상대적으로 작을지라도 모난 돌에 넘어지는 것입니다. 권세를 가지고 있는 소수의 인격이 우리들을 성가시게 하고 공격합니다. 또는 가족이나 친구들이 우리가 기대한 것에 미치지 못하면 그 사실들로 인해서 우리 내면이 공격당하게 됩니다. 사랑하는 여러분, 우리는 우리들을 성가시게 하는 것을 대적하여 승리해야 합니다. 예수님께서 우리들에게 인내가 필요하다고 경고하셨을 때 주님께서는 경주를 끝내는 것보다 시작하는 것이 쉽다고 말씀하셨습니다. 여러분의 모든 삶을 통하여 극복해야 할 중대한 공격의 시기가 있을 것입니다.

여러분이 지금 그러한 시기에 있을 수도 있습니다. 공격당하는 것을 그대로 둘 때 생겨나는 위험을 무시하지 말기를 바랍니다.

어느 누구도 실족하기를 계획하지 않습니다. 그 누구도 '내가 오늘 마음을 강퍅하게 하고 차갑게 하겠다'고 말하지 않습니다. 그러한 것들은 우리 영혼에 몰래 들어오는 것으로서 우리에게 그러한 일이 생기지 않을 것이라고 생각하는 사람은 우둔한 사람입니다. 저는 끊임없이 연속적으로 공격을 당하는 사람들을 압니다. 그러한 사람들은 공격당하는 문제를 해결하는 것이 아니라 그것을 하나님과 동행할 수 없는 상태까지 끌고 갑니다. 여러분은 오늘 행동을 아주 잘하셨을 수도 있지만 내일 무엇인가 생기면 실망하고 상처를 당합니다. 어떠한 불의함이 여러분을 해할 수 있으며 여러분의 육신을 상하게 할 수도 있습니다.

사단의 공격은 우리들의 미덕이나 죄, 또는 가치나 자만심을 칠 수 있습니다. 그것은 다각도에서 우리 영혼을 공격하여 관통하고 상처를 입힐 수도 있습니다. 한때 저는 떠도는 소문에 관한 시리즈를 다룬 적이 있습니다. 대부분의 사람들이 그들의 죄를 보았고 회개하였는데 실제 소문의 주인공은 크게 상처를 받고 결국 교회를 떠나고 말았습니다. 성령님께서 우리 영혼의 죄를 드러내실 때 만약 회개할 기회를 놓쳐 버리게 되면 우리들은 종종 가르침을 베푼 사람에게 공격을 당하게 됩니다. 즉 가르침을 베푸는 사람들에 의해 상처를 받게 될 때가 있는데, 그럴 때 가끔은 우리의 마음을 겸손하게 하는 대신 목회자나 교사들에게 크게 화를 내게 됩니다. 진심으로 말씀드리지만 대개의 경우 저는 누가 저의 가르침을 필요로 하는지 알지 못하지만 하나님께서는 알고 계십니다.

바울은 디모데에게 "경책하며 경계하며 권하라(책망하고 꾸짖고 격려하라)"고 말했습니다(딤후4:2). '권면하고, 권면하고, 권면하라'고 말하지 않았는데도 대부분의 교회에서는 권면하는 것만 하고 있습니다. 사랑하는 여러분, 물론 우리들은 용기를 북돋아 주어야 하지만 경책하며 경계하는 것, 즉 꾸짖고 야단쳐야 할 때도 있는 것입니다. 오늘날 수많은 교회에서 말씀을 전하는 분들이 사람들의 반응을 두려워하고 그들이 교회를 떠날까 봐 두려워하여 '진리'를 전하지 않습니다. 그 결과로 교회는 쉽게 상처받는 사람들로 모이게 되고 성도들은 잘못을 용납할 수 있는 능력을 상실하여 성장하지 못하게 되어 버렸습니다.

사람들은 권면만으로는 변화되지 않습니다. 우리 모든 사람들은 잘못된 부분을 직면하고 훈련받아야 할 부분들을 가지고 있습니다. 죄를 범한 사람을 훈련하고 정정하기를 거부하는 지도자는 하나님께 순종하는 지도자가 아닙니다. 그러한 지도자는 사람들의 삶이 참되게 변화되도록 인도하는 지도자가 아닙니다. 만약에 사람들이 고침을 받지 못하면 그리스도의 형상을 소유할 수 없습니다.

우리는 "주님 제가 변화되기 위해 필요한 것이 무엇인지 보여 주십시오!"라고 말하는 사람이 될 필요가 있습니다. 저는 성장에 관한 말씀을 드리고 있는 것입니다. 현명한 자는 꾸짖는 경계를 달게 받고 슬기를 얻어 축복을 누리며 살지만 미련한 자는 아비의 훈계를 받지 않습니다(잠언 15:5).

우리들의 선한 일이나 사역이 인정받지 못하면 공격을 당하여 자존심에 큰 상처를 입게 됩니다. 수년 전 제가 좀 더 젊은 나이로 사역을 할 때에 캘

리포니아에서 있었던 지도자 콘퍼런스에 참석한 적이 있었습니다. 모임이 거의 막바지에 이르렀을 때 원로 지도자가 개인적으로 목사들과 사모들에게 인사를 나누었습니다. 그는 저의 오른쪽에 있던 부부와 인사를 나눈 뒤 뒤로 돌아가서 스텝에게 무엇인가 물었습니다. 얼마 후 그는 다시 돌아와서는 우리 부부를 지나쳐서 제 왼쪽에 있던 부부와 인사를 나누는 것이었습니다. 제 주변에 있던 모든 사람들은 우리 부부가 분명하게 무시당한 것을 보았습니다. 우리 부부는 창피와 공격을 맛보았습니다. 그러나 제 아내는 우리가 맛본 상처를 앞으로 우리들이 다른 사람들의 감정을 이해할 수 있게 되는 경험을 얻는 수단으로 삼는 현명한 대처를 하였습니다. 그 공격은 우리들로 하여금 사람들이 무시를 당할 때 어떤 느낌을 갖게 되는지를 가르쳐 주었습니다. 여러분들도 알 수 있으리라 생각합니다. 여러분은 공격당함을 좀 더 그리스도를 닮는 기회로 삼아야 합니다.

공격을 당하는 일은 끝없이 계속 이어집니다. 실제로 우리들에게는 날마다 무엇인가에 의해 공격을 당할 것인가 말 것인가 선택의 기회가 주어집니다. 주님의 약속은 우리에게 성령이 충만하고 주님의 사랑이 풍성한 '공격당하지 않는 새로운 마음'을 주신다는 것입니다.

오랫동안 저는 그리스도의 본성과 그분께서 어떻게 이 세상의 공격을 다루시는가에 대한 방법에 관해 배울 수 있었습니다. 저는 아직도 여전히 배우고 있으며 이제 그러한 것들은 제 마음에 실제적으로 살아 있게 되었습니다.

한 가지 제가 배운 것은 비판을 받을 때 비판에 반응한다든가 저 자신을 방어하기보다는 오히려 자신을 겸손하게 낮추고 저에 관하여 말하는 것을 들으려고 고려해 보는 것입니다. 저는 너무나 많은 실수를 범하여 저에 관하여 말하는 사람의 말이 맞을 것이라는 생각을 합니다. 실제로 그들이 저에 관하여 말하는 것은 제가 눈이 멀어 보지 못한 부분일 수 있습니다. 물론 다른 사람과 맞서는 것은 언제나 유쾌한 일은 아닙니다. 사실 누구든지 자신들을 귀찮게 하는 것에 대해 참을 때까지 참다가 말하게 되면 부드럽게 해야 할 말도 좀 더 가시가 돋치게 되고 불필요한 대립을 하게 됩니다.

아무튼 그런 사람들의 의견이 부분적으로만 맞을지라도 우리들은 그들의 불평을 유용하게 만들 줄 알아야 합니다. 겸손이란 거친 말에도 대응하지 않고 비판 속에서도 진리를 끌어낼 줄 아는 것입니다. 그러면 결국 공격을 당하지 않고 그동안 우리들이 발견하지 못했던 부분을 보게 되어 좀 더 그리스도를 닮게 됩니다.

어떤 때는 그러한 비판이 전혀 진실이 없고 거의 우리들을 모욕하는 것일 수도 있습니다. 그러나 그러한 상황 속에서 그들이 하는 말은 우리들이 다른 사람들에게 말할 때 드러내는 약점을 보완하는 데 도움이 됩니다. 우리들이 비록 올바른 동기를 가졌을지라도 의사전달에서 완전할 수는 없습니다. 그러므로 그러한 상황에서도 다른 사람의 비판을 통해서 통찰력을 얻을 수 있고 성장할 수 있습니다. 다른 사람들이 어떻게 우리를 인식하고 있는지 알게 되면 다른 사람을 대하는 우리들의 자세를 항상 개선할 수 있습니다.

예수님께서 우리들에게 하신 말씀, "핍박하는 자를 위하여 기도하라(마태복음5:44)"와 "저주하는 자를 위하여 축복하며(누가복음6:28)"라는 말씀을 되새겨 보시기 바랍니다. 이러한 면에서 분명하게 악함을 가지고 공격하는 사람에 의해서 공격을 당할 것이 아니라 "아버지, 저들을 용서하시옵소서"라고 외치며 십자가에서 죽음을 당하신 그리스도의 사랑과 중보에 이르기까지 성장해야 합니다. 공격당하는 것이 필연적인 것이라고 하신 예수님의 말씀을 기억하기 바랍니다. 예수님께서는 우리들이 아주 자주, 거의 매일, 인생의 불의에 의해서 공격을 당하게 될 것이라고 경고하셨습니다. 삶 속에서 시련을 통해 상처를 당할 때 우리들은 분노와 복수의 피를 흘립니까? 아니면 하나님을 바라보면서 그리스도의 마음에 합당하게 행동합니까? 항상 잘못된 사람들에 의해 공격을 당하고 심지어 마귀 들린 자들에 의해 공격을 당하게 될 것입니다. 그러므로 핵심은 우리들이 상처를 당하고 안 당하고의 문제가 아니라 상처를 입었을 때 어떻게 할 것인가의 문제인 것입니다. 우리들이 그리스도께서 상처를 입으셨을 때처럼 그것을 처리하지 못하면 분노가 우리들의 영혼에 밀려들고 상처는 우리들을 괴로움에 휩싸이도록 만들어 버립니다.

저는 우리들의 삶 속에 몇 가지 분명하게 분노해야 할 것이 있다고 믿습니다. 우리들 주변에서 일어나는 잔인한 살인과 아동학대와 노골적인 죄악들은 우리의 영 가운데 적지 않은 혼란을 초래합니다. 그러한 것들에 대응하다 보면 궁극적으로는 우리들이 하나님께 드리는 기도가 왜곡되기도 합니다. 분노는 그러한 불의를 멈추게 하는 우리들의 중보나 행동의 한 부분을 넘어지게 만들지만, 그러한 상황에서도 항상 우리는 우리의 마음을 다스려야 합니다. 만약에 그러한 불의와 싸워서 승리한다고 해도 사랑의 한계를 잃어버린다면 우리에게 무슨 유익이 있겠습니까?

항상 기억해야 할 것은 하나님께서는 여러분의 삶에서 모든 것이 협력하여 선을 이루게 하시는 원인이 되신다는 사실입니다. 만약 여러분을 향한 하나님의 목표가 '그리스도의 형상을 닮도록 창조하신 것'이라는 사실을 안다면 어떠한 무기도 여러분을 해할 수 없습니다. 여러분은 공격당하지 않는 그리스도의 마음을 소유하게 될 것입니다.

주님, 너무 쉽게 공격당하고 또한 공격하려는 마음을 가졌던 것을 용서하여 주십시오. 때때로 제 마음은 어리석고 약하고 방어적입니다. 믿음으로 구하오니 제게 공격당하지 않는 예수 그리스도의 마음을 허락하여 주시옵소서. 예수님 이름으로 기도합니다. 아멘.

II.
겸손
Humility

나 여호와가 말하노라 나의 손이 이 모든 것을 지어서 다 이루었느니라
무릇 마음이 가난하고 심령에 통회하며 나의 말을 인하여 떠는 자
그 사람은 내가 권고하려니와

이사야 66:2

Intro

그리스도 형상 훈련의 첫 번째 교재의 핵심 진리는 '우리의 삶을 통한 하나님의 목적은 우리가 그리스도와 하나가 되는 것'이라고 할 수 있습니다. 두 번째 교재인 「겸손」을 통해 우리는 그리스도처럼 되어 가기 위한 과정에서 우리의 마음에 변화되어야 할 부분들이 과연 무엇인지 분명하게 보게 될 것입니다. 세 번째 교재 「기도」는 우리에게 우리 자신과 주변 세상을 변화시킬 수 있는 실질적인 능력을 부여해 줄 것이며, 마지막 교재인 「연합」은 여러 면에서 이전 세 권의 교재에 담긴 내용들이 따로따로가 아닌 연속선상에 있음을 알게 해 줄 것입니다.

하나님과 함께하는 우리의 여정은 용서와 구원으로 시작됩니다. 말 그대로 그것은 시작이지 끝이 아닙니다. 하나님께서 우리를 구원하신 것은 우리를 '변화'시키시기 위함입니다. 우리가 죄사함 받은 후에 반드시 기억해야 할 것이 있습니다. 바로 주님의 새 언약은 우리 스스로가 해결할 수 없는 죄를 용서해 주실 뿐만 아니라 우리를 변화시키는 것까지도 보장한다는 사실입니다. 하지만 우리가 어디까지 어떻게 변화되어야 하는지 알지 못한다면 어떻게 변화될 수 있겠습니까? 겸손은 우리에게 '진짜' 필요한 것을 깨닫게 해 주는 영적 기능입니다.

예수님께서는 겸손한 자가 "하나님의 나라에서 가장 큰 자"라고 말씀하셨습니다(마태복음18:4). 하늘나라에서 가장 높은 것이 우리의 겸손에 의해 결정된다는 사실이 얼마나 놀랍습니까? 도대체 무엇이 겸손을 다른 것들과 비교할 수 없는 특성을 가지게 하는 것입니까? 분명한 사실은 겸손이 우선되지 않는다면 그 어떠한 선행도 우리 안에 제대로 자리 잡을 수 없습니다. 우리는 겸손이 없어도 충분히 종교적일 수 있습니다. 그러나 하나님과 개인적으로 참된 사랑의 관계는 성립되지 않습니다. 왜냐하면 우리의 죄성이 종교적인 외형의 탈을 쓰게 되기 때문입니다. 이렇게 되면 우리 자신을 변화시키는 데에는 전혀 관심도 없고 노력조차 하지 않게 됩니다. 나아가 이는 결국 미래에 받을 놀라운 은혜조차 상실하게 되는 것입니다.

겸손은 우리로 하여금 그리스도께서 원하시는 다른 여러 가지 선행을 이루게 하는 원동력이자 우리의 삶 자체를 지탱해 주고 새롭게 하는 본질입니다. 진정 겸손한 자는 주님 앞에 나아와 기도하게 됩니다. 겸손 없는 선행은 가식에 불과합니다. 참된 영적 고상함은 우리가 겸손히 행할 때 자연스레 드러납니다. 겸손은 우리가 삶 속에서 그리스도께서 원하시는 선행을 하는 데에 필요한 모든 것을 공급해 주는 역할을 합니다. 그러므로 우리가 그리스도의 형상을 이루기 위해서는 겸손이 반드시 필요합니다. 매번 겸손할 때마다 우리는 한 단계 더 그리스도의 형상에 가까워져 가는 것입니다. 이처럼 겸손은 참된 영적 진보의 증거입니다.

오직 겸손한 자만이 주안에서 안식처를 찾을 수 있습니다. 하나님께서는 겸손한 자에게만 은혜를 주십니다. 은혜는 우리의 노력으로 얻는 것이 아닐 뿐만 아니라, 우리가 우리 자신에게 할 수 없는 것을 할 수 있도록 하는 하나님의 약속입니다. 우리가 죄를 자백할 때 공개적으로 우리의 결점을 하나님께 드러내는 것이며, 솔직하게 우리 자신을 그분께 의존할 때 비로소 전능하신 하나님께서 역사하시고 그분 안에서 참된 안식처를 찾게 되는 것입니다. 이렇게 될 때 우리는 확신 가운데 점점 더 하나님께 나아가게 됩니다. 가장 위대하신 하나님의 신비로운 보좌를 경험하게 됩니다.

13장
겸손, 그리스도의 형상을 닮는 길

"나는 마음이 온유하고 겸손하니 나의 멍에를 메고 내게 배우라(마태복음11:29)." 그리스도께서 자신을 묘사한 말 중에 가장 거룩하고 능력 있는 목소리는 "마음이 온유하고 겸손하니"입니다. 기억할 것은 오직 하나님의 은혜로만 그리스도의 형상에 이를 수 있으며, 하나님께서는 그분의 은혜를 겸손한 자에게만 주신다는 사실입니다.

예수님께서 죄인들을 책망하지 않으시고 오히려 외식하는 자들을 책망하셨다는 사실은 매우 중요합니다. 외식하는 자란 자신의 잘못은 변명하고 남의 죄를 책망하는 사람들입니다. 외식하는 자는 단순히 '두 얼굴'을 가진 사람이 아닙니다. 그들은 한 걸음 더 나아가 두 얼굴을 가지고 있다는 사실을 부인하는 사람으로서 의롭게 살지도 못하면서 의롭게 사는 척하는 사람들입니다. 정말로 외식하는 사람은 자신이 외식한다는 사실을 알아차리지 못합니다. 왜냐하면 좀처럼 자신의 마음속에 있는 부패한 것들을 인식하지 못하기 때문입니다. 그들은 자비를 구하지 않기 때문에 자비를 베풀 수 없으며, 항상 하나님의 심판 아래 거하기 때문에 남을 판단하고 심판하는 것만이 그들에게서 나오게 되는 것입니다. 이처럼 외식하면서는 절대로 크리스천의 성숙에 도달할 수 없습니다. 그러므로 변화되어 성숙되기 위해서는 자신이 그리스도처럼 되어야 하는데 그 첫 번째 단계가 바로 '겸손'입니다.

하나님을 알고자 하는 열정이 있습니까? 그렇다면 전능하신 '하나님의 겸손'에 관하여 주목하십시오. 하나님은 교만한 자를 받아들이지 않으십니다. 그분의 은혜는 겸손한 자에게만 임합니다. 겸손은 우리에게 필요한 하나님의 은혜를 입게 해 주며 이 은혜로만 우리의 마음을 변화시킬 수 있습니다. 그러므로 겸손은 변화의 바탕이 됩니다. 다시 말해서 겸손이야말로 모든 선행의 근본이 되는 것입니다.

살다 보면 다양한 만남과 사건 속에서 우리의 마음이 아름답지 못할 때가 종종 있습니다. 바로 그때! 성령님께서는 우리의 죄성을 드러내십니다. 이는 우리를 정죄하시려는 것이 아니라 우리로 겸손하게 하시려는 것임을 알아야 합니다. 또한 우리로 하여금 은혜에 대한 필요를 더 깊이 깨닫게 하려 하심입니다. 이 순간이야말로 거룩한 사람과 외식하는 사람을 참되게 분별할 수 있는 기회입니다. 그리스도처럼 되기 원하는 사람들은 자신의 필요를 알고 구속함을 받기 위하여 하나님 앞에 순복합니다. 반대로 외식하는 자는 자신의 죄를 바라볼 때 항상 핑계와 변명을 늘어놓을 뿐입니다. 그리하여 죄를 처리하지 못한 채 그대로 가지고 있게 됩니다. 모든 사람들이 반드시 죄의 문제를 해결해야 함에도 불구하고 오직 소수의 사람들만이 진리의 음성을 듣습니다. 진실로 몇몇 사람들만이 겸손하여서 참된 그리스도의 형상을 닮습니다.

그러므로 성화는 규칙에 의해서 이루어지는 것이 아니라 자만심을 버리는 것에서부터 시작됩니다. 순결함과 청결함은 우리 마음의 상태를 온전히 드러낼 때 시작됩니다. 진정한 자신을 발견함으로 겸손이 시작되며,

겸손이 있어야만 그리스도의 형상에 이르기까지 성장할 수 있습니다.

만약 우리가 우리 옛사람의 타락함을 인식하지 못한다면 우리는 경멸로 가득 차 있고 스스로 의롭다고 하는, 외식하는 '크리스천 바리새인'이 되고 맙니다. 우리의 주님께서는 이것에 대하여 누가복음 18장 9절에서 경고하셨습니다(또 자기를 의롭다고 믿고 다른 사람을 멸시하는 자들에게 이 비유로 말씀하시되). 우리가 다른 크리스천들을 판단할 때 우리는 스스로 의롭다 칭하는 격이 됩니다. 다른 교회들을 비판할 때 우리가 말하고 있는 것 뒤에는 경멸함이 숨어 있는 것입니다. 오늘날 기독교인들의 현상 중 참으로 이해할 수 없는 것 하나를 꼽으라고 한다면 너무 많은 교회들이 자신이 더 우월하다는 태도를 가지고 서로를 대한다는 점입니다! 많은 크리스천들이 자신은 거룩하다고 착각하며 겸손하지 못한 태도로 일관합니다. 그러므로 사실 그들은 거룩함에 반대되는 사람들입니다. 안타깝게도 오늘날 교회는 이러한 사람들로 가득 차 있습니다!

참으로 겸손한 자는 심지어 영적으로 충만한 시간에도 모든 강함이 하나님의 은혜의 선물이라는 것을 알기에 연약함 가운데서도 기뻐합니다. 우리가 이루어야 하는 겸손은 반드시 우리 삶 구석구석에 배어 있는 교만함을 넘어서는 것이어야 합니다. 왜냐하면 순간순간 고개를 내미는 교만의 싹을 끊어 버려야 하기 때문입니다. 겸손은 우리가 살아가는 데 있어서 자연스러운 삶의 방식이 되어야 합니다. 우리는 마음이 온유해져야 합니다. 예수님처럼! 그분의 제자는 겸손을 선택해야 합니다. 바로 예수님처럼!

외식하는 자는 판단하기를 좋아합니다. 그렇게 함으로써 상대적으로 자신이 우월하다고 느낍니다. 하지만 정말 그럴까요? 여러분은 반드시 진심으로 마음의 온유함을 간구해야만 합니다. 수많은 사람들이 그리스도의 형상에 이르기를 원하지만 교만한 크리스천들은 결코 그리스도의 형상에 이를 수 없습니다. 왜냐하면 남을 쉽게 판단하기 때문입니다.

예수 그리스도께서는 세상을 심판하시기 위해 오신 것이 아니라 구원하시기 위해 오셨습니다. 누구나 타인을 판단할 수 있지만 그렇게 하고도 구원을 받을 수 있을까요? 그런 사람들이 자신의 가치 기준으로 판단한 사람을 위하여 사랑과 중보와 믿음으로 희생할 수 있겠습니까? 그런 사람들이 남을 비판하지 않고 타인이 필요한 것을 위해 금식하고 기도하며 하나님께 자신이 판단하는 사람들의 필요가 채워지게 해 달라고 구할 수 있을까요? 과연 그런 사람들이 타락한 부분을 하나님의 것으로 채워지게 해 달라고 사랑의 마음으로 간구할 수 있겠냐는 말입니다. 하지만 이러한 것들은 모두 그리스도께서 우리에게 행하라고 명령하신 것들입니다!

육신에 따라 판단하는 것은 오직 한쪽 눈만으로 판단하고 욕심에 따라 판단하는 것입니다. 이와는 반대로 그리스도의 구원은 주님의 신실하신 사랑에 의해 이루어지는 것입니다. 그러므로 사랑 안에서 성장하여 따뜻한 마음이 가득하게 되면 여러분은 거룩함의 본질에 관한 보다 분명한 인식을 얻게 됩니다. 왜냐하면 그것이 바로 사랑이신 하나님의 본성이기 때문입니다.

누군가 '예수님께서도 죄를 정죄하셨다'고 반박할 수도 있습니다. 물론 우리도 죄를 정죄합니다. 하지만 우리가 가장 먼저 정죄해야 할 죄는 남을 판단하는 죄입니다. 왜냐하면 그것이 우리의 눈을 흐리게 하여 우리 안에 있는 죄를 인식하지 못하게 막기 때문입니다(마태복음7:5). 반드시 기억하십시오. 남을 비판하면 절대로 그리스도의 형상에 이를 수 없습니다. 잘못된 것을 찾는 자는 하나님과 결단코 가까워질 수 없습니다. 만약 우리가 진실로 성화된 삶을 추구한다면 우리는 곧바로 남을 비판할 시간이 없다는 사실을 깨닫게 될 것입니다. 진실로 주님의 자비를 구하는 자라면 우리도 남에게 자비를 베풀게 됩니다.

성경에 보면 예수님께서 특별한 상황 가운데 사람을 심판하신 장면이 나옵니다. 하지만 그분의 동기는 항상 구원하기 위함이었습니다. 예수님은 완전한 사랑으로 그분이 심판하신 사람에게 헌신하셨습니다. 만약에 다른 사람에 대한 우리의 사랑이 그와 같다면 우리는 "내가 과연 너희를 버리지 아니하고 과연 너희를 떠나지 아니하리라(히브리서13:5)"라고 정직하게 말할 수 있습니다. 다른 사람에 대한 우리의 사랑이 그리스도와 같게 된다면 우리의 성품과 인식의 능력은 완전하게 될 것입니다. 왜냐하면 오직 사랑만이 심판의 순수한 동기를 주기 때문입니다(요한일서4:16-17).

혹시 여러분은 아직도 다른 사람의 결점을 찾으려고 애쓰십니까? 심판에 대한 그리스도의 기준은 매우 높다는 것을 명심하십시오. "너희 중에 죄 없는 자가 먼저 돌로 치라(요한복음8:7)." 진실로 불의에 대하여서는 정의의 목소리를 내야 하지만 그럴 때에도 예수님의 사랑이 숨은 동기가 되어야 합니다. 성경에 다음과 같이 기록된 말씀을 기억하십시오. "우리가 아직 죄인 되었을 때에 그리스도께서 우리를 위하여 죽으심으로 하나님께서 우리에게 대한 자기의 사랑을 확증하셨느니라(로마서5:8)." 하나님의 나라에서는 여러분이 먼저 다른 사람들을 위해 죽기로 헌신하지 않으면 여러분은 남을 심판할 수 없습니다.

또 한 가지 중요한 사실은 여러분의 귀로 험담이나 비난하는 소리를 듣는 것 역시 입으로 말하는 죄와 같다는 것입니다. 제발 그러한 죄를 범하지 마십시오. 대신 예수님께서 그러셨던 것처럼 말하는 사람으로 멈추게 하고, 그에게 다른 사람이나 처해진 상황에 대하여 쉽게 판단하거나 비난하지 말고 돌이켜 중보하라고 간청하십시오. 여러분의 귀는 거룩합니다. 그 거룩한 귀를 형제와 자매를 비판하는 사람들에게 동의하도록 내버려 두지 마십시오(요한계시록12:10).

잠깐! 여기서 반드시 기억해야 할 것이 있습니다. 그리스도께서는 외식하는 자를 정죄하셨다는 사실입니다. 그분은 죄인들과 함께하셨으며 그들의 죄와 슬픔을 함께 나누셨습니다(이사야53:12). 이것이 바로 우리가 추구해야 할 겸손의 모습입니다. 진실로 그리스도의 본성은 마음이 온유하고 낮은 것을 통하여 빛나고 있습니다.

주 예수님, 주님께서는 저희에게 놀랄 만한 겸손의 모습을 보여 주셨습니다. 주님은 창조주로서 하나님의 형상의 특권을 버리고 종의 형체를 입으셨습니다. 나의 자만이 주님의 광명하심과 대조할 때 얼마나 비열하고 더럽습니까? 저는 이제 주님의 겸손하심을 본받아 겸손해지기를 원합니다. "마음이 온유하고 겸손하신" 주님을 배울 수 있도록 저를 도와주시옵소서. 예수님 이름으로 기도합니다. 아멘.

14장
겸손, 그리스도인의 피난처

사단은 겸손을 아주 무서워합니다. 사단은 겸손을 증오합니다. 겸손한 사람을 보면 사단은 두려움을 느낍니다. 겸손으로 무릎 꿇은 크리스천을 보면 사단의 머리카락은 곤두서 버립니다. 왜냐하면 겸손은 하나님께 영혼을 순복하는 것이기 때문입니다. 마귀는 온유한 자 앞에서 사시나무 떨 듯 떱니다. 왜냐하면 그곳에 주님이 서 계시기 때문입니다. 사단은 예수님을 제일 무서워합니다.

여러분이 싸우는 대상은 과연 누구입니까? 에덴동산에서 인간이 타락하였을 때, 사단에 대한 하나님의 심판이 '흙을 먹을지니라!'는 것이었음을 기억합시다. 인간에 대하여 '흙이니 흙으로 돌아갈지니라!'는 말씀도 기억해 보십시오(창세기 3:14-19). 우리 육신의 본질은 흙입니다. 여기서 우리는 사단과 우리의 연결고리를 볼 수 있어야 합니다. 사단은 이 땅에서 우리의 육의 본질인 흙을 먹고 삽니다. 사단은 우리가 하나님으로부터 징계받은 것을 먹고삽니다.

그러므로 우리가 만나는 수많은 문제들과 압박들의 원초적인 근원은 마귀적인 것이라기보다는 육적인 본성에 있다는 사실을 인식해야 할 필요가 있습니다. 우리는 육신적인 본질에 근거한 우리 삶의 요소들을 사단

마귀가 항상 노리고 있다는 사실을 반드시 인식하고 저항하여 싸워야만 합니다. 이러한 육적인 부분들을 사단이 통로로 삼아 우리가 기도하는 것을 막고 하나님과 동행하는 것을 철저히 무력화시킵니다.

우리는 자신의 의로운 모습을 과장되게 보기 때문에 스스로를 바르게 볼 수 없습니다. 우리는 우리 안에 누가 계시는지 알지만 마귀와 싸워 영적 전쟁에서 승리하려면 우리 안에 무엇이 있는지도 알아야만 합니다. 그러므로 하나님께 온전히 순복해야 합니다. 여러분의 죄나 잘못을 합리화시키지 마십시오. 예수 그리스도의 희생은 진실로 자신의 필요를 간구하는 모든 사람에게 완전한 은혜의 안식처가 됩니다. 그러므로 하나님께 정직해야 합니다. 그분은 여러분의 죄 때문에 두려워하시거나 충격을 받지 않으십니다. 하나님은 여러분의 죄가 '주홍' 같을지라도 여러분을 멀리하지 않으시고 오히려 사랑하십니다. 하물며 여러분이 죄로부터 자유로워지려고 몸부림을 치는데 하나님께서 얼마나 더 많이 여러분을 사랑하시겠습니까?

공격적인 영적 전쟁을 시작하기 전에 우리가 겪는 수많은 전투들 대부분이 우리 자신이 행한 행동의 영향으로 인해 일어난다는 사실을 반드시 염두에 두어야만 합니다. 영적 전쟁을 효과적으로 치르기 위해서 육신의 정욕으로 인해 생기는 것과 마귀에 의해 일어나는 것을 반드시 분별해야만 합니다.

제 아내와 저는 아름다운 카디날 새(홍관조)가 둥지를 튼 곳에 살았던 적이 있습니다. 이 새는 자기 영토를 지키며 다른 카디날이 자신의 영토에 침입하면 사력을 다해 싸워 물리칩니다. 그 당시 우리는 큰 사이드 미러와 크롬 범퍼로 장식된 밴을 소유하고 있었습니다. 때때로 카디날 새들이 밴의 사이드 미러나 범퍼에 비친 자기 모습을 다른 카디날로 오인하여 공격하곤 하였습니다. 어느 날 카디날 새가 거울을 공격하는 것을 보고 '멍청한 새 같으니! 거울에 비친 자기 자신의 모습을 적으로 오인해서 공격하다니!'라고 생각하였습니다. 바로 그 순간 주님께서 제 마음에 '어리석어 보이느냐? 너의 수많은 적도 사실은 거울에 비친 너의 모습일 뿐이다'라고 말씀해 주셨습니다. 우리는 '오늘 우리를 괴롭히는 것이 우리가 어제 행한 것 때문이 아닌가?'라고 스스로에게 물어보아야 합니다.

여러분은 예수님께서 가르쳐 주신 것을 기억해야 합니다. "너를 송사하는 자와 함께 길에 있을 때에 급히 사화하라. 그 송사하는 자가 너를 재판관에게 내어 주고 재판관이 관예에게 내어 주어 옥에 가둘까 염려하라. 진실로 네게 이르노니 네가 호리라도 남김이 없이 다 갚기 전에는 결단코 거기서 나오지 못하리라(마태복음5:25-26)." 여기서 예수님께서는 단순히 법정을 피하라고만 말씀하시는 것이 아닙니다. 사실 예수님께서는 본문에 등장하는 특별한 송사에 관한 것과 특별한 재판관에 대해 말씀하시는 것으로 그러한 상황에서는 항상 재판에서 질 것이고 감옥살이를 하게 될 것이라고 말씀하시고 계십니다. 이 비유는 '인간의 의'에 대한 하나님의 관점을 설명해 주는 것입니다. 말씀에서 송사하는 자는 마귀이며 재판관은 하나님이십니다. 우리를 송사하는 자인 사단은 모든 것의 재판관이 되시는 하나님 앞에서 형제자매를 송사하는 자로 서 있습니다. 그리스도께서 우리로 하여금 보기 원하시는 진리는 우리 자신의 의를 가지고 하나님 앞에 나아가면 송사하는 자는 항상 우리를 감옥에 처넣을 수 있는 법적인 근거를 가지고 있다는 것입니다. 왜냐하면 우리의 의는 "더러운 옷"과 같기 때문입니다(이사야64:6).

　예수님께서 "너를 송사하는 자와 급히 사화하라"라고 말씀하시는 것은 '마귀에게 복종하라'는 뜻이 아닙니다. 사단이 여러분의 죄나 허물을 송사할 때, 여러분의 유익을 위해 여러분이 의롭지 못하다는 것에 동의하라고 말씀하시는 것입니다. 만약 마귀가 여러분이 정결하지 않다거나 사랑이 부족하다거나 혹은 충분히 기도하지 않는다고 송사한다면 뭐라고 말하겠습니까? 실상은 사단이 정확히 본 것입니다. 핵심은 여러분 자신의 의에 관하여 마귀와 논쟁하지 말라는 것입니다. 왜냐하면 하나님 앞에서 여러분의 의는 아무런 능력도 없기 때문입니다. 여러분이 아무리 많이 자신을 방어하고 정당화할지라도 여러분은 내적으로 마귀의 송사 그 자체에 어느 정도 맞는 것이 있다는 것을 인정해야 합니다.

　우리의 구원은 우리가 행한 것에 근거하지 않고 오직 우리에게 오신 예수님께 근거하는 것입니다. 예수 그리스도 그분만이 의로우십니다. 우리는 믿음으로 의롭다 칭함을 얻으며 하나님과 우리의 화평은 우리 주 예수 그리스도를 통하여서만 이루어진 것입니다(로마서5:1). 사단이 여러분을 넘어뜨리려고 할 때 사용하는 전략은 여러분이 여러분 자신의 의에 집중하도록 속이는 것입니다. 그러나 우리가 예수님만이 우리의 의(義)라는 것을 인식하면 할수록 우리를 송사하는 사단의 힘은 점점 더 무력해집니다. 송사하는 사단이 여러분에게 '너는 사랑이 부족하다'고 비난할 때, 여러분은 '(고개를 끄덕이며) 그래, 그것은 사실이다! 나는 사랑이 충분하지 못하다. 하지만 하나님의 아들 예수 그리스도께서 나의 모든 죄를 위하여 대신 죽으셨다. 심지어 나의 부족한 사랑을 위해서 죽으셨다!'라고 당당하게 맞서야 합니다. 사단의 공격 속에서 신속히 빠져나와서 하나님 아버지의 밝은 사랑의 빛 가운데 거하십시오. 여러분 자신을 하나님께 순복하고, 그리스도의 사랑을 구하며, 여러분의 연약하고 불완전한 사랑을 대신하게 해 달라고 하나님께 용서를 구하십시오.

사단이 여러분의 부족한 인내를 비난할 때, 여러분은 '그래! 육신적으로 나는 인내심이 부족하다! 하지만 내가 거듭난 이상 예수님이 나의 의이시며 그분의 보혈로 나는 용서받았고 정결케 되었다!'라고 반응해야 합니다. 다시 한번 하나님께로 돌아서야 합니다. 지혜로운 여러분은 송사를 당할 때 심판의 보좌 앞에 서 있는 것이 아니라 담대하게 하나님께 가까이 나아가 도움을 구할 수 있는 은혜의 보좌 앞에 서 있다는 것을 깨닫고 오히려 좋은 기회로 삼아야 합니다(히브리서4:16).

여기서 중요한 핵심은 마귀를 극복하는 것은 바로 '겸손'이라는 것입니다. 겸손하다는 것은 여러분의 옛 본성은 타락하고 죄로 가득 차 있었다는 것을 인정하고 받아들이는 것입니다. 그러나 우리에게 소망이 있는 것은 우리가 그리스도를 닮을 수 있는 새로운 본성을 가지고 새롭게 창조되었다는 것입니다(에베소서4:24). 그래서 우리는 우리의 죄된 상태에 관하여 송사하는 자에게 기꺼이 동의할 수 있는 것입니다.

이러한 겸손의 원리를 영적 전쟁에만 국한시키지 마십시오. 이 교훈은 다른 원리에도 동일하게 적용됩니다. 겸손의 강력함은 여러분의 영혼 주변에 영적 방어벽을 구축해 주어 분쟁과 경쟁을 막아 주고 여러분에게서 평안을 도적질하는 인생의 수많은 어려움들로부터 보호해 줍니다.

겸손을 실질적으로 적용해 보는 가장 좋은 방법은 바로 여러분의 가족 관계에서 시작해 보는 것입니다. 여러분이 남편이라면 여러분은 아내로부터 자신과 가정에 무관심하다는 비난을 받을 수도 있습니다. 이때 육신적으로만 반응을 하면 아주 쉽게 말다툼으로 바뀌어 버릴 수 있습니다. 하지만 여러분이 겸손하게 되면 여러분은 아내의 말에 충분히 동의할 수 있게 됩니다. 아마 여러분은 아내의 말처럼 무관심했을 것입니다. 그것을 인정한 후에 아내와 함께 하나님께 좀 더 부드러운 사랑을 가지게 해달라고 간구해 보십시오.

반대로 여러분의 남편은 그들이 직장에서 겪는 압박을 아내인 여러분이 이해하지 못한다는 비난을 할 수 있습니다. 틀림없이 그가 한 말은 맞을 것이고 여러분은 그가 직면한 것들을 잘 알지 못합니다. '당신은 내가 겪는 고통을 왜 모르느냐?'고 역공을 퍼붓지 마십시오. 겸손하게 여러분의 남편을 더 많이 이해하지 못했음에 동의하십시오. 그리고 함께 기도하십시오.

그러면 하나님께서는 서로를 이해할 수 있는 마음을 주십니다. 만약에 우리가 겸손한 마음을 지속적으로 유지한다면 우리는 하나님으로부터 오는 은혜를 받게 될 것이며 사단은 여러 전투장에서 쫓겨나고 말 것입니다.

요컨대, 사단은 겸손을 무서워합니다. 그 이유는 겸손은 우리 영혼이 주님께 순복하는 것을 의미하기 때문입니다. 마귀가 가장 무서워하는 존재는 우리 주 예수 그리스도이십니다.

사랑하는 주님 감사합니다. 주님께서는 우리에게 풍성한 삶을 주시려고 이 땅에 오셨습니다. 확실히 주님의 온유하심은 영생의 핵심입니다. 주님, 제 안에 겸손한 사랑을 창조해 주십시오. 제 자만심과 스스로 의롭다 함과 사람들로부터 영광을 받으려고 하는 저의 열망을 주님 앞에 자백

합니다. 당신의 마음의 가치가 저와 연합하게 해 주시고 제 삶 속에 드러나는 온유함을 통해 진실로 주님을 드러내게 해 주시옵소서! 예수님 이름으로 기도합니다. 아멘.

15장
능력보다는 인격이 우선

    수많은 크리스천들이 하나님의 능력을 얻고자 쉽고 빠른 길을 선택합니다. 그러나 그 길의 끝에서 기다리고 있는 것은 좌절과 낙심뿐입니다. 상상하고 싶지 않지만 최악의 상황에는 거짓 선생이나 거짓 선지자가 될 수도 있습니다. 주의 깊게 들으십시오. 하나님 안에서 우리에게는 엄청나고 놀라운 능력이 있습니다. 하지만 이는 거룩하지 않으면 절대로 소유할 수 없습니다. 능력보다는 거룩이 먼저입니다.

> 이때에 예수께서 갈릴리로서 요단강에 이르러 요한에게 세례를 받으려 하신대 요한이 말려 가로되 내가 당신에게 세례를 받아야 할 터인데 당신이 내게로 오시나이까? 예수께서 대답하여 가라사대 이제 허락하라 우리가 이와 같이 하여 모든 의를 이루는 것이 합당하니라 하신대 이에 요한이 허락하는지라 예수께서 세례를 받으시고 곧 물에서 올라 오실쌔 하늘이 열리고 하나님의 성령이 비둘기같이 내려 자기 위에 임하심을 보시더니 하늘로서 소리가 있어 말씀하시되 이는 내 사랑하는 아들이요 내 기뻐하는 자라 하시니라
>
> 마태복음 3:13-17

선지자 세례요한에 대하여 생각해 봅시다. 성경에 의하면 세례요한은 "모태로부터 성령이 충만한 사람(**누가복음1:15**)"이었습니다. 그는 또한 엘리야의 영과 능력으로 왔다고 성경은 말하고 있습니다. 역사학자들은 세례요한의 정확하고 타협하지 않는 사역을 통하여 거의 백만 명에 이르는 사람들이 회개했다고 말하고 있습니다. 수많은 사람들이 자신들이 살던 도시를 떠나 선지자의 음성을 들으려고 광야로 향하였으며 하나님의 나라를 예비하는 회개의 세례를 받았습니다.

타락한 인간의 마음을 세례요한보다 더 잘 알고 계신 분은 오직 예수님뿐이었습니다. 세례요한의 심판으로부터 자유로울 수 있는 사람은 아무도 없었습니다. 군인들이나 왕들, 죄인들이나 종교지도자들 모두가 '결단의 계곡'인 세례요한에게로 향하였습니다. 세례요한의 세례는 단순히 물속에 몸을 담그는 것이 아니었습니다. 세례요한은 죄를 공개적으로 고백하게 하였고 회개에 합당한 의를 얻게 하였습니다(**마태복음3:6-8**).

예수님께서는 세례요한에 대해 '선지자 이상의 사람'이라고 증거하셨습니다. 예수님은 세례요한을 "여자의 모태에서 태어난 자 중에서 세례요한보다 큰이가 일어남이 없다"고 증거하셨습니다(**마태복음11:9-11**). 세례요한은 영적인 영역을 열어서 볼 수 있는 능력이 있는 '선각자적인 선지자'였습니다. 세례요한은 "내가 보매 성령이 비둘기같이 하늘로서 내려와서 그의 위에 머물렀더라(**요한복음1:32**)"고 증거했습니다. 그는 '임박한 진노'를 보았습니다. 그는 '하나님의 나라'를 증거하였습니다. 세례요한은 인간의 마음속에 있는 것을 꿰뚫는 통찰력이 있었습니다. 그는 당대 존경받는 바리새인들과 사두개인들의 속을 관통하여 그들을 '독사의 자식'이라고 했습니다. 선지자들의 이러한 통찰력을 잘 이해하게 되면 우리 역시 다른 사람 속에 감추어져 있는 것을 알 수 있습니다.

세례요한은 예수님께서 세례를 받으러 나아오셨을 때 하늘이 열리고 성령님께서 강림하시는 것을 보았습니다. 그는 자신의 의로운 표준에도 불구하고 자신이 보는 것에 압도당하고 말았습니다. 그는 예수님의 마음을 응시하였고 그분 안에는 죄가 없고 거짓도 없고 욕정도 없는 것을 보았습니다. 세례요한은 자신이 메시야를 바라보고 있다는 사실을 깨닫지 못 한 채 예수님의 거룩함만 보고 "내가 당신에게 세례를 받아야 할 터인데"라고 말했습니다(마태복음3:14).

'하나님의 어린양'으로서 예수님께서는 흠도 티도 없으셨습니다. 이것이 바로 선지자 세례요한이 보았던 '흠 없는 정결한 마음'이었습니다. 그리스도의 정결함이 세례요한을 숨이 막힐 지경으로 만든 것입니다! 그리스도의 내적 정결함에서 흘러나오는 강력한 권능이 세례요한으로 하여금 즉각적으로 그 자신에게 필요한 것을 알게 해 주었습니다. 세례요한이 예수님을 보았을 때 그는 예수님의 의의 정도가 자신의 것보다 높고 정결하다는 것을 발견하였습니다. 위대한 선지자 세례요한은 예수님의 마음속을 바라보았고 그리스도의 거룩한 광명의 빛 안에서 '내가 세례가 필요하다'라고 외쳤습니다(마태복음3:14).

이것은 우리에게도 마찬가지입니다. 우리는 예수님을 바라볼 때마다 그리스도의 정결함이 항상 우리에게 절실히 필요한 것임을 인식해야 합니다. 그리스도의 거룩함이 우리 앞에서 드러날 때 세례요한이 외쳤던 것처럼 '내가 당신에게 세례를 받아야 합니다!'라고 외쳐야 합니다.

하지만 우리가 처음에 여정을 시작할 때에는 성공과 무엇인가를 얻기 위해 우리 자신의 능력과 우리 자신의 기술을 움켜쥐고 가려고 합니다.

물론 하나님께 나아가지만 주로 슬픔이나 시련이 있을 때만 그렇게 합니다. 그러나 주님께서 우리에게 영적 성숙을 가져다주시면 한때 우리가 강한 것으로 간주하였던 것들이 하찮은 것들이 되어 버리고 위험하기 짝이 없는 약한 것들로 전락해 버리는 것을 발견하게 됩니다. 자만과 확신은 우리로 하여금 하나님의 도움을 받지 못하게 막는 것입니다. 우리의 수많은 아이디어들과 열망들이 외치는 소리는 하나님의 음성을 듣는 데 방해가 됩니다. 인간의 측면에서 가장 위대한 성공이라고 부르는 것들이 실상 하나님의 눈에는 그저 "곤고한 것과 가련한 것과 가난한 것과 눈먼 것과 벌거벗은 것(요한계시록3:17)"에 지나지 않습니다.

우리는 자신의 거룩이나 능력만으로는 뭔가 부족하다는 것을 깨닫게 됩니다. 우리는 자신의 능력에 대하여 점점 더 연약해져서 확신이 없게 됩니다. 견고한 우리 자신의 의의 장벽이 무너지기 시작할 때 예수님은 당신의 거룩함과 능력 안에 살기를 소망하는 모든 사람들에게 비로소 자신을 드러내십니다.

우리는 영적 은사들을 가졌거나 거룩하다고 추정할 수도 있으며 인간적인 성공으로 인해 기뻐할 수도 있습니다. 그러나 그리스도를 보고 우리 자신의 의에 의지하는 것을 포기할 때까지는 단지 종교를 믿는 것일 뿐입니다. 이 진리를 양손으로 굳게 잡으십시오! 절대로 놓치지 마십시오! 예수님만이 우리 거룩함의 원천입니다! 우리는 그분을 위해 무엇인가를 하려고 바쁘게 움직입니다. 우리의 속사람이 바뀌지 않고 그분을 위해 무엇을 한들, 그것이 무슨 소용이 있겠습니까? 하나님께서는 우리가 할 수 있는 것 그 어느 것도 필요한 것이 없습니다. 하나님이 원하시는 것은 우리 자신입니다. 그분은 우리를 거룩한 사람으로 만들기를 원하십니다. 하나님으로 하여금 우리의 안쪽 깊은 곳을 예비하시도록 내어 맡기십시오. 예수님께서는 한 가지 능력의 사역을 하시려고 30년 이상이나 죄 없으신 정결한 삶을 사셨습니다! 그분의 목표는 위대한 일들을 하는 것이 아니라 거룩한 삶으로 하나님을 기쁘시게 하는 것이었습니다!

그러므로 우리의 목표는 능력의 사람이 되는 것이 아니라 그리스도의 임재로 거룩해지는 것입니다. 하나님께서는 먼저 거룩해야 권능을 주신다고 약속하셨습니다. 사역하기를 원하십니까? 그렇다면 먼저 그리스도를 여러분의 거룩함의 기준으로 구하십시오. 여러분의 삶에서 하나님의 권능이 나타나기를 원하십니까? 그렇다면 그리스도의 정결한 마음을 구하십시오. 만약에 우리가 하나님께서 자신의 백성이라고 부르는 사람이 되기를 원한다면 거룩한 모습으로 성장하십시오. 진정으로 성숙한 크리스천은 거룩하고 능력이 있는 사람입니다. 잊지 말아야 할 것은 거룩이 능력보다 선행되어야 한다는 사실입니다.

주님, 저는 주님에 의해 세례받아야 할 필요가 있습니다. 만약에 제가 능력을 구한다면 먼저 인격이 갖추어져야 함을 봅니다. 왜냐하면 그래야 제가 사역할 때 제 안에서 당신의 본성이 저를 통해 역사하기 때문입니다. 계속해서 제 삶을 변화시켜 주시고 당신의 거룩한 임재의 밝은 빛으로 저를 채워 주옵소서. 예수님 이름으로 기도합니다. 아멘.

16장
안전한 연약함

모세는 "이집트 사람의 학술을 다 배워" 40세가 되었을 때 "그 말과 행사가 능하였다"라고 성경은 전해 줍니다(사도행전7:22). 이토록 이집트화된 뛰어난 모세와 하나님께 부름받았을 때 다른 사람을 선택하시라고 간청하는 80세의 양치기 모세를 동일 인물이라고 생각하기에는 어려운 면이 있습니다(출애굽기4:13).

주님께서는 자신감에 차 있는 세상의 지도자를 종으로 낮추셔서 선택하셨습니다. 이제 하나님께서는 그를 사용하실 수 있게 되었습니다. 리더십에 있어서 절대적으로 부족한 사람이라고 확신을 받은 다음에 모세는 하나님의 백성을 인도할 자격을 얻었습니다.

적절한 시간에 주님은 자신을 모세와 모든 이스라엘 사람들에게 '여호와 라파(치료하는 하나님)'로 계시하셨습니다. 하지만 하나님의 손은 그들을 치료하시기 전에 상처를 입히셨습니다. 그분은 우리가 하나님 안에서 확신하기 이전에 우리 스스로 확신하는 것에 대해서는 절름발이가 되게 하십니다. 그분은 우리의 자만을 꺾어 버리고 텅 비워 버리십니다. 그래서 한때 자신의 힘을 의존하던 우리를 하나님의 능력으로 충만하게 하십니다.

주님은 모세에게 이집트로 되돌아가라고 부르셨습니다. 모세가 간청합니다. "모세가 여호와께 고하되 주여 나는 본래 말에 능치 못한 자라. 주께서 주의 종에게 명하신 후에도 그러하니 나는 입이 뻣뻣하고 혀가 둔한 자니이다(출애굽기4:10)."

본래 능치 못한 자였습니까? 이집트에서는요? '능한 모세'가 '말더듬이 모세'가 되었습니다. 이집트 문화의 최고 학술을 경험한 수준 높은 지도자는 더 이상 존재하지 않았습니다. 이 새롭고 단순한 사람이 가지고 있는 이집트에 대한 기억은 오직 '실패'뿐이었습니다. 하나님께서는 당신의 종을 너무나 겸손하게 만드셔서 모세는 말과 행사에 능했던 자신의 이전 능력을 기억조차 할 수 없었습니다.

모세에게 있어서 이집트에 대한 언급은 그의 마음속에 연약함이 홍수처럼 밀려들게 했습니다. 모세에게 수치의 장소인 이집트로 돌아간다는 것, 게다가 이스라엘을 인도해 낸다는 것은 두려움 그 자체였습니다. 하지만 하나님께서는 그를 지도자로 부르신 게 아니라 '종'으로 부르셨습니다. 종이 되는 조건은 말을 잘하는 것이 아니라 말을 잘 듣는 것(순종)입니다.

말더듬이인 모세는 자신이 하나님의 그 일을 하는데 자격이 없다는 것을 확신했습니다. 어떻게 자신을 위해 말할 수 없는 사람이 하나님을 위해 말할 수 있겠습니까? 하지만 주님은 인간의 연약함에 의해 방해받지 않으십니다. 그분은 "누가 사람의 입을 지었느뇨 누가 벙어리나 귀머거리나 눈 밝은 자나 소경이 되게 하였느뇨 나 여호와가 아니뇨(출애굽기4:11)?"라고 질문하셨습니다. 놀랍게도 주님께서는 모세의 상태를 용납하셨을 뿐만 아니라 오히려 그 상태를 칭찬하셨습니다.

하나님께서는 모세가 속한 세상에서 얻은 지위와 받은 훈련을 완전히 제거하시고 그로 말을 더듬는 괴로움에 처하게 하셨습니다. 그다음에 모세로 하여금 그가 가장 연약하고 부족함을 느끼는 부분인 '말하는 것'으로 하나님을 섬기라고 명령한 사실은 우리가 깊게 생각해 보아야 할 부분입니다.

주님께서는 즉시 모세를 치료하실 수 있었습니다! 주님께서는 모세가 이집트에서 하던 것보다 말을 더 잘 할 수 있는 기술을 주실 수 있으셨지만, 모세를 치료하지 않으셨습니다.

말을 천천히 하는 것은 하나님의 아이디어였습니다! 그동안 아마도 실제로는 하나님께서 하신 일인데도 불구하고 우리들의 생각의 한계로 인하여 너무도 많이 마귀를 비난했을 수 있습니다. 전능하신 하나님께 우리의 뛰어남은 그리 중요치 않으며 오히려 그분의 능력으로 채워져야 합니다. 말을 더듬는 입에 하나님의 영원히 변치 않는 능력이 공급되어야 합니다. "내가 네 입과 함께 있어서 할 말을 가르치리라(출애굽기4:12)" 이것이 바로 승리할 수 있게 만드는 연합입니다.

왜 주님께서는 비천하고 낮은 자에게 관심을 가지실까요? 주님은 연약한 종일수록 그분께 더 많이 영광을 돌린다는 것을 아시기 때문입니다. 그래서 주님은 모세를 연약하게 하셨고 광야에 있는 동안 그 상태를 유지하게 하셨던 것입니다. 영화 속 주인공으로 등장한 모세의 모습은 잊어버리십시오! 하나님은 절대로 말더듬이를 치료하시지 않았습니다.

바로(파라오)의 왕권 앞에 서서 말더듬이 모세는 "ㄴ-ㄴ-ㄴ ㅐ ㅂ-ㅂ-ㅂ-백 ㅅ-ㅅ-ㅅ-성 ㅇ-ㅇ-ㅇ-을 ㄱ-ㄱ-ㄱ-가 ㄱ-ㄱ-ㄱ-게 ㅎ-ㅎ-ㅎ-하 ㄹ-ㄹ-

르-라!"고 외쳤습니다! 바로의 말과 병거가 히브리인들을 코너에 몰았을 때도 모세는 두려워 떨고 있는 백성들에게 "ㅇ-ㅇ-요 ㄷ-ㄷ-동 ㅊ-ㅊ-치 ㅁ-ㅁ-말 ㄹ-ㄹ-라, ㅈ-ㅈ-주 ㄴ-ㄴ-님 ㅇ-ㅇ-의 ㄱ-ㄱ-구 ㅇ-ㅇ-원 ㅇ-ㅇ-을 ㅂ-ㅂ-보 ㄹ-ㄹ-리 ㄹ-ㄹ-라!"라고 외쳤습니다!

이러한 상황에서 누가 도망치려는 유혹을 받지 않았겠습니까? 하지만 홍해가 갈라졌습니다. 하나님은 그분의 종의 부족한 말솜씨를 전혀 개의치 않으셨습니다. 이것이 십자가의 영광입니다. 바로 그리스도의 능력을 나타내기 위해 자신을 십자가에 못 박는 것입니다.

주님께서는 자신에게 흠이 있다는 것을 아는 사람을 찾으십니다. 바울은 "하나님께서 세상의 미련한 것들을 택하사 지혜 있는 자들을 부끄럽게 하려 하시고 세상의 약한 것들을 택하사 강한 것들을 부끄럽게 하려 하시며 하나님께서 세상의 천한 것들과 멸시받는 것들과 없는 것들을 택하사 있는 것들을 폐하려 하시나니 이는 아무 육체라도 하나님 앞에서 자랑하지 못하게 하려 하심이라(고린도전서1:27-29)"고 증거했습니다.

'누구도 하나님 앞에서 자랑하지 못하게 함이라.' 하나님 앞에서 여러분의 연약함은 오히려 자산입니다. 하나님께서는 여러분의 능력 때문에 여러분을 선택하신 것이 아니라 여러분이 연약하기 때문에 선택하셨습니다. 자신을 아무것도 아니라고 생각하기 때문에 하나님의 부르심에 따를 수 없다고 변명하지 마십시오. 하나님 앞에서 우리 모두는 다 아무것도 아니며, 그분 이외에는 영원히 가치 있는 것을 할 수 있는 사람은 아무도 없습니다. 하나님은 모든 것의 모든 것이 되시며 우리는 하나님의 영광 안에서 우리의 자리를 찾아야 합니다. 우리가 낮아지면 낮아질수록 그분의 영광은 더욱더 높아집니다.

　아마도 주님을 섬기기 위한 여러분의 마지막 지위는 전혀 기름부음이 없는 상태일지도 모릅니다. 다시 말하자면, 여러분의 마음속에 하나님을 실망시켜 드렸다고 느낄 때입니다. 주님께서 여러분을 완전히 연약하게 만드셨을 가능성이 있습니다. 아마 지금이 바로 그리스도께서 친히 여러분 안에 역사하심으로 온전히 강하게 하실 시간일지도 모릅니다.

　주 예수님, 주님은 오직 아버지께서 하신 일만 보고 그대로 행하셨습니다. 주님의 '강하심'은 하나님을 향한 '연약함' 때문입니다. 거룩하신 주님, 저는 제 자신의 강함을 완전하게 포기합니다. 제게 영원토록 당신만을 의지하는 마음을 창조하여 주십시오. 예수님 이름으로 기도합니다. 아멘.

17장
종교적인 욕구의 위험성

교리적인 지식, 신학적 지식, 교훈적인 지식이 있는가 하면, 하나님의 계시로부터 생겨난 지식도 있습니다. 이들은 모두 '진리'라고 알려져 있고 '신앙인'을 만들어 내며 '기독교'라는 이름으로 받아들여집니다.

하나님께서 우리가 올바른 교리 안에 있기를 원하신다는 것은 분명합니다. 그러나 그저 정확한 정보만을 쌓아 두고서 스스로 만족해서는 안 됩니다. 어떤 분들은 성경 공부를 발전소가 아닌 마치 박물관처럼 여기며 하나님의 말씀을 공부하는 것을 단순한 사실에 대해 학습하는 것으로 생각합니다.

교리적 지식의 차원에 머물러서 하나님 쪽으로, 영적으로 올라가지 않고 멈추게 되면 우리는 절대로 변화될 수 없습니다. 그렇게 되면 우리의 옛사람이 마치 새사람인 척 가면을 쓰게 됩니다. 머릿속 지식에 만족하면 할수록 기독교는 점점 더 종교적으로 전락하게 됩니다.

우리의 고집스럽고 반역적인 본성은 하나님만이 변화시킬 수 있습니다. 전능하신 하나님은 우리가 기독교를 거짓 종교로 만드는 것을 싫어하십니다. 주님은 우리가 진실되고 우리 머릿속에 있는 지식이 우리의 진심이 되기를 바라십니다. 하나님의 견해에서 '진리'는 교리 그 이상의 것이라는 사실을 알아야 합니다. 진리는 바로 실제입니다.

교리적인 지식을 가진 사람의 마음은 신학적으로 하나님에 관한 참된 견해를 가지면서도 속임을 당할 수 있고 육적이고 거만할 수 있습니다.

바리새인들은 신학적으로 하나님에 관한 참된 견해를 가졌지만, 예수님께서는 "잔과 대접의 겉은 깨끗이 하되 그 안에는 탐욕과 방탕으로 가득하게 하는도다(마태복음23:25)"라고 말씀하셨습니다. 외형적으로는 거룩해 보이는데 그들이 가지고 있는 것은 오직 종교적인 욕구뿐이었습니다. 내적으로 그들은 거짓되었습니다.

다윗은 하나님을 알았습니다. 그는 하나님의 장막을 방문하고 거기서 그분을 경배하고 그분께 기도하였습니다. 사실 밧세바와 죄를 지은 후에도 외형적으로 그는 하나님과 지속적인 관계를 유지하는 것처럼 보입니다. 그러나 그의 마음은 하나님으로부터 아주 멀어져 있었습니다. 다윗이 회개하였을 때 그는 경건하게 하나님을 인정하였습니다. "중심에 진실함을 주께서 원하시오니 내 속에 지혜를 알게 하시리이다(시편51:6)."

교리적인 진리는 그 자체가 망상입니다. 교리적 지식이 의로움과 같다고 하는 잘못된 망상입니다. 교리적 지식과 의는 같지 않습니다. 우리 모두는 잘못된 것만 찾고 비판적이고 가십만을 좋아하는 사람들에 대해 압니다. 하지만 그런 사람들도 사랑에 대한 모든 적절한 지식을 유지할 수 있습니다. 그들이 다른 사람들에 대하여 나쁘게 이야기할 때 마치 자신들은 담대하게 하나님을 섬기는 것처럼 느낍니다.

이러한 부류의 사람들을 '종교적인 육신의 욕구'를 가진 사람들이라고 부릅니다. 반면에 계시로 인해 오는 지식은 항상 변화를 일으킵니다. 이러한 지식으로 인해 우리는 자신을 신뢰하는 자리에서 떠나 더욱더 하나님을 의존하게 되며 다른 사람을 더 깊이 사랑하게 됩니다.

하나님께서는 옛사람의 방법을 무너뜨리기 위해서 우리의 무지를 감싸고 있는 거만한 마음을 꿰뚫고 제거해 버리십니다. 우리는 반드시 자만을 깨뜨리고 '하나님 안에서' 확신을 가져야 합니다. 우리 자신을 깨뜨리기 위하여 우리는 하나님과 직접 대면해야만 합니다.

우리를 변화시킬 수 있는 근본적인 방법은 성령의 권능을 입은 하나님의 말씀을 통해서입니다. 다시 말씀드리지만 성경을 보는 방법에는 두 가지가 있습니다. 교리적으로 보든지 또는 좌우에 날선 검을 사용하여 있는 그대로를 보는 방법입니다. 성경을 단순히 지적인 차원에서 보게 되면 지식을 얻을 수 있지만(지식을 얻는 것은 좋은 것입니다), 그러한 지식은 여전히 우리를 본래의 모습 그대로 남겨 둡니다. 성경을 읽을 때 죄의식을 느끼고 도전을 받고 좀 더 완전하게 그리스도의 형상으로 변화되지 못한다면, 그 이유는 우리에게 있는 종교적인 어떤 것이 하나님의 말씀으로 우리 마음을 관통하지 못하게 제한하고 있기 때문입니다.

주님께서 밧모 섬에서 사도 요한에게 나타나셨을 때 그분의 입으로부터 나오는 말씀을 '날카로운 좌우에 날선 검'으로, 그분의 눈은 '두 개의 타는 불'로 계시하셨습니다. 하나님의 말씀이 검이라고 하는 사실을 우리는 마음에 그려 볼 필요가 있습니다. 어느 정도라도 이것을 바라보지 못한다면 우리는 성령님보다 종교적인 영을 섬기는 것입니다.

예수님의 어머니 마리아에 대한 시므온의 예언을 떠올려 보십시오. 그는 "또 칼이 네 마음을 찌르듯 하리라 이는 여러 사람의 마음의 생각을 드러내려 함이니라 하더라(누가복음2:35)"라고 말했습니다. 시므온은 '성경에 대하여 많은 것을 배워서 성경 퀴즈에서 일등 하게 될 것이다'라고 말하지 않았습니다. 그는 칼이 마음을 관통한다고 하였고 심지어 여러분의 생각이 드러나게 된다고 하였습니다.

우리가 예수님께 나아올 때 단순히 종교에 다가가는 것이 아닙니다. 우리를 너무도 잘 알고 계시는 삼위일체 중의 한 분이신 주님의 인격 앞으로 나아오는 것입니다. 그분은 우리 마음을 드러내십니다. 주님은 우리 마음속에 있는 어둡고 비밀스러운 것들을 제거해 주십니다. 우리를 정죄하려고 하시는 것이 아니라 죄와 속임수로부터 우리를 해방하시기 위해 그렇게 하십니다. 여러분은 아마 "나는 주님께서 나를 사랑한다고 하시는 말씀을 듣고 싶다"라고 이야기할 수도 있습니다. 예, 좋은 말입니다. 그것은 삶을 가장 크게 변화시키는 성경의 핵심 진리입니다. 하지만 예수님께서는 자신이 사랑하시는 사람들을 훈계하시고 훈련하십니다. 그런 다음에 그분은 우리에게 열심을 내고 회개하라고 말씀하십니다(요한계시록 3:3,19).

말씀이 어떻게 그 자체를 묘사하는지 생각해 봅시다. "하나님의 말씀은 살았고 운동력이 있어 좌우에 날선 어떤 검보다도 예리하여 혼과 영과 및 관절과 골수를 찔러 쪼개기까지 하며 또 마음의 생각과 뜻을 감찰하나니(히브리서4:12)."

하나님께서 여러분의 모습 중에서 변화되기를 원하시는 것을 발견하는 것은 지극히 정상적입니다. 불현듯 잘못된 생각을 발견하고 마음의 의도가 육적이라는 사실을 깨닫는 것은 전형적인 기독교의 진리입니다. 여러분 마음속에 속삭여 주는 그 음성은 마귀의 음성이 아니라 하나님의 음성입니다. 하나님은 여러분이 종교적인 육신의 욕구로부터 자유롭기를 원하십니다.

하나님께서 아브라함을 부르셨을 때 하나님은 아브라함에게 어마어마한 약속을 하셨습니다. 비록 아브라함이 늙었고 자식이 없었지만 하나님은 그가 '열국의 아비'가 될 것이라고 하셨습니다. 처음 하나님과 대면한 후 이십육 년이 흐른 후에 그의 아들이 태어났습니다. 전 과정을 통해서 좋을 때와 나쁠 때도 있었지만 성경은 '아브라함이 하나님을 믿었다'라고 기록하고 있습니다.

이 부분을 명확하게 설명해 드리겠습니다. 아브라함은 단순히 하나님이라는 존재를 믿은 것이 아닙니다. 아브라함은 개인적으로 자신에게 말씀하신 하나님을 믿었습니다. 그는 검과 같이 그의 마음을 쪼개는 살아 계신 하나님의 말씀과 만났습니다. 아브라함은 그저 하나님에 관한 종교를 믿은 것이 아니라 그의 인생 가운데 이루실 하나님의 약속을 받았습니다.

우리를 구원하는 믿음은 우리에게 말씀하시는 하나님의 말씀에 반응하는 것입니다. 말씀이 하나님의 나라, 하나님의 권능, 우리를 변화시키는 하나님의 은혜와 능력에 대하여 선포하는 것은 무엇이든지 우리는 다 받아들이고 믿어야 합니다!

예수 그리스도와 친밀하게 교제하는 것 외에는 그 어떤 것도 우리의 믿음을 한결같이 유지시켜 주지 못합니다! 기독교의 강함은 그리스도입니다! 여러분이 지쳐 있을 때 그분은 "내게 오라(**마태복음11:28**)"고 말씀하십니다. 굶주려 계십니까? 그분께 나아가십시오. 목마르십니까? 그분께 나아가십시오. 길과 진리와 생명이 되시는 그리스도만이 우리가 필요한 모든 것이 되십니다!

만약에 이 훈련이 여러분을 '주님으로부터 듣고 양육받도록 하기 위해 그리스도께 더 가까이 나아가는 것'에 영감을 주지 못했다면 이 사역은 실패한 것입니다. 종교적인 욕구는 '성장은 종교적인 잣대에 의해서 평가되는 것'이라고 확신합니다. 그러나 참된 영성은 '하나님에 대한 우리의 굶주림의 깊이' 즉, 목마른 사람이 시냇물을 갈망하듯이 얼마만큼 우리의 영혼이 '살아 계신 하나님을 갈망하는가'에 의해 측량됩니다.

종교적인 육신의 욕구는 절대로 하나님의 나라를 유업으로 받지 못하지만 진정으로 하나님과 맞닿은 마음은 하나님의 충만하심을 맛보게 될 것입니다.

주님, 저와 깊은 교제를 허락해 주십시오. 바리새인과 주님을 따르는 사람들의 근본적인 차이점은 겸손함과 온유함이 '있는가' '없는가'입니다. 저는 크리스천 바리새인이 되어 버렸습니다. 저를 스스로 의롭다 하는 생각과 태도로부터 구속하여 주십시오. 종교적인 욕구로부터 저를 건져 주시고 성령의 충만함으로 인도하여 주시옵소서. 예수님 이름으로 기도합니다. 아멘.

18장
우리 발아래 있는 땅

지역기독교협의회 강사인 저에게 지역에 있는 그리스도의 몸 된 교회를 반대하고 있는 '영적 세력'의 정체를 밝혀 달라는 요청이 들어오곤 합니다. 도시의 지도자들과 중보기도자들은 그들의 지역에서 교회에 대항하는 중심 되는 영의 '이름'을 밝혀 달라는 요청을 하기도 합니다. 그런 분들께 나는 "대부분의 크리스천들을 반대하는 가장 강력한 영의 이름을 알기를 원하십니까?"라고 묻습니다. 그러면 그분들은 간절한 표정으로 저를 빤히 쳐다봅니다.

"그의 이름은 여호와입니다."

제게 질문한 사람들은 갑자기 눈이 휘둥그레지며 매우 황당해합니다. 그들은 내가 그들의 질문을 잘못 이해했다고 확신합니다. 그러면 저는 야고보서 4장 6절의 "그러나 더욱 큰 은혜를 주시나니 그러므로 일렀으되 하나님이 교만한 자를 물리치시고 겸손한 자에게 은혜를 주신다 하였느니라"는 말씀을 상기시키면서 설명합니다. 만약에 우리의 마음이 다른 교회들과 함께하지 못하고 나누어지면, 만약에 우리가 다른 교회들을 비하하고 내려다보면, 만약에 우리가 자신의 교회만 나타내려는 태도를 보이면 우리는 교만의 길로 걸어가게 됩니다. 그러한 우리의 노력에 저항하는 영은 마귀적인 어떤 것이 아니라 우리 하나님이십니다.

주님은 우리가 주일날 세 개의 찬양을 하고 우리 자신이 '구원'받았다고 간주할지라도 우리의 교만을 용납하지 않으십니다. 하나님은 하늘에서 루시퍼의 교만을 처단하셨고 그분은 이 땅에서 우리의 교만을 반대하십니다. 가장 슬픈 것은 종교적인 자만이 크리스천들의 삶 속에 너무도 깊이 파고 들어와 있어서 우리들은 그것을 나쁜 것으로 인식조차 하지 못한다는 사실입니다. 하지만 의심할 여지 없이 하나님의 백성을 가장 심하게 해치는 것이 있다면 그것은 바로 종교적 자만입니다.

주님께서는 잃어버린 자들이 구원과 자만을 동시에 가지고 교회에 들어오는 것을 원치 않으십니다.

예수님께서는 '나는 내 영광을 구하지 않는다'라고 말씀하셨습니다. 하지만 우리는 얼마나 많이 그리스도의 본성에 정확하게 반대되는 짓을 하고 있습니까! 옷이나 자동차를 선택할 때에도, 집이나 인생의 역할을 선택할 때도, 우리는 너무나도 자주 자기 칭찬에 배경을 두고 결정합니다. 예수님은 "구하고 판단하시는 이가 계시니라(요한복음8:50)"고 말씀하셨습니다. 주님의 말씀을 잘 경청해 보십시오. 하나님 아버지의 마음 한편에는 교만을 통해 자기 자신을 칭찬하는 자들로부터 '영광을 구하고 심판'하시는 계획이 있으십니다. 진실로 사랑하는 친구 여러분, 스스로를 격려하여 다시 한번 하나님을 경외하는 마음으로 돌이켜 봅시다. 자신을 높이면 비록 사람들 사이에서는 높임을 받을지 모르지만 '하나님 앞에서는 미움

을 받게 됩니다(누가복음16:15).'

구약성경에는 인간의 교만에 대한 전능자의 반대가 엄청나게 많이 기록되어 있습니다. 이스라엘의 국가적 번영을 훼방하는 존재는 적대국이 아니라 여호와 하나님이셨습니다. 세대마다 하나님께서는 당신의 백성을 겸손하게 하기 위하여 이스라엘의 원수들을 도구로 사용하셨습니다. 그래서 이스라엘을 절망하게 하고 낮아지게 하고 결국 회개하게 하셨습니다. 이스라엘이 낙담하고 정직하게 되면 하나님께서는 그들의 죄를 다루시고 다시 국가적 부흥이 일어나게 하셨습니다.

주님께서 어떻게 이스라엘에게 간청하였는지 직접 하나님의 음성을 들어 보십시오. "내 백성이 나를 청종하며 이스라엘이 내 도 행하기를 원하노라 그리하면 내가 속히 저희 원수를 제어하며 내 손을 돌려 저희 대적을 치리니(시편81:13-14)."

이는 우리에게도 동일하게 적용됩니다. 우리에게는 원수를 대항하여 쳐부술 수 있는 하나님의 힘이 필요합니다. 실제로 무시무시한 어두움의 세력이 우리 땅을 침략하였고 우리의 적은 우리를 집어삼키려고 여기저기 활보하며 다니고 있습니다. 그러나 우리의 소망은 단순하게 원수와 대항하는 것이 아니라, 하나님으로 하여금 우리 자신을 대항하도록 허락하는 것이어야만 합니다. 원수를 이기는 것은 우리가 완전하게 하나님께 순복하고 그분께 직접 매달려야만 가능합니다.

우리가 진실로 주님께 배운다면 우리도 그분처럼 마음이 온유하고 겸손하게 됩니다. 그러면 겸손한 자에게 은혜를 주시는 하나님께서 우리의 영적 원수들로부터 우리를 구출하십니다.

그분은 "내 이름으로 일컫는 내 백성이 그 악한 길에서 떠나 스스로 겸비하고 기도하여 내 얼굴을 구하면 내가 하늘에서 듣고 그 죄를 사하고 그 땅을 고칠지라(역대하7:14)"고 말씀하셨습니다. 악한 길에서 떠나 스스로 겸비(겸손)하고 기도한다고 말씀하십니까? 예, 하지만 하나님을 향한 우리의 겸손은 서로가 서로에 대하여 겸손해야만 완성됩니다.

여러분은 주님께서 이미 말씀하신 '내 백성'이라는 말씀의 효력을 누리지 못하며 살아가고 있지는 않습니까? 교만 때문입니다. 우리는 아직도 '내 백성'이라는 문구를 '우리 백성'이라는 의미로 해석합니다. 전체 교회를 '내 백성'으로 생각하지 않고 문화와 예배 스타일이 비슷한 한정된 성도들과 친구들과 인척들만 '우리 백성'으로 간주합니다.

그러나 주님께서 당신의 백성을 생각하실 때 주님은 훨씬 더 확대된 그룹을 보십니다. 주님은 한 도시에서 구원받은 모든 성도들을 포함하십니다. 비록 서로 다른 은사나 사명을 받았을지라도 '주님의 이름으로 부름 받은' 모든 자들은 그분 앞에서 영적으로 연합해야만 합니다. 그리고 이 연합은 놀라운 전략으로 시작됩니다. 그러므로 우리 자신을 겸손하게 해야만 합니다.

저는 이것이 역사적으로 교회들 간의 전통적 관계에 반대된다는 것을 잘 알고 있습니다. 사단은 우리를 다른 사람으로부터 분리하였을 뿐만 아니라 우리로 하여금 분리된 것을 자랑하도록 만들어 버렸습니다. 우리는 분리됨이 미덕이라고 생각합니다. 하지만 깊이 생각해 보십시오. 신약성경에서 계속적으로 주님과 맞서고 저항하는 그룹은 바로 '바리새인'들이었습니다. 문자적으로 해석하면 '바리새인'의 뜻은 '분리'입니다. 일세기의 모든 종교 그룹 가운데서 바리새인들의 '자만'이 오늘날의 교회와 가장 흡사합니다.

우리는 "주여, 우리의 땅을 치유하옵소서"라고 기도합니다. 하지만 주님께서 먼저 치유하시려는 땅은 겸손의 발아래에 존재하는 것들입니다. 이는 변화시키는 하나님의 능력을 자신들의 동반자로 삼아 겸손하게 기도하는 자들의 세상입니다.

우리 사회를 위한 하나님의 치료약은 크리스천들이 생명의 관계를 유지하는가 아닌가에 달려 있습니다. 우리는 항상 다른 사람들이 잘못한 것에 대해 관심이 많습니다. 혹시 우리가 다른 사람들을 실패하게 하는 원인이 되고 있지는 않습니까? 그러면 어떻게 우리 자신과 우리가 상처를 준 사람들 사이에 있는 이 땅을 치료할 수 있겠습니까?

우리가 잘못한 일들에 대하여 '스스로 겸손하고 기도하는' 사람이 되면 하나님의 치료의 역사가 시작된다는 것을 알고 계십니까? 백인 크리스천들이 자신들을 겸손하게 하고 아프리카와 아메리카의 원주민들에게 용서를 구하면 하나님께서 그들 발아래 있는 땅을 치유하기 시작하십니다.

은혜는 단순히 덮는 것만을 의미하지 않습니다. 은혜는 하나님의 능력으로 정결케 하고 변화시킵니다. 은혜는 우리가 할 수 없는 것을 우리 안에서 변화시키는 하나님의 능력입니다.

사랑하는 아버지여, 당신께서는 우리의 땅을 치유하는 일이 우리가 겸손한 것으로부터 시작한다고 말씀하셨습니다. 주님 제 마음에 제게로부터 멀어진 사람들을 계시해 주십시오. 저로 용서할 수 있는 용기를 주시고 잘못된 것과 싸워 이길 수 있음을 볼 수 있는 정직함을 허락해 주십시오. 제가 화해의 도구가 되기를 간구합니다. 저로 하여금 세상에서 관계를 회복시키는 일을 감당하게 해 주시고 제가 사는 이 땅에 치유를 가져다주시옵소서! 예수님 이름으로 기도합니다. 아멘.

19장
깨어지면 열립니다!

그리스도께서 우리 삶에 들어오신 후에도 여전히 살아가면서 당하는 위협으로부터 우리를 방어하고 있는 것이 있습니다. 그것은 우리의 영혼을 둘러싸고 있는 '생존본능'이라고 불리는 외형적인 보호막, 즉 껍데기입니다. 이 보호막은 세상에 있을 때는 필요한 것이지만 그리스도를 통해 얻은 새 생명의 삶을 살아가는 데는 원수가 됩니다. 그래서 이 보호막은 우리의 속사람이 생겨날 때 반드시 깨어져 없어져야만 합니다. 그래야만 우리 안에 새롭게 생겨난 그리스도의 영을 자유롭게 해 드릴 수 있습니다.

누가복음 20장에는 껍데기가 깨어져야 하는 이유를 잘 기록하고 있습니다. 예수 그리스도께서는 자신을 모퉁이의 머릿돌과 생명의 근원 그 자체라고 묘사하시면서, 또한 "건축자의 버린 돌"이라고 덧붙이셨습니다. 우리가 그분을 믿는다고 하면서도 지금까지 살아오면서 얼마나 자주 예수님의 말씀이 주는 지혜를 거절하고 살아왔습니까! 사람의 방법을 따른다는 것은 아직도 깨어지지 않았음을 의미합니다. 예수님께서는 "무릇 이 돌 위에 떨어지는 자는 깨어지겠고 이 돌이 사람 위에 떨어지면 저를 가루로 만들어 흩으리라 하시니라(**누가복음20:18**)"고 경고하십니다. 예수님께서는 궁극적으로는 '깨어진 사람과 먼지처럼 흩어진 사람' 두 종류의 사람만이 존재한다고 말씀하십니다. 우리는 그리스도 위에 떨어져 깨어지든지 아니면 먼지처럼 흩어집니다. 오직 깨어진 자들만이 다가오는 하나님의 영광에서 살아남을 수 있습니다.

하나님께서는 사용하시고자 하는 사람을 먼저 낮아지게 하십니다. 성경에 기록된 요셉, 모세, 다윗과 같은 영적 영웅들을 생각해 보십시오. 그들은 충분히 낮아져서 하나님께서 다시 일으켜 세우실 때까지 일정 기간 동안 상함을 당하고 깨어짐을 경험하였습니다. 또한 초대 교회 제자들을 기억해 보십시오. 그들은 예수님과 함께 할 때 제한적인 성공을 체험하였지만 주님께서 그들을 가장 필요로 하셨을 때 실패하고 말았습니다. 심지어 가장 핵심 멤버였던 베드로, 요한, 야고보도 실패하였습니다. 예수님께서 그들의 기도와 동행을 간절하게 필요로 하였을 때 그들은 잠들어 버렸습니다. 게다가 비겁하게도 주님을 전혀 알지 못한다고 부인하기까지 하였습니다. 하지만 그들의 실패가 그들의 자격을 박탈시키지는 못했습니다. 놀랍게도 하나님께서는 그들의 실패를 통해 그들이 겸손해지게 하셨고 은혜로 자격을 부여하셨습니다. 오순절에 하나님께서는 그들이 부활하신 그리스도를 드러내는 사도가 되도록 권능으로 충만케 하셨습니다.

실패는 우리로 하여금 그리스도를 전적으로 의존하게 만드는 역할을 합니다. 그것은 우리 자신의 것이 아닌 주님의 지혜와 미덕과 힘에 의존하게 해 준다는 의미입니다. 우리 자신의 힘을 꺾어 버리고 우리 마음을 자신의 것으로부터 돌아서게 합니다. 우리가 비록 깨어진 조각일지라도 그리스도만을 의지하는 법을 배움으로써 하나님의 아들이 우리를 통해 다른 사람들에게 흐를 수 있게 되어야 합니다.

우리에게 있어 최악의 원수는 죄가 아니라 '자아'입니다. 그래서 망치로 호두를 깨듯이 하늘 아버지의 손에 의해 우리의 실패도 깨어져야만 합니다. 하나님께서는 그것을 통해 우리의 영적 속사람을 드러내십니다. 반면에 겸손과 회개로 우리의 실패를 하나님께로 가져가지 않으면 그것들은 실제로 반대 영향을 미치게 되는 데 점점 더 두꺼운 보호막을 치게 됩니다. 우리는 분노하게 되고 우리의 어려움을 남의 탓으로 돌리게 됩니다. 만약에 우리가 주님께서 우리의 환경을 다스리시는 것을 보지 못하게 되면 우리는 자신의 인간성 안에 갇혀 버리게 되고 우리를 통해서 새롭게 나타나는 그리스도의 참된 생명을 절대로 볼 수 없게 됩니다.

예수님께서 말씀하신 '상한 갈대'도 꺾지 않으신다는 것은 비극적인 상황 가운데 처참한 모습으로 주님께 나아 온 자들을 예수님께서 즉시 고쳐 주신다는 말씀입니다. 모든 것에 대한 하나님의 목표는 그분만을 의존하게 하시는 것입니다. 깨어진 모습으로 주님께 나아가면 그분은 모든 것을 공급해 주십니다.

깨어짐의 또 한 가지 목적은 우리가 어떻게 타인의 공격을 다루는가에 달려 있습니다. 우리가 불완전한 세상에 사는 것은 그만한 이유가 있기 때문입니다. 하나님께서는 이 불완전한 세상에서 완전한 인격을 찾으십니다. 마태복음 13장에서 예수님께서는 서로의 옆에서 자라는 두 형태의 사람들에 관하여 설명해 주셨습니다. 하나는 "알곡"이요, 다른 하나는 "가라지"라고 표현하셨습니다. 농부가 밀알의 씨를 뿌리셨는데 후에 원수가 와서 가라지 씨를 뿌렸습니다. 추수 때가 될 때까지 가라지는 외형적으로 알곡과 아주 흡사합니다. 그래서 가라지를 뽑아 버리자고 청하였을 때 농부(예수님)는 "가만 두어라 가라지를 뽑다가 곡식까지 뽑을까 염려하노라 둘 다 추수 때까지 함께 자라게 두어라 추수 때에 내가 추수꾼들에게 말하기를 가라지는 먼저 거두어 불사르게 단으로 묶고 곡식은 모아 내 곳간에 넣으라 하리라(마태복음13:29-30)"고 대답하셨습니다.

왜 예수님께서 알곡과 가라지가 서로 옆에서 함께 자라도록 그대로 두셨을까요? 가라지는 알곡의 인격을 완전하게 해 줍니다. 왜 추수 때까지 기다려야 합니까? 추수 때가 되면 알곡의 이삭은 알이 꽉 차서 고개를 숙이지만 가라지는 이삭이 뻣뻣하여 구부러지지 않습니다. 이처럼 추수 때가 되면 둘의 차이는 현저하게 드러납니다. 고개를 숙인 것과 숙이지 않은 것, 겸손과 거만으로 분명하게 구분됩니다.

이 비유는 또한 추수 때가 될 때까지 가라지의 뿌리를 뽑는다든가 심지어 어떤 것이 가라지인지 구분하는 심판할 자격이 아무에게도 없다는 것을 말씀해 주고 있습니다. 심지어 예수님께서도 가라지를 심판 때까지 제거하지 않으십니다. 우리가 해야 할 질문은 "누가 가라지인가?"가 아니라 "내가 참된 알곡인가?"여야 합니다. 기억할 것은 추수 때가 되기 전까지 알곡과 가라지의 외형적인 모습은 거의 같다는 사실입니다. 사실 둘 다 폭풍과 가뭄을 견디고 햇빛을 받는 것까지 비슷한 과정을 거칩니다. 하지만 하나는 알곡을 생산해 내고 다른 하나는 생산해 내지 못합니다. 하나는 가치가 있고 다른 하나는 모아 불사르게 됩니다.

하나님께서는 그리스도처럼 완전한 인격을 만들기 위해 알곡과 가라지가 서로 옆에서 자라도록 허용하십니다. 공격을 받을 때 알곡은 겸손하게 용서합니다. 분쟁이 있고 실패를 할 때 알곡은 다른 사람을 비방하지 않습니다. 사실 알곡은 가라지를 심판하지 않고 단지 위해서 기도할 뿐입니다. 이러한 것으로 누가 알곡인지 알 수 있습니다. 반면에 가라지는 알곡의 불완전함을 견디지 못하고 알곡을 심판함은 물론 다른 가라지들까지 심판합니다. 가라지는 삶 속에서 쉽게 화를 내고 분노하며 남을 공격합니다. 가라지는 깨어지지 않았기 때문입니다. 여러분 주변에 불완전한 사람을 위해 중보하지 않고 그들을 비판한다면 여러분은 가라지와 다를 바가 없습니다. 만약에 수년 전에 당한 공격을 아직도 마음에 품고 있고 실패한 것에 대해 여전히 다른 사람을 비난하고 있다면 알곡이기를 거부하고 가라지와 같아지고 있는 증거입니다. 알곡과 가라지의 본질적인 차이는 서로 사랑 안에서 행하고 있는가 아닌가에 의해 결정됩니다. 알곡은 그의 창조주께 진심으로 고개를 숙입니다.

주 예수님, 저는 저의 옛사람을 보고 혐오합니다. 강퍅한 마음의 감옥으로부터 저를 구출해 주옵소서. 저는 주님께 떨어져 깨어지기를 선택하였습니다. 당신께서 저를 깨실 필요가 없도록 깨어진 상태를 유지하게 해 주십시오. 당신께서 죄인들의 친구이셨던 것처럼 저로 연약한 가라지를 위해 사역하게 해 주옵소서. 예수님 이름으로 기도합니다. 아멘.

20장
생 베 조각

우리의 실패가 자아를 깨어지게 하는 것처럼 하나님께서는 이런저런 상황을 통해 우리를 낮아지게 하십니다. 저는 많은 사람들이 사역을 완성하고 확장시키는 쪽에 관심이 높다는 것을 잘 알고 있습니다. 하지만 우리가 보는 대부분의 외형적인 것들은 내적으로 역사하시는 하나님께 접목되어 있다는 사실을 잊지 말아야 합니다. 사실 확장하고자 한다면 줄어들 수도 있어야 합니다. 예수님께서 무엇을 가르쳐 주셨는지 살펴봅시다.

> 생 베 조각을 낡은 옷에 붙이는 자가 없나니 만일 그렇게 하면
> 기운 새것이 낡은 그것을 당기어 해어짐이 더하게 되느니라
> 마가복음 2:21

주님께서는 헌 옷을 새 천 조각으로 기울 수 없다고 말씀하십니다. 왜냐하면 옷을 빨면 새로운 조각이 줄어들기 때문입니다. 그렇게 되면 헌 옷으로부터 떨어져 나가게 되고 더 크게 찢어지기 때문입니다. 저는 이러한 일이 수많은 교회에서 일어났고 지금도 일어나고 있는 것을 봅니다. 주어진 상황을 해결하려고 누군가를 모셔 왔는데 그들은 자신이 할 수 있는

것을 보여 줄 수 있는 기회로서 '사역'을 이해합니다. 가지고 있는 능력을 줄여서 상황을 해결해야 하는데 오히려 짐이 되어 버린 것입니다. 결과적으로 하나님께서 그들에게 고치라고 하신 작은 구멍을 잘못 고쳐서 오히려 헌 옷을 찢어지게 만들고 처음보다 더 크게 찢어지는 것입니다.

그래서 현명한 재봉사는 헌 옷에 깁기 전에 새 천 조각을 뜨거운 물에 담급니다. 새 조각이 적당히 줄어들게 한 후에야 깁는 데 사용하는 것입니다.

주님께서 우리를 사용하시기 전에 우리를 줄어들게 하셔야만 합니다. 우리들이 교회나 사역 팀에 참여했을 때 우리는 자신이 가지고 있는 재능으로 할 수 있는 것이 많다고 생각합니다. 실제로 다른 사람들을 바라보고 '나는 더 잘 할 수 있는데'라고 생각합니다. 만약에 여러분이 다른 사람들이 하고 있는 일을 바라보고 그렇게 느끼고 있다면 여러분은 아직도 어느 부분이 덜 줄어들었다는 것을 깨달아야 합니다. 하나님께서는 그리스도의 몸 된 교회에 여러분으로 하여금 다른 사람들이 하는 일을 하라고 부르지 않으셨습니다. 주님께서는 하찮아 보일지라도 여러분이 자신의 것에 집중하시기를 원하십니다.

우리는 '누군가가 내 재능을 알아주지 못하면 어떻게 공동체가 발전할 수 있겠는가?'라고 논쟁합니다. 주님은 "지극히 작은 것에 충성된 자는 큰 것에도 충성되고 지극히 작은 것에 불의한 자는 큰 것에도 불의하니라(누가복음16:10)"고 말씀하셨습니다. 우리는 단순하게 하나님께서 하라고 하신 것에 충실하고 다른 사람들의 것을 부러워하거나 탐내지 말아야 합니다. 우리는 하나님을 위해 위대한 일을 하고 싶어 하지만 하나님께서는 우리가 작은 일을 위대한 일처럼 감당하기를 원하십니다. 전체 사역을 고

칠 필요가 없으며 단지 구멍 난 것을 고치도록 부름받은 사역만 감당하면 됩니다. 사람마다 각 사역에 필요한 정확한 규격을 주셨습니다.

하나님께서는 어떻게 여러분을 줄어들게 만드신 후 유용하게 하십니까? 바로 재봉사처럼 여러분을 뜨거운 물에 담그십니다. 그분은 우리의 지나치게 과장된 생각이나 의견들을 줄어들게 하신 후, 하나님의 위대한 프로젝트에 우리를 사용하십니다. 우리는 단순하게 다른 사람의 사역을 부러워하지 말고 우리 앞에 놓인 필요한 규격을 채우면 됩니다. 만약 여러분이 일시적으로 뜨거운 물속에 있는 것을 발견한다면 여러분이 주님께서 채우라고 부르신 것보다 훨씬 큰 것을 하려 했다는 사실을 인식하셔야 합니다. 그래서 주님께서는 여러분을 부르심에 합당한 규격으로 줄이고 계시는 것입니다.

주님은 우리의 삶에 대해서 신중하게 계획하십니다. 우리를 향한 주님의 목표는 오직 한 가지입니다. 우리 안에 그리스도의 형상을 창조하는 것입니다. 그분의 놀랍고 전능하신 손으로 우리의 실패를 사용하시고 우리를 뜨거운 물속에 담가 줄어들게 하십니다. 이는 우리 인생이 우리에게는 복이 되고 주님께는 영광이 되도록 하시기 위함입니다.

주님, 우리 앞에 있는 사역을 감당할 수 있는 꼭 맞는 규격으로 저를 줄여 주십시오. 야망이나 야심 없이 주어진 일을 잘 감당하게 하옵소서. 제 안에 있는 감춰진 시기심을 뿌리째 뽑아주셔서 저로 하여금 다른 사람의 사역의 자리에 있지 않게 하여 주옵소서. 예수님 이름으로 기도합니다. 아멘.

21장
하나님께서 쉬시는 장소

천국에는 위대한 사람들은 없고 하나님께서 선택하여 위대하게 사용하신 겸손한 사람들만 있습니다. 우리가 겸손하다는 것을 어떻게 알 수 있습니까? 하나님께서는 그분의 말씀에 떠는 사람들을 찾으십니다. 그러한 삶에는 하나님의 영이 그 위에 머무시는 것을 발견하게 될 것입니다. 그는 전능하신 분의 거하시는 장소가 될 것입니다.

> 주 여호와의 신이 내게 임하셨으니 이는 여호와께서 내게 기름을 부으사 가난한 자에게 아름다운 소식을 전하게 하려 하심이라 나를 보내사 마음이 상한 자를 고치며 포로된 자에게 자유를 갇힌 자에게 놓임을 전파하며
>
> 이사야66:1

하나님은 우리 자신 이외에는 그 어느 것도 원치 않으십니다. 아름다운 교회 건물, 사역에 대한 전문적인 실력…, 그 모든 것은 하나님께는 전혀 쓸모가 없습니다. 하나님은 우리가 가진 것을 원치 않으십니다. 우리 모습 그대로를 원하십니다. 하나님은 우리 안에 그분께서 쉬실 수 있는 거

룩한 안식처를 만들기 원하십니다.

성경은 이것을 '안식의 쉼'이라고 부릅니다. 이것은 안식일을 지키는 것으로부터 기인한 것이 아닙니다. 왜냐하면 유대인들은 안식일을 철저히 지켰지만 하나님의 안식에 들어가지 못했습니다. 히브리서는 여호수아가 이스라엘을 쉬게 하지 못했다고 분명하게 밝히고 있습니다(히브리서4:7-8). 계속해서 성경은 오랫동안 안식을 지킨 후에도 "그런즉 안식할 때가 하나님의 백성에게 남아 있도다(히브리서4:9)"라고 말씀하고 있습니다. 이 '쉼'은 안식일을 거룩하게 지키는 그 이상의 것입니다.

그러면 우리는 '이 안식의 쉼이 무엇인가?'를 질문해 보아야 합니다. 질문에 답을 하기 위해 창세기를 탐구해 봅시다. "하나님의 지으시던 일이 일곱째 날이 이를 때에 마치니 그 지으시던 일이 다하므로 일곱째 날에 안식하시니라(창세기2:3)." 하나님께서 안식일에 쉬시기 전에 제칠일은 특별하지도 않았고 거룩하지도 않았습니다. 만약에 하나님께서 제삼일에 쉬셨다면 제삼일이 거룩해졌을 것입니다. 쉼은 안식일에 있는 것이 아니라 하나님께 있는 것입니다. '쉼'은 하나님의 완전하심의 중요한 속성입니다.

요한계시록 4장 6절에 보면 하나님의 보좌 앞에 '수정과 같은 유리 바다'가 있다고 묘사하고 있습니다. '유리바다'라는 의미는 파도나 풍랑이 전혀 없는 잔잔한 바다를 의미하는 것으로 요동하지 않는 하나님의 성품을 상징하고 있습니다. 요점을 정리해 봅시다. 안식일은 하나님을 위한 쉼의 근원이 아닙니다. 하나님께서 안식일에 대한 쉼의 근원이십니다. "너는 알지 못하였느냐 듣지 못하였느냐 영원하신 하나님 여호와 땅 끝까지 창조하신 자는 피곤치 아니하시며 곤비치 아니하시며 명철이 한이 없으시며(이사야40:28)"라고 성경은 기록하고 있습니다. 하나님께서 그날에 쉬셨기 때문에 안식일이 거룩해진 것처럼, 우리도 죄를 벗어 버리고 하나님의 완전하심이 우리 안에 자리 잡고 쉬게 되면 거룩해지는 것입니다.

우리가 연구하여 찾고자 하는 하나님의 쉼, 즉 안식은 단순하게 다시 원기를 회복하는 그런 정도의 개념이 아닙니다. 우리가 찾는 안식의 쉼은 우리의 힘의 원천을 하나님의 것으로 교환하는 것입니다. 즉, 하나님의 것으로 우리의 삶을 대신하게 하여 우리의 삶이 하나님의 거룩한 임재와 그리스도의 모든 것으로 충만하게 되어 합당한 그릇이 되는 것입니다.

히브리어로 쉼은 '누아흐(nuach)'입니다. 여러 가지 의미가 있지만 '쉬다, 남아 있다, 조용하다'라는 의미로 가장 널리 사용됩니다. 또한 '완전하게 감싸다, 안으로 스며들어 채워지다'라는 의미를 가지고 있는데 지혜가 '이해하는 사람의 마음속에 안주하다'라는 뜻으로도 사용되었습니다. 하나님께서는 단순하게 일하시는 것을 멈추시려고 안식할 장소를 찾으시는 것이 아닙니다. 그분은 우리의 삶 전체를 완전하게 감싸고 채워 줄 수 있는 교제를 원하십니다. 그분은 그곳에 장막을 치고 조용히 우리 안에 거하십니다.

하나님의 안식이 우리 안에 임하게 되면 예수님께서 아버지와 연합된 삶을 살았던 것처럼 우리들도 예수님과 연합된 삶을 살 수 있습니다(요한복음10:14-15). 그리스도의 삶은 하나님의 임재로 완전하게 감싸졌고 그분의 임재로 채워졌습니다. 주님은 오직 아버지께서 하신 것을 보고 들은 것만 행하셨습니다. 주님은 "아버지께서 내 안에 계셔 그의 일을 하시는 것이라(요한복음14:10)"고 선포하셨습니다. 그리스도께서 우리를 통해서 일하시기 때문에 안식의 쉼이 있는 것입니다! 예수님께서는 우리에게 "내 이름으로 무엇이든지 내게 구하면 내가 시행하리라(요한복음14:14)"고 약속하셨습니다. 그리스도께서 우리를 통해서 일하시지 않는다면 우리가 어떻게 놀라운 일들을 행하고, 원수를 사랑하고, 아버지의 일을 할 수 있겠습니까!

이것이 바로 예수님께서 "내게로 오라 내가 너희를 쉬게 하리라(마태복음11:28)"고 말씀하신 이유입니다. 갈릴리 바다의 폭풍 가운데 요동치는 배 위에서 무서움에 떨던 그리스도의 제자들은 주님께로 나아 왔습니다. 그들의 울부짖음은 죽기 직전의 인간의 절규였습니다. 예수님께서는 폭풍을 꾸짖으셨고 바람과 바다는 즉시 '완전하게 잔잔해'졌습니다(마태복음 8:26). 어떤 프로그램이나 전문사역 기술이 우리가 주님을 통해 받는 생명과 권능에 비교할 수 있겠습니까?

보시다시피 우리가 어떤 노력을 하든지 우리의 노력으로는 하나님의 안식의 쉼이나 생명을 만들어 낼 수 없습니다. 우리는 반드시 하나님께 나아가야 합니다. 수많은 지도자들이 거의 탈진 상태에 이르기까지 하나님을 섬깁니다. 만약에 그들이 그 시간의 절반을 하나님 앞에서 기도하고 그분을 기다리는 데 사용한다면, 그들은 하나님의 초자연적인 동행하심을 맛볼 수 있습니다. 또한 그들은 하나님이 선장이시며 항해사이신 선박의 승객이 될 수 있습니다.

하나님의 안식에 들어가려면 그분의 뜻에 완전하게 항복하고, 그분의 능력을 완전하게 신뢰하고, 그분 안에 거해야 합니다. 우리는 "하나님이 자기 일을 쉬심과 같이(히브리서4:10)" 우리 일을 쉬는 법을 배워야 합니다(히브리서4:11). 우리 일을 쉬는 것이 일을 멈추는 것을 의미하지는 않습니다. 이는 우리 육신의 정욕과 죄를 위해 일하는 것을 멈추라는 의미입니다. 하나님께서 주시는 영원한 사역으로 들어가라는 의미입니다.

불신앙으로 인해 생긴 혼란은 믿음에 의해 쉼을 얻게 됩니다. 용서하지 못해서 생긴 분쟁은 사랑으로 제거됩니다. 우리 안에 두려운 생각은 하나님을 신뢰할 때 사라집니다. 우리의 수도 없이 많은 질문들이 하나님의 지혜로 해결됩니다. 이것이 바로 하나님의 안식에 들어갈 때 생기는 축복입니다.

교회는 하나님의 방법에 관한 지식을 소유해야 합니다. 우리는 어려운 상황 가운데서도 하나님의 말씀에 순종함으로 그러한 지식을 얻을 수 있습니다. 삶의 시험 가운데 낙망하지 않고 하나님께 순종할 때 우리는 상황에 따라 하나님께서 어떻게 역사하시는지를 배울 수 있게 됩니다. 따라서 가장 가치 있는 것은 하나님께서 우리에게 말씀하시는 것을 듣는 것입니다. 이는 여러분의 삶이 어려움과 시련의 광야에서 헤맬 때 더욱더 가치를 발합니다.

성령님께서는 "저희가 항상 마음이 미혹되어… 내 길을 알지 못하는 도다… 내가 노하여 맹세한 바와 같이 저희는 내 안식에 들어오지 못하리라(히브리서3:7-11)"고 말씀하십니다. 반드시 기억하십시오. 하나님의 방법(길)을 아는 것만이 그분의 참된 안식에 이르게 합니다.

강퍅한 마음에는 안식이 없다는 것을 반드시 알아야 합니다. 하나님께 반항하면 안식이 없습니다. 우리는 필요한 것에 대하여 정직하게 반응하고, 그리스도께서 우리를 변화시키시도록 허용할 때 안식의 쉼을 얻을 수 있습니다.

그래서 예수님께서는 "내게 배우라 그러면 너희 마음이 쉼을 얻으리니 (마태복음11:29)"라고 말씀하신 것입니다. 더 이상 하나님께 반항하지 말고 하나님으로부터 배우십시오! 하나님의 말씀으로 죄의 본성으로 인한 고통에서 영원히 벗어나십시오. 축복이신 하나님으로부터 어긋나서 버둥거리며 싸우는 것을 이제 그만 멈추십시오. 그분을 신뢰하십시오! 하나님의 말씀이 우리의 완악한 마음을 점진적으로 무너뜨릴 것입니다. 그분께 항복하고 헌신하십시오! 하나님께서 정확한 때에 원수가 여러분의 마음에 접근하지 못하게 막아 주실 것이며 여러분은 하나님 앞에 연약해지는 것을 아주 즐거워하게 될 것입니다. 하나님의 미세하고 달콤한 음성이 여러분의 마음에 울릴 때까지 기쁨으로 자신을 내어 드리십시오. 열방의 수많은 사람보다 한 사람이 하나님의 영 앞에 완전하게 자신을 드리는 것이 훨씬 더 소중합니다. 이 사람이 하나님께서 찾으시고 기뻐하시는 하나님의 처소입니다.

> 하늘은 나의 보좌요 땅은 나의 발등상이니 너희가 나를 위하여 무슨 집을 지을꼬 나의 안식할 처소가 어디랴 나 여호와가 말하노라 나의 손이 이 모든 것을 지어서 다 이루었느니라 무릇 마음이 가난하고 심령에 통회하며 나의 말을 인하여 떠는 자 그 사람은 내가 권고하려니와
>
> 이사야66:1-2

하지만 놀랍게도 올바른 마음을 가진 한 사람, 예수님께서 이 하나님의 약속을 얻었습니다. 하나님은 당신께서 말씀하실 때 떠는 한 사람을 찾으

십니다. 하나님께는 애쓰지 않아도 가장 높으신 거룩한 능력이 완전한 평화로 거하여 있습니다. 예수님은 하나님의 방법을 배웠습니다. 그리고 순종 가운데 기뻐하셨습니다. 주님은 하나님께서 구하는 것을 드리셨습니다. 예수님 자신을 하나님께 드린 것입니다. 이처럼 하나님께서 말씀하실 때 온전히 자신을 내어 드리는 사람은 하나님께서 안식하시는 거룩한 처소가 됩니다.

하늘에 계신 아버지여, 제가 얼마나 하나님의 임재로 충만하게 되기를 원하는지 아십니다. 저는 염려하고 신뢰할 수 없는 존재임을 고백합니다. 오, 하나님, 제 마음을 정리하여 주십시오. 당신의 안식처가 되도록 저를 다듬어 주옵소서! 예수님 이름으로 기도합니다. 아멘.

22장
당신이 포기하면 하나님께서 책임지십니다

어느 날 새벽에 하나님께서 제게 특별한 말씀으로 임재하셨습니다. 그 특별한 말씀이 여러분에게도 임하기를 소망합니다. 제가 막 깨어나는 순간 하나님께서는 "네가 포기하면 내가 책임지리라"고 말씀하셨습니다.

믿음과 겸손, 둘 중에 하나라도 없으면 영적으로 진보할 수 없습니다. 부분적으로 믿음의 본질은 하나님의 약속을 소유하는 것입니다. 이스라엘은 전능하신 주님으로부터 약속의 땅을 소유하라는 명령을 받았습니다. 성경은 믿음이 없으면 하나님을 기쁘게 하지 못하고 믿음 없이 하는 모든 것은 죄라고 말하고 있습니다(히브리서11:6, 로마서14:23). 믿음은 인간의 마음을 하나님과 연합시킵니다. 그 결과로 죄 많은 인간이 하나님의 의로 의롭게 되고, 죄에 대하여 죽은 자들이 하나님의 생명으로 나아가게 되는 것입니다. 믿음이 없는 기독교는 마치 전원이 연결되지 않은 컴퓨터와 같습니다. 전원이 연결되지 않으면 컴퓨터의 하드디스크에 아무리 많은 지식이 저장되어 있을지라도 빛도 없고 파워도 없고 작동도 하지 않습니다.

믿음을 가지면 겸손하게 됩니다. 그리스도를 생각해 보십시오. 모든 사람들이 무릎을 꿇고 예수 그리스도를 주라고 고백하는 때가 올 것입니다(빌립보서2:10-11). 이 세상이 마침내 주님의 나라가 될 것입니다(요한계시록 11:15). 그런데 그리스도께서 이 세상을 정복하신 후의 반응을 성경은 이렇게 기록합니다. "저가 모든 정사와 모든 권세와 능력을 멸하시고 나라를 아버지 하나님께 바칠 때라(고린도전서15:24)." 이것이 그리스도의 겸손입니다. 정복한 후에, 바칩니다. 일반적으로 우리는 처음 부분은 원하지만, 두 번째 부분인 하나님께 다시 드리는 것을 원하는 것 같아 보이지는 않습니다. 하지만 이것이 하나님을 따르던 사람들의 모습이었습니다. 아브라함은 하나님을 믿었고 아들을 얻었지만 겸손함으로 이삭을 하나님께 다시 제물로 드렸습니다. 다윗 왕은 예루살렘을 정복하고 그것을 '하나님의 도시'라고 부르면서 주님께 바쳤습니다.

    여러분이 믿음을 실행할 때 반드시 숨은 동기가 성숙해야 합니다. 믿음을 통해 합당하게 되는 것은 우리 자신을 하나님께 순복하고 모든 것을 다시 하나님께 드릴 때까지 행해져야 합니다. 우리의 목표는 이 땅에서 좀 더 나은 삶의 질을 창조하는 것뿐만 아니라 순복함으로 하나님의 나라를 이 땅에 임하게 하는 것입니다. 믿음은 하나님 나라에서 예비하신 것을 이 땅에서도 가능하게 합니다. 하나님께 온전히 순복하면 그러한 예비하심 가운데 하나님의 임재를 가능하게 만듭니다.

    우리가 포기하면 하나님께서 책임지십니다. 여기 참된 믿음으로 좀 더 높은 차원의 그리스도의 형상을 닮는 방법이 있습니다. 여러분이 인식해야 할 것이 있습니다. 여러분이 포기하지 않고 부둥켜안고 있으면 하나님의 임재와 축복으로부터 고립됩니다. 만약에 우리가 하나님과 그분의 목적을 위하여 우리의 수입 중에 일부분을 드리면, 우리가 그분의 초자연적인 공급을 그분의 손으로부터 풀어놓게 하는 것입니다.

  이것은 단순하게 금전만을 말하는 것이 아니라 믿음과 순종을 포함하여 이야기하는 것입니다. 하나님께 드리는 것은 하나님에 대한 우리의 신뢰를 보여 주는 것입니다. 아마도 여러분은 "목사님! 목사님의 손을 내 주머니에 넣어 돈을 빼내 가려는 의도가 아닙니까?"라고 말하실 겁니다. "No!" 저는 여러분의 손을 하나님의 주머니에 넣으시도록 의도하는 것입니다. 하나님의 주머니는 물질만 풍성하게 쌓여 있는 곳이 아닙니다. 하나님의 예비하심 가운데 여러분의 삶에 필요한 모든 것들이 풍성하게 넘치는 곳입니다.

  다시 말하거니와 저는 단순히 물질에 관하여만 말씀드리는 것이 아니고 우리 삶의 전반적인 문제에 관하여 말씀드리는 것입니다. 수많은 사람들이 영적으로 눌려서 고통당하고 있습니다. 원수가 여러분의 에너지와 시간과 자원을 고갈시켜서 항상 부족함을 느끼게 만들고 있습니다. 그러나 믿음으로 주님의 말씀을 들으십시오. "너의 것을 내게 돌려라. 그러면 나는 나의 것을 네게 돌리겠다. 너를 고통스럽게 하는 것들을 도리어 내가 멸망시키겠다."

  이 믿음과 순종의 원리를 잘 보여 주는 아주 놀라운 이야기가 있습니다. 무시무시한 가뭄이 지속되고 있었습니다. 어느 날 주님께서는 엘리야에게 말씀하셨습니다. "너는 일어나 시돈에 속한 사르밧으로 가서 거기 유하라 내가 그곳 과부에게 명하여 너를 공궤하게 하였느니라(**열왕기상 17:9**)." 주님께서 부유한 사업가를 택하여 엘리야의 필요를 공급해 줄 사람으로 정하시지 않고 힘없는 과부를 택한 점에 유의하십시오. 굶주림으로 아사 직전의 상태에서 아들과 함께 초라하기 그지없는 마지막 음식을 차려 먹고 있는 한 과부가 있었습니다. 비록 그녀는 이스라엘 사람은 아니었지만 "당신의 하나님 여호와의 사심을 가리켜 맹세하노니"라고 말하면서 엘리야를 영접합니다.

하나님께서는 당신의 목적을 성취하시기 위해 그녀의 믿음을 성숙시키고 그녀에게 하나님의 초자연적인 예비하심을 허락하기 위한 독특한 방법을 사용하셨습니다. 그것은 그녀에게 자신이 가진 작은 것을 포기하라는 것입니다. 그것은 무감각적이고 잔인한 명령처럼 보입니다. 엘리야는 그녀에게 자기가 먼저 먹게 하라고 명령합니다. 하나님의 계획과 예비하심을 아직 모르는 그녀에게, 이미 그것을 알고 있는 엘리야는 그녀로 하여금 믿음과 순종의 영역 안으로 들어오라고 재촉합니다. 그 결과로 하나님께서는 그녀에게 기적적인 방법으로 공급해 주셨는데 가뭄이 끝날 때까지 "통의 가루가 다하지 아니하고 병의 기름이 없어지지 않도록" 하셨던 것입니다.

예수님께서 어린 소년의 떡 다섯 개와 물고기 두 마리로 5,000명을 먹이신 것을 기억하십시오. 그분은 그 작은 음식을 비축하여 사용하시지 않으시고 대신에 그것을 포기하여 하나님께 드렸고 하나님께서는 그분의 능력으로 그것을 받으셨습니다.

사람들이 "나는 드릴 여유가 없습니다"라고 말하는 것을 들을 때면 저는 즉각 "잘 들으십시오. 드리지 못할 이유가 없습니다"라고 말해 줍니다. 믿음과 순종이 제대로 이루어지면 하나님께서 우리의 삶 속에 들어오십니다. 저는 여러분들이 하나님의 공급하심에 대한 살아 있는 간증을 갖기를 바랍니다. 우리 모두가 "하나님께서 나를 통해 역사하셨어!"라는 말을 서로에게 할 수 있게 되기를 바랍니다. 저는 보편타당한 것을 포기하라고 말하는 것이 아닙니다. 예수님께서 필요한 때에 풍성하게 공급해 주시고 하나님께서 가뭄 동안에 과부에게 풍성하게 공급해 주신 것을 기억하라는 것입니다.

우리가 드릴 때에 하나님께서 성숙하게 하시는 믿음은 우리가 아픈 자에게 안수할 때 오는 믿음과 같은 것입니다. 예수님께 보여 드리는 물질에 대한 우리의 신실함은 우리에게 기적과 같은 위대한 것으로 나타납니다. 여러분은 가장 높으신 분의 예비하심과 공급하심을 가지고 사용할 수 있는데 왜 불신앙의 영역에서 불쌍하게 살아가려고 하십니까?

예수님께서 필요하신 것을 어떻게 가지셨는지에 대한 열쇠가 요한복음 17장 10절에 계시되어 있습니다. 예수님께서는 "내 것은 다 아버지의 것이요 아버지의 것은 내 것이온데"라고 기도하셨습니다. 예수님께서는 모든 것을 하나님께 드렸습니다. 그래서 그분은 기도하실 때 "아버지의 모든 것이 내 것"이라고 확신에 찬 기도를 드릴 수 있었습니다. 우리도 마찬가지입니다. 이것을 진정한 '드림'의 본보기로 삼으십시오.

하나님께 사랑받는 여러분, 우리가 가진 모든 것은 이미 하나님께 속했던 것이었습니다. 그분께 모든 것을 드리는 자들에게 그분은 "내 것은 모두 너의 것"이라고 말씀하십니다. 우리는 우리가 가진 작은 것으로 하나님의 무한하신 것과 바꿀 수 있습니다. 그것이 우리의 재정이든 가정이든 미래든 과거든, 하나님의 복의 창고를 여는 열쇠는 '믿음'과 '순종'입니다. 여러분이 포기하면 하나님께서 책임지십니다.

주 예수님, 계속해서 순종하는 법을 배우게 해 주십시오. 저는 주님처럼 주는 자가 되기를 원합니다. 제 삶이 당신의 삶처럼 변화된다면 얼마나 놀랍고 멋진 일입니까! 저를 변화시켜 주옵소서! 예수님 이름으로 기도합니다. 아멘.

23장
비전 수호자의 내려놓음

하나님과 동행한다는 것은 순종과 신뢰를 확장하며 한 가지 길로 나아가는 것입니다. 참으로 예수님을 받아들이지 않고 배격하는 우리의 성향에 대해서 맞서시는 때가 가까이 왔습니다. 하지만 우리는 이러한 시기를 통하여 그리스도께서 주님인 것을 알게 될 뿐만 아니라 진정으로 주님을 예배하게 될 것입니다.

만약에 여러분이 자신을 드러내기보다 기도에 전념하고 과장하기보다 겸손하다면, 여러분은 하나님의 영광을 위해 준비되고 있는 것입니다. 여러분 안에 역사하고 있는 것은 수많은 믿음의 사람들을 일으키신 하나님의 전형적인 방법입니다.

아버지께서 궁극적으로 이 땅 위에 그리스도를 주님으로 계시하시기 전에 먼저 그분은 그리스도를 교회의 주님으로 나타내십니다. 우리는 기뻐함과 동시에 조심해야 합니다. 왜냐하면 우리가 영광 중에 예수님과 얼굴과 얼굴을 대면하기 전까지는 변화의 과정 가운데 있기 때문입니다. 우리 각자에게는 그리스도의 부르심인 "와서 나를 좇으라(**누가복음18:22**)"는 명령이 남아있습니다. 만약 순종으로 그분과 함께 동행하면 완전하신 주님의 임재로 우리를 인도하십니다.

과도기에는 좀 두렵기도 합니다. 영적 정체기에 이러한 과도기를 경험하게 되면 우리는 과거에 좋았던 시절을 그리워하는 마음이 생기게 됩니다. 광야에서 이스라엘을 치료했던 놋뱀이 히스기야 왕 때에는 우상으로 섬기는 바람에 부숴 버렸던 것을 두려운 마음으로 회상해 보십시오. 심지어 그리스도로부터 받은 영적 은사도 고립되면 우상이 될 수 있습니다. 우리의 마음은 오직 하나님만을 경배해야 합니다.

그러므로 이 변화의 계절에 올바른 항해를 계속하려면 주님의 주권에 새롭게 항복해야 합니다. 주님은 우리의 선입견과 예상을 그분 앞에 내려 놓기를 요구하십니다. 만약에 그렇게 하지 않고 우리가 가야 할 곳에 대하여 계속적으로 상상하여 성령님께 말한다면, 주님께서 우리를 이끌어 가기 원하시는 곳에 대하여 들을 수 있는 능력이 사라지게 됩니다.

하나님께서 교회에 시작하신 변화를 더 잘 이해하기 위해서 우리는 예수님의 어머니 마리아에 관하여 공부하려고 합니다. 하나님께서는 그 어느 여인보다 마리아를 축복해 주셨습니다. 그녀는 홀로 하나님의 아들을 잉태하는 특권을 누렸습니다.

마리아에게 해 주신 주님의 약속과 목적은 비교할 데가 없지만 두 가지 측면에서 우리에게 하신 약속과 매우 비슷한 점이 있습니다. 첫 번째로, 마리아가 그리스도를 그녀의 육신의 몸에 잉태하여 받은 것처럼 우리도 예수님을 우리의 영 안에 받았습니다. 두 번째로, 마리아가 그리스도를 출산한 것처럼 우리도 종교적인 자궁에 갇혀 있는 그리스도의 영을 밖으로 나오게 해서 자유롭게 하려는 것입니다. 우리의 궁극적인 목적은 단지 그리스도를 우리 안에 모시는 것뿐만 아니라 그분의 충만한 영광을 세상에 드러내는 것입니다.

교회의 교리보다 더 심오하게 실질적으로 우리의 영 안에 거하시는 분은 그리스도의 영이십니다. 이 그리스도의 영과 우리 영의 연합으로 인하여 우리는 새로운 창조 안에 있는 새로운 피조물입니다. 하나님의 영원하신 계획이 시작되는 새로운 시점에서 그리스도는 새로운 민족의 첫 열매이십니다. 예수님께서는 하나님이시며 인간이시기 때문에 교회는 실제로 그리스도의 거처가 됩니다. 하늘에 거하시는 예수님과 우리 안에 거하시는 예수님은 다른 예수님이 아니라 동일한 분이십니다. 그분은 하늘에서는 영광으로 둘러싸여 있고 이 땅에서는 우리 인간의 몸으로 둘러싸여 있습니다.

우리의 구원은 바로 완전한 분께서 불완전한 자들 안에 거하신다는 것입니다. 전능하신 분께서 연약한 자 안에 거하시며, 모든 것이 충분하신 하나님께서 부족한 인간들 사이에 거하십니다. 이것이 바로 우리의 신비롭고 영광스러운 구원입니다. 그리스도께서는 그분의 완전하심을 우리의 삶 속까지 확장시키셨습니다.

그분의 사역의 성공 여부는 우리가 믿음으로 이 진리를 받아들이느냐 마느냐에 달려 있습니다. 단지 신학이론이 아닌 우리의 현실이 되어야 합니다. 실제로 우리 안에 그리스도의 임재가 이루어진다는 것은 바로 우리를 위한 하나님의 숭고한 목적을 마리아와 함께 공유하는 것이 됩니다.

요셉이 죽은 후에 계속해서 예수님을 키운 사람은 마리아였습니다. 우리는 마리아가 사실 여성 가장이었던 것을 알 수 있습니다. 특별히 예수님께서는 그녀의 영적인 영향력 아래에서 성숙해지셨습니다. 마리아가 예수님을 양육하면서 자신을 '비전 수호자(메시아의 보호자)'로 여겼을 것은 당연한 일이며 실제로도 그렇게 했습니다.

"예수께서 한 가지로(함께) 내려가사 나사렛에 이르러 순종하여 받드시더라(누가복음2:51)." 오! 이럴 수가! 하늘의 주인이신 예수님께서 목수와 그의 아내에게 순종하셨다는 사실은 실로 놀라운 일입니다. 하지만 우리가 이 일에 관하여 곰곰이 생각해 보면 교회 안에서 적어도 어떤 부분에 있어서는 그리스도의 영역이 우리들의 주도로 이루어지고 있다는 것은 그리 놀라운 일이 아닙니다. 그분께서는 우리의 일정과 우리의 예배 시간에 순종하십니다. 그분께서는 우리의 연약함과 기질의 제한된 공간에서 일하십니다. 하지만 우리는 주일에 그분을 예배하는 예배 시간의 길이가 하늘로부터 온 것인지, 아니면 이 땅에서의 전통을 따르고 있는 것인지에 대해서 정직하게 우리 자신에게 물어보아야 합니다. 만약 주님께서 결정하신다면 즉시 그분의 위엄을 계시하실 것이고 모든 인간들은 떨며 순종하게 될 것입니다. 그러나 주님은 스스로를 억제하시고 협박을 선택하지 않으시고 대신 우리가 복종하도록 영감을 주시는 편을 택하셨습니다. 그분은 자신의 영광을 우리에게 숨기지 아니하고 우리 안에 허락하셨습니다. 그런 다음에 우리의 인격을 완전하게 하시려고 스스로를 우리의 열망과 믿음의 주도 아래 종속하셨습니다.

그러나 예수님 자신이 우리가 제공하는 조건에 순응하시고 종속하신 사실이 예수님께서 한계성 있는 우리의 제도를 인정하셨다는 것을 의미하지는 않습니다. 교회의 표준은 교회가 아닙니다. 교회의 표준은 그리스도이십니다. 이것이 바로 오늘날 우리의 딜레마입니다. 요셉과 마리아가 일정 기간 '비전 수호자'의 역할을 할 때 예수님께서 그들에게 순종하셨던 것처럼 그리스도께서 계속해서 우리에게 순종하신다고 착각하는 것은 옳지 않습니다.

예수님께서 성숙하신 후에도 계속해서 마리아가 가장의 역할을 한 것은 아주 심각한 오류입니다. 가나의 혼인 잔치에서 우리는 예수님과 제자들, '비전 수호자' 마리아의 모습을 볼 수 있습니다. 포도주가 떨어졌다고 마리아가 예수님께 말합니다. 예수님께서는 "여자여, 나와 무슨 상관이 있나이까 내 때가 아직 이르지 못하였나이다(요한복음2:3-5)"라고 대답했습니다. 예수님께서 말씀하셨음에도 불구하고 마리아는 하인들에게 "너희에게 무슨 말씀을 하시든지 그대로 하라"고 하였습니다. 저는 아버지께서 이 기적을 마리아와의 조합을 통해 역사하심에 놀랐으며, 예수님께서 그의 어머니 마리아의 뜻에 따르지 않고 하늘 아버지의 뜻에 따르셨다는 사실에 더 놀라움을 금치 못합니다. 마리아의 아들 예수님께서 하나님의 아들 예수님으로 사역을 시작할 때가 되었습니다. 그리스도와 마리아의 관계에 있어서 권위의 반전이 필요하게 되었습니다. 마리아는 이 변화를 예상하지 못했습니다. 그녀의 마음속에는 단순히 하나님께서 주신 책임감이 자리 잡고 있었습니다.

가나의 혼인 잔치 이후에 권위에 관한 문제는 더 심각해집니다. "그 후에 예수께서 그 어머니와 형제들과 제자들과 함께 가버나움으로 내려가 거기 여러 날 계시지 아니하시니라(요한복음2:12)." '예수님과 그의 어머니'가 가버나움에 갔다고 기록하고 있습니다. 이해하시겠습니까? '비전 수호자' 마리아는 본인이 그리스도에게 영향을 미칠 수 있는 정당한 위치에 있다고 생각하였습니다.

마리아의 변명은 분명히 그녀가 예수님과 가장 오래 함께했다는 것입니다. 그녀는 가장 큰 대가를 치렀습니다. 그녀는 그 누구보다도 더 말씀을 들었고 그것을 믿었습니다. 그녀의 믿음으로 그리스도께서 탄생하셨습니다! 마리아는 놀라울 정도로 하나님의 목적을 섬겼습니다. 아마도 그녀는 자신이 그동안 해 왔던 역할을 감당하는 한 그리스도께서 이적을 행하실 수 있을 것이고 자신에게는 이러한 모든 권리가 있다고 생각했을지도 모릅니다. 이와 같은 그녀의 어머니 역할은 악한 것이 아니라 지극히 자연스러운 것입니다.

그러나 하나님께서는 이제 예수님을 모든 인간의 영향력 아래에서 벗어나게 하시려고 결정하셨습니다. 이제 예수님께서는 오직 그분이 보았던 아버지 하나님께서 하신 일만 해야 합니다. 저는 이것이 바로 하나님께서 우리를 조심스럽게 인도하시는 방향이라고 믿습니다. 우리는 우리의 주장과 거짓된 기대감, 비성경적인 전통들을 다 비우고 그리스도만이 교회의 주님이 되시도록 해야만 합니다. 심지어 우리가 비전의 수호자로 섬겼을지라도 우리가 배워야 할 것은 우리의 소망이 성취되기 이전에 비전의 근원이신 주님께 새롭게 순종해야 한다는 것입니다.

하나님의 계획은 경이로움으로 가득하다는 것을 유념해야 합니다. 하나님으로부터 받은 어떤 비전이든 그것은 항상 우리가 예상했던 모습대로 성취되지 않습니다. 우리의 모든 예상은 불완전합니다. 사실 우리의 아이디어가 우리와 하나님과의 약속된 미래 사이에서 방해물이 될 때가 자주 있습니다. 그래서 우리는 마음을 열고 하나님께 복종해야 합니다. 왜냐하면 하나님의 말씀이 성취될 때, 그분은 "우리 가운데서 역사하시는 능력대로 우리의 온갖 구하는 것이나 생각하는 것에 더 넘치도록 능히 하실(에베소서3:20)" 분이시기 때문입니다.

우리는 마리아와 그녀의 '비전 수호자'라는 역할에 대하여 생각해 보았습니다. 이제 주님께서 우리의 정체성을 조정하는 수준에서 완전히 항복하는 수준으로까지 어떻게 변화시켜 주시는지 토론해 봅시다. 재미있게도 마리아에 대한 그리스도의 첫 번째 단계는 그녀에 대한 저항이었습니다. 주님께서 우리 중 누구에게라도 인생의 새로운 단계를 주시려 할 때, 주님은 우리 안에 있는 '과거에 주님을 위해 무언가 성취하였다는 느낌'을 부숴 버려야만 합니다. 많은 교회 운동들은 교단 안팎에서 아주 단순하게 시작되었습니다. 갈급한 영혼들은 하나님을 갈망하고, 찾고, 더 많이 찾았습니다. 시간이 흐른 후 그러한 운동에 참여하는 자들이 늘어났고 결국 그들은 성취하게 되었습니다. 그러자 사람들은 하나님의 임재보다는 하나님께서 주신 축복에 더 만족하게 되었습니다. 여기에는 심각한 차이가 있습니다.

사도 바울은 이스라엘을 예로 들어 이러한 현상을 설명하고 있습니다. 사도 바울은 "의의 법을 좇아간 이스라엘은 법에 이르지 못하였으니 어찌 그러하뇨 이는 저희가 믿음에 의지하지 않고 행위에 의지함이라 부딪힐 돌에 부딪혔느니라(로마서9:31-32)"고 기록하였습니다. 이스라엘에게 일어났던 일은 우리 모두에게도 전형적으로 일어나는 일입니다. 무의식중에 우리는 우리가 성취한 것에 의지하고 있는 자신을 발견할 수 있습니다. 성경은 하나님께서 교만한 자를 물리치시고 겸손한 자에게 은혜를 주신다고 말씀하십니다(야고보서4:7).

우리에게는 수정되는 과정이 필요합니다. 그 과정은 예수님께서 우리의 자만을 물리치시고 우리에게 주님을 알기 위한 열망을 회복시키는 데서부터 시작됩니다. 그런 면에서 마리아를 궁극적으로 더 높이기 위해서 예수님께서는 그녀의 의견을 낮추셔야만 했습니다. 이에 대한 마리아의 반응이 매우 흥미롭습니다. 예수님을 제어하고자 하는 마리아의 욕심이 더 커지고 공격적으로 되었다는 사실입니다.

> 집에 들어가시니 무리가 다시 모이므로 식사할 겨를도 없는지라 예수의 친속들이 듣고 붙들러 나오니 이는 그가 미쳤다 함일러라
>
> 마가복음3:20-21

이 성경 구절에는 아주 강한 어휘들이 사용되었습니다. '붙들러!' '미쳤다!' 예수님의 친척들의 공격적인 성향은 아마도 마리아로 인해서 생긴 듯합니다. 마리아의 불안감이 친척들을 불안하게 만든 원인이었을까요? 이 사건의 논점은 예수님의 어떠함이 아니라 친척들이 스스로를 통제하지 못한 것입니다. 우리는 실제로 그리스도께서 그분의 교회에 자신을 드러내기 시작할 때 먼저 성취감에 젖어 있는 우리를 순종하는 자로 만드신다는 것을 알아야 합니다. 치유하시고 구속하시고 이적을 행하시는 그리스도의 권능은 주님의 권세가 계시되는 것 안에 포함되어 있습니다. 여러분의 교회에서 그분의 주권을 부인하면 그것은 여러분의 교회에서 그분의 권능을 부인하는 것입니다. 그분은 통제되지도 않으시고 그분께는 뇌물도 통하지 않으며 요청해서도 안 됩니다. 예수님은 자신이 주님으로 드러나시기 전까지 그 어떤 이적도 행하지 않으셨다는 점을 반드시 기억하십

시오. 주님으로 드러나신 이후에는 그분과 그들의 관계는 오직 그들이 주님의 주권을 인식하고 복종하는 것 이외에 아무것도 허락되지 않았습니다.

계속해서 이어지는 장면은 이렇게 시작됩니다. "때에 예수의 모친과 동생들이 와서(마가복음3:31)." 이 구절에서 우리는 적어도 외형적으로 미묘하지만 명백히 마리아가 지휘하고 있음을 상상할 수 있습니다. 아마도 내면적으로 마리아는 괴롭고 불안했을 겁니다. 무리에 둘러싸인 예수님께 "당신의 모친과 동생들과 누이들이 밖에서 찾나이다(마가복음3:32)"라는 말이 전달했습니다. 이 말에는 '당신께서 하시는 것보다 무언가 더 중요한 것을 가진 누군가가 당신을 찾는다'는 의미가 바탕에 깔려 있습니다.

어떠한 상황에서도 가족에게 영예를 돌리는 것은 특권이지만 그렇다고 하나님의 뜻을 행하는 것 위에 그것을 둘 수는 없습니다. 마리아는 밖에서 안을 들여다보고 있습니다. 인생에서 처음으로 그녀와 그녀의 아들 사이에 생긴 영적 간격을 느꼈을 것입니다. 다른 사람을 더 많이 통제하려고 하면 할수록 그 사람과는 멀어지게 됩니다. 친근감은 통제해서 되는 것이 아니라 인정함으로 생기게 되는 것입니다. 예수님 곁에 있었던 모든 사람들 중에 마리아와 친족들이 예수님으로부터 가장 멀어져 갔습니다. 그들은 친근한 관계의 영역 밖에 있었습니다.

예수님께 어머니가 도착했다고 말하자 예수님은 그 시점을 그동안 유지해 오던 관계를 매듭짓는 기회로 삼으시고 다음과 같이 말씀하셨습니다.

> 누가 내 모친이며 동생들이냐 하시고 둘러앉은 자들을 둘러
> 보시며 가라사대 내 모친과 내 동생들을 보라 누구든지 하나

님의 뜻대로 하는 자는 내 형제요 자매요 모친이니라

마가복음3:33-35

　그들은 밖에 있었지만 예수님께서 그들을 꾸짖으시는 이 말씀을 명확하게 들었습니다. 바로 그곳에서 30년 전에 시므온이 마리아에게 했던 말이 성취되었습니다. "또 칼이 네 마음을 찌르듯 하리라 이는 여러 사람의 마음의 생각을 드러내려 함이니라 하더라(**누가복음2:35**)." 그리스도께서는 마리아가 가지고 있던 '통제'라는 견고한 요새를 그분의 자비로움으로 수술하듯이 제거하셨습니다.

　오늘도 하나님께서는 그리스도를 통제하려고 하는 우리를 수술하여 제거하십니다. 예수님께서 마리아와의 육신의 모자 관계를 단절하신 것은 마리아의 유익을 위해서였습니다. 의식하지 못하면서도 주님을 반대했던 것을 파괴하심으로써 그녀에게 도움이 되게 하셨습니다. 우리가 하나님과 동행할 때 하나님께서 때로는 우리를 위하여 방해되는 우리의 옛 태도를 꺾으시기도 합니다. 우리가 그분의 진정한 제자라면 단순하게 그분께서 꾸짖는 것을 견디는 것만이 아니라 그분께서 가지치기를 해 주심으로써 더 많은 열매를 맺도록 해야만 합니다.

　주님의 재림이 가까워지고 있기에 더 많은 변화가 기대됩니다. 예수님께서 머리가 되시는 그리스도의 몸이 되는 것, 그것이 우리의 목표입니다. 교회는 그분과 살아 있는 유기체적 관계를 통해 주님의 지시를 받도록 창조되었습니다. 그분의 인도하심을 받는 길은 마음에 회개하고 그분의 말씀을 받고 기도하는 것입니다. 그 이외에 다른 길은 없습니다.

　주님을 조정하려는 우리의 노력을 단절시키시는 예수님은 잔인한 분이 아니십니다. "사람이 나를 섬기려면 나를 따르라 나 있는 곳에 나를 섬기는 자도 거기 있으리니 사람이 나를 섬기면 내 아버지께서 저를 귀히 여기시리라(요한복음12:26)"고 명령하시고 축복을 약속하셨습니다. 우리가 그분을 따르면 우리는 그분과 함께하는 교제 가운데 거하게 됩니다. 우리가 주님을 조정하려는 노력을 거부하시는 것은 우리의 가장 깊은 열망에 대한 응답입니다. 우리는 실제로 예수님이 교회를 통해서 나타나는 것을 보기 위해서 기도하고 사역해 왔습니다. 그러나 그분은 주님으로서 오십니다.

우리는 질서에 대하여 주의를 기울여야 합니다. 이 과도기가 목회자의 권위를 빼앗아도 좋다는 신호는 아닙니다. 이 과도기가 무법천지 같은 교회를 정당화시켜 주는 것이 아닙니다. 사도행전 13장 1-3절에서 당시 지도자들이 행했던 것처럼, 우리 모두가 기도하는 자세로 예수님을 주님으로 섬기고 사역한다면 우리는 하나님의 능력과 영광이 가장 찬란하게 나타나는 것을 볼 수 있게 됩니다. 만약 여러분이 우리 기독교가 참으로 그리스도를 품기를 원하신다면 오직 주님께서 다스리게 하십시오. 그러면 분명 무모한 우리의 삶이 철저하게 그분께 의존하는 삶으로 변화될 것입니다. 의심할 여지 없이 우리 자신의 정욕에 이끌려서 외롭게 살던 삶이 하나님과 동행하는 삶으로 변하게 될 것입니다. 그러면 우리 영혼은 다시 한번 전능하신 주님을 정직하게 찾는 열정을 가지게 됩니다. 오, 하나님께서 얼마나 기뻐하시겠습니까!

성경적으로 이러한 마음의 상태를 "첫사랑"이라고 합니다. 이 첫사랑이 없으면 우리의 삶 속에 하나님에 대한 현실성이 없습니다. 교리적, 종교적인 '신'만이 있을 뿐입니다. 그분의 팔이 짧아서 우리의 교회와 도시에 미치지 못하는 것이 아니라는 사실을 아셔야 합니다. 주님께서 우리에게 허락하시는 특권은 우리로 하여금 가장 심오하고 놀랍고 기대할 수 없었던 영광스러운 경험을 하게 하는 것입니다. 그것은 살아 계신 하나님의 권능을 아는 것입니다! 그러한 지식을 갖게 되면 모든 현실성은 의미를 지니게 됩니다. 한때 희미했던 것들이 하나님의 말씀의 성취로 분명하게 드러납니다.

하지만 하나님의 권능은 또한 우리를 놀랍게 만드는 것이기도 합니다. 하나님께서 초자연적으로 인간과 대면하실 때, 하나님의 실제적인 임재에는 단순한 종교에서는 볼 수 없는 그 무엇이 있습니다. 하나님의 임재는 능력의 시간이기도 하지만 주의해야 할 시간이기도 합니다. 하나님의 임재는 죽은 자가 살아나는 생명의 시간이기도 하지만 아나니아와 삽비라의 경우처럼 죽음의 시간이 될 수도 있습니다. 하나님의 임재의 시간은 기쁜 승리의 시간이기도 하지만 몹시 두려운 시간이기도 합니다! 마치 그리스도의 무덤가의 여인들의 경우처럼 "무서움과 큰 기쁨(마태복음28:8)"이 넘치는 시간입니다. 그러한 것이 바로 예수님께서 주님으로서 교회 위에 임하실 때 그리스도인들이 경험하는 것입니다! 아마 주님을 섬기는 가운데 가장 놀라운 일은 심지어 우리가 실패하거나 부족해도 그분은 참으로 그분의 목적을 위해 우리의 삶 속에 거하신다는 점입니다. 주님과 함께할 때 주님께서 우리를 바로잡으시는 작업은 우리를 거절하시는 것이 아닙니다. 비록 그분의 손에는 상처가 있을지라도 그 손은 우리를 치료합니다.

마리아에 관한 이야기의 마지막은 다음과 같습니다. 마리아와 예수님의 육신의 형제들은 오순절 마가의 다락방에서 120명의 제자 가운데 포함되어 있었습니다. 성경은 분명하게 마리아의 이름을 거론하고 있습니다 (사도행전1:14).

마리아는 그녀 자신이 분명하게 주님의 종이 된 것을 증명하였습니다. 마리아는 결국 하나님을 섬기기 위해 가장 큰 차원의 것을 포기한 겸손하고 깨어진 여인이 되었습니다. 결국 그녀는 처음부터 간절히 원하였던 주님과의 친밀한 관계를 유지하는 목표를 예수님을 통제하는 것이 아니라 주님께 복종함으로 성취하였습니다. 마리아는 성령님을 통해서 예수님을 자신 안에 다시 모실 수 있게 되었습니다. 그녀는 예수 그리스도의 영광의 날에 주님을 통제하는 사람이 아닌 겸손한 추종자가 되는 비밀을 배웠습니다.

주 예수님, 당신을 따르는 것은 말로 형언할 수 없는 영광입니다. 당신의 성령을 통해 무엇을 붙잡아야 하고 어떻게 포기해야 하고 언제 새로운 비전을 가져야 하고 언제 항복해야 할지를 깨달아서 당신을 더 잘 이해하게 해 주시옵소서. 예수님 이름으로 기도합니다. 아멘.

24장
숨겨진 기쁨

다른 사람들로부터 존경받고 인정받고 싶은 열망은 인간의 근본적인 본성입니다. 예수님은 철저하게 하나님의 영광을 위해 사셨습니다. 그러나 우리는 인간의 영광과 찬양을 구합니다. 예수님께서는 반복해서 은밀히 보시는 하나님께서 보상해 주신다고 말씀하셨음에도 불구하고 우리는 우리의 선한 행동이 공적으로 인정되지 못하면 속상해합니다. 인정받고 싶어 하는 이 성향은 잘못된 동기를 유발하고 잘못된 노력으로 향할 수 있습니다(조심하지 않으면 시기나 자만 또는 이기적으로 될 수 있습니다).

저 자신 또한 한 번도 그렇게 행동한 적이 없다고 말하고 싶지만 그렇게 말하면 저는 거짓말쟁이가 되고 맙니다. 사실 오래전에 그 당시에는 고통스러웠던 경험을 한 적이 있습니다. 저의 나약함을 여러분에게 알려 드리고 여러분의 이해를 구합니다.

1996년 아틀란타(Atlanta)에서는 북아메리카에서 가장 큰 콘퍼런스가 열렸습니다. 다양한 배경과 문화를 가진 약 40,000명의 목회자들이 함께 하였습니다. "연합과 화해"라는 두 주제로 행해진 이 모임에서 저는 아주 활발하게 활동하였습니다. 저는 수백 개의 도시로부터 목회자들을 이 모임에 참석하라고 종용하고 참석하게 하였지만 정작 저는 초대받지 못하였습니다. 비록 저는 어느 누구에게도 저의 딜레마에 대하여 불평하지 않았지만, 제 공로를 인정해 주지 않은 것으로 인해 아주 극심한 동요를 겪었습니다.

저는 그 모임을 섬기라는 초대는 받지 못하였지만 모임에 참석해야 되겠다고 결단했습니다. 그러면서도 저는 마음속 깊은 비밀스러운 곳, 즉 하나님께 의지한다고 하면서도 마음의 상처를 저장해 두는 곳에다가 제가 당하고 있는 고통을 쌓아 두었습니다. 저는 아마도 콘퍼런스 장소에 도착하면 주님께서 문을 열어 주시면서 제가 콘퍼런스를 위해 섬길 수 있는 것을 보여 주실 것이라고 생각했습니다.

하지만 문은 열리지 않았습니다. 제 사역을 잘 아는 목사님들이 "어떻게 목사님께서 이 콘퍼런스에서 강연하시지 않느냐?"고 물었습니다. 저는 그저 "이 모임은 흥하여야 하고 나는 쇠하여야 한다"라고 웃으면서 대답했습니다. 제 대답은 겸손하고 진심이었지만 저는 제가 계획했던 것보다 더 겸손해지게 되었습니다. 사실 저 또한 그들이 제게 한 것과 똑같은 질문을 던졌습니다. '왜 내가 강연하지 못하는 것이지?' 버림받았던 과거의 경험이 악한 영이 되어 저를 두렵게 만들었습니다. 그래서 저는 이 목회자들의 콘퍼런스에 참석하여 참된 연합의 기쁨을 누리면서도 동시에 홀로 동떨어져 있음을 느꼈습니다. 저는 제 영혼에 새롭게 생겨나는 영적인 꿈을 보는 동시에 제 자신이 성취된 꿈의 밖에서 서성이는 모습을 느꼈습니다. 저는 깊은 축복을 맛보는 동시에 처절함도 맛보았습니다.

마침내 저는 두 친구에 "내가 어떻게 하면 좋겠느냐?" 하고 제 마음을 털어놓았습니다. "내가 만약 나를 선전하면 하나님께서 나를 배척하실 것이고, 내가 만약 잠잠하면 이 역사적인 콘퍼런스에 내가 공헌할 수 있는 것이 아무것도 없게 될 거야." 제게 진실로 목회자들과 지도자들의 연합을 원하면서도 한편으로 제 자신의 개인적인 공로를 열망하는 부분이 있었다는 것을 인정합니다.

콘퍼런스가 끝났지만 그 일은 계속 제 안에서 혼란을 주고 있었습니다. 수개월이 지난 후에야 비로소 저는 그 문제를 완전히 극복할 수 있었습니다. 그제서야 저는 제 삶을 살아갈 수 있게 되었습니다. 얼마 뒤에 저는 워싱턴(Washington D.C.)에서 있었던 미션아메리카 모임에 참석하였는데, 친구로부터 어떻게 주님께서 다른 지도자들을 사용하여 자신의 사역의 기초를 마련해 주셨는지에 관하여 듣게 되었습니다. 그 친구와 대화를 하던 중에 저는 하나님께서 행하시는 일의 '밖에' 있었던 것이 아니고 '밑에' 있었다는 것을 깨달았습니다. 그리스도 안에서 저의 수고는(그리고 수많은 사람들의 수고 또한) 현재의 사역이 드러나도록 하는 하나님의 기초사역이었던 것입니다.

오늘날 크게 눈에 띄는 사역을 하는 사람들의 노력은 내일 있을 다른 사람들의 더 큰 사역의 기초가 되는 것입니다. 저는 하나님의 나라를 드러내시는 상황 안에서 저의 역할을 이해하기 시작했습니다. 심지어 저는 제 자신의 삶을 돌아보면서 저를 가르치고 영적 모델을 보여 주신 분들이 저의 사역의 기초가 되었음을 보게 되었습니다. 그런 분들 중에는 아직까지 감사를 표시하지 못한 분들도 계셨습니다. 공로에 대한 저의 요구는 엄청나게 줄어들었지만 성령께서 제게 아주 중요한 것을 보여 주셨습니다. 그날 저녁 제가 주님을 간구하였을 때 저는 저의 공로를 구한 것에 대해 회개하였습니다. 성령께서 즉시 제 마음에 그분에 관한 간단한 질문을 던져 주셨습니다. "네가 나의 이름을 아느냐?" 이는 작은 생각으로 시작하여 제 영혼에 홍수 같은 계시를 허락하시는 하나님의 때였습니다. 물론 저는 근본적으로 계시된 아버지의 이름이 여호와이시고 아들의 이름이 예수인 것을 알았습니다. 저는 성경을 통해 제가 알고 있는 모든 하나님의 '합성된 이름'을 되새겨 보았지만, 성령님의 실제 이름을 식별할 수가 없었습니다. 평생을 가르쳤으면서도 한 번도 성령의 이름에 관한 가르침을 읽었거나 들어 본 것을 기억할 수 없었습니다. 저는 모든 선한 일들, 은혜의 이적, 제가 얻은 모든 영적 진보들이 성령의 역사를 통해 일어났다는 것을 깨달았습니다. 하지만 그분은 한 번도 자신을 드러내신 적이 없었으며 저로 하여금 아버지와 아들을 찬미하게 하셨습니다. 놀랍게도 성령님의 수없이 많은 역사하심 이후에도 저는 그분의 이름을 알지 못하고 성령님의 이름을 묻지도 않았던 것입니다.

그런 다음에 계시가 영광스럽게 확대되었습니다. 저는 세계적으로 성취된 모든 일들이 성령님의 사역의 결과라는 사실을 인식하게 되었습니다. 세계적인 기도운동이 되었든 교단과 인종의 화합이 되었든, 갱신운동이 되었든, 부흥운동이 되었든, 또는 열방에서 선교의 열매가 수확되는 일까지도 성령님의 일하심 없이는 어떤 천재라도 해낼 수 없었다는 것을 알게 되었습니다. 모든 것이 성령님의 역사로 이루어졌습니다. 하지만 누구도 그분의 이름을 알지 못합니다.

그것으로 끝이 아니라 성령께서는 계속해서 깨달음을 주셨습니다. 저는 재빠르게 제가 알고 있는 모든 성경 지식을 동원하여 선지자들과 제사장들과 왕들을 떠올려 보았지만 그 누구에게도 성령께서는 자신의 이름을 계시해 주시지 않았다는 점을 깨닫고 얼마나 놀랐는지 모릅니다. 제가 그분의 이름을 알았습니까? 아닙니다. 창조 이전 우주를 품으실 때부터 십자가에 달리신 예수님에게 강함을 주실 때까지 온 역사를 통해서 성령님은 하나님으로서 모든 역사를 성취하셨지만 이름을 나타내지 않으셨습니다.

  이 진리가 불타는 계시로 저를 쳤습니다. 성령님의 본성은 드러내고 찬미받고 싶고 공로를 인정받고 싶어 하는 인간의 본성과는 완전하게 상반됩니다. 저는 성령께서 철저하게 드러나지 않으시면서도 진정으로 기뻐하시는 것을 보았습니다.

  그다음에 저는 가장 놀라운 것을 보았는데 그것은 바로 성령님의 마음의 열정이었습니다. 두 개의 불의 혀가 성령님의 모든 생각, 즉 '예수님께서 영광을 받으시는 것과 아버지의 뜻이 이 땅에 성취되는 것'에 불을 붙이고 있었습니다. 바로 제 눈앞에서 온전한 겸손과 완전한 순종을 보았고 이러한 하나님의 방식은 저를 영적 안식과 성숙으로 인도해 주었습니다.

  사랑하는 여러분, 만약에 우리가 진정 성령으로 충만해지기를 원한다면 우리 자신을 위해서 공로를 구하는 것을 철저하게 포기해야만 합니다. 하나님은 우리가 일하는 것을 보시고 아십니다. 이 세상에서 우리가 하는 일이 나타나든 아니든 우리가 구해야 할 보상은 하늘로부터 오는 것뿐입니다. 그때까지 숨겨진 상태에서 기뻐하고 즐거움으로 역사하시는 성령님의 충만함을 구해야 합니다.

  주님, 사람들로부터 인정받기를 구했던 것을 용서하여 주십시오. 축복의 성령님, 저를 도와주셔서 당신의 것, 당신의 생각과 동기, 당신의 만족과 능력으로 채워 주옵소서. 저를 통하여 당신의 놀라운 숨겨진 삶을 살게 하시고 그로 인해 예수님께서 참으로 영광 받으시고 아버지의 뜻이 성취되게 하옵소서. 예수님 이름으로 기도합니다. 아멘.

Ⅲ.
기도
Prayer

내 집은 만민의 기도하는 집이라 칭함을 받으리라

마가복음 11:17

Intro

그리스도 형상 훈련의 세 번째 「기도」의 단계로 들어오신 여러분을 진심으로 환영합니다. 우리의 목표는 예수 그리스도의 중보기도의 삶을 공부하고 그것을 삶에 적용하는 것입니다. 예수님께서는 아버지의 우편에 영광중에 좌정하시고 구원받은 자들은 끊임없이 예수님을 찬양합니다. 그 와중에도 예수님께서는 여전히 우리를 위하여 "중보기도의 삶"을 사신다고 성경은 우리에게 전해 줍니다(**로마서8:34, 히브리서7:24, 9:24**). 놀랍지 않습니까! 중보, 구원, 구속은 하나님의 아들의 핵심 본질입니다. 예수님은 하나님의 보좌에서 '죽임을 당한 양처럼' 서 있으셨습니다(**요한계시록 5:6**). 우리가 그리스도의 본성을 따르면 따를수록, 우리는 우리 주변의 죄로 물든 세상에 있는 다른 사람들을 위해 중보하게 됩니다.

중보는 기도 이상의 것이지만 그 시작은 항상 기도입니다. 그리스도의 십자가는 중보를 행동으로 보여 주신 것입니다. "아버지 저들을 용서하옵소서(**누가복음23:34**)"라고 하신 예수님의 기도는 자신의 희생적인 행위와 완전히 일치됩니다. 하나님께서는 우리의 중보기도 생활의 결과로 중보의 행위를 허락하실 것입니다.

혹시라도 제가 미국을 위한 기도에 관해 말할 때 여러분의 고국보다 미국을 높인다고 생각하지 말아 주십시오. 제가 미국을 위해 기도하는 것을 보면서 여러분은 모국을 위해 기도하는 본보기로 삼아 주십시오. 우리가 여러분의 나라를 위해 기도한다는 것을 알아주십시오. 만일 여러분의 국가에 응급 상황이 있다면 우리가 함께 기도할 수 있도록 알려 주시기 바랍니다. 우리 모두는 자신의 나라가 기도의 가장 우선순위가 되어야 하고 기도한 대로 행동해야 합니다.

25장
내게 구하라

우리는 전례가 없는 시대를 살아가고 있습니다. 일세기 초대 교회 이후 그 어떤 세대보다도 더 많은 성경의 예언들이 성취된 세대를 살아가고 있습니다. 밝혀진 각각의 말씀은 산을 헐고 계곡을 메웁니다. 진실로 이 세상에 왕의 재림을 위한 길이 준비되고 있는 것입니다.

주님께서는 종말에 대하여 "마지막 때까지 이 말을 간수하고 이 글을 봉함하라 많은 사람이 빨리 왕래하며 지식이 더하리라(다니엘12:4)"고 미리 경고하셨습니다. 우리 시대는 역사의 그 어느 때와 비교도 안 될 만큼 복잡한 시대입니다. 여행을 멀리 떠날 수 있고, 자주 가는가 하면, 역사적으로 전례가 없는 지식의 홍수 시대가 바로 우리가 사는 오늘날의 모습입니다. 선지자의 예언처럼 이스라엘 백성이 이스라엘 땅으로 귀환한 사건을 본 것은 우리의 특권이며, 세상에 살아가는 사람들로 인해 오염된 땅에 살게 된 것은 우리의 불행이기도 합니다(이사야24:5).

마치 최근 몇 년의 뉴스를 요약하여 읽은 것처럼 이천 년 전에 하신 예수님의 예언은 우리 시대를 놀라우리만치 잘 묘사하고 있습니다. 그래서 우리가 살고 있는 시대를 정확하게 식별할 수 있게 해 주셨습니다. 우리

시대에 성취된 모든 예언들 중에서 특별히 한 예언은 즉각적으로 이루어졌습니다. 그것은 바로 '배도'에 관한 것입니다. 바울은 "누가 아무렇게 하여도 너희가 미혹하지 말라 먼저 배도하는 일이 있고 저 불법의 사람 곧 멸망의 아들이 나타나기 전에는 이르지 아니하리니(데살로니가후서2:3)"라고 경고하였습니다.

전통적으로 배도는 그리스도 안에서 참된 믿음을 가지고 있는 수많은 사람들이 '믿음을 버리고 떠나는 때'를 묘사했습니다. 여러분의 신학적 견해에 따라 다르겠지만 배도 전 또는 후에 교회의 들림(휴거)이 있게 됩니다. 하지만 단순히 '믿음을 버리고 떠나다'라는 배도의 개념은 완전한 것이 아닙니다. 그리스 원어로는 'ἀποστασία(apostasia)'로서 그리스 문학에서 사용된 의미는 '정치적인 폭동'입니다. 이를 통해서 우리가 알 수 있는 것은 마지막 때의 배도는 단순히 확대된 도덕적 타협만을 의미하는 것이 아니라는 것입니다. 하나님의 법을 반대하는 공개적인 저항, 전쟁을 방불케 하는 공격적 성향, 정치적인 반란이 일어나는 시대를 가리키는 것입니다.

종말과 관련하여 배도를 이렇게 해석하는 것은 독자적인 해석이 아닙니다. NIV(New International Version), RSV(Revised Standard Version), TEV(Today's English Version), PHILIPS, NEB(New English Version) 번역 성경은 모두 동일하게 배도를 '반역(rebellion)'으로 번역하였습니다. LB(Living Bible)는 배도를 '엄청난 반란'으로 번역하였고 JB(Jerusalem Bible)은 '엄청난 폭동(Great Revolt)'이라는 적절한 의미로 번역하였습니다.

여러 가지 다른 예언들이 성취된 것을 두려움으로 바라보면서 조심스럽게 관찰해 봅시다. 인류는 하나님의 도덕적 표준에 반항하며 공개적인 반란과 공공연한 폭동을 일으키는 배도의 시대에 접어들었습니다. 오늘날 우리는 경건함과 도덕적 가치를 반대하는 엄청난 반란을 목격합니다. 정말로 귀에 거슬리는 이러한 태도는 1960년대부터 이름을 내기 시작한 '성의 혁명'입니다. 그것은 '혁명', 그 자체입니다. 우리의 도덕적 가치 표준은 무너지고 이내 다른 것들이 그 자리를 대신하게 되었습니다. 사람들은 음란과 외설로부터 동성애와 마술에 이르는 모든 죄를 선전하고 있습니다.

미국에서 도덕성에 반대하여 폭동을 일으키다가 잡힌 자들은 담대하게 하나님을 흔들고 도전합니다. 그 사람들은 미국의 표준은 단지 개인의 자유에 대한 표준밖에 없다고 논쟁합니다. 어리석은 자들의 견해는 자유라는 이름으로 스스로 방종하며 '자유' 그 자체가 '신'이며 미국을 다스린다고 주장합니다. 하지만 예수님은 여전히 이 나라를 원하십니다. 비록 배도가 확실히 강력해지기는 하겠지만 우리가 기억해야 할 것은 이 현상이 단지 우리 시대에 드러나게 되는 수많은 예언 중에 하나일 뿐이라는 사실입니다. 엄청난 '대 반역(Great Rebellion)'을 경고하시는 하나님의 또 다른 말씀은 하나님의 나라가 열방을 쳐부수고 망하게 할 것이라고 선포합니다(다니엘2:44).

악이 최고의 반역을 할 만큼 성장하겠지만, 선 또한 완전한 그리스도의 형상에까지 이를 것입니다(마태복음13:40-43). 배도는 사단의 본성을 드러내겠지만 참된 교회는 그리스도의 본성을 분명하게 밝힐 것입니다! 예수님은 하늘로부터 임하실 뿐만 아니라 그의 성도들에게서 영광을 얻으실 것입니다(데살로니가후서1:10). 어둠과 반역으로 차고 넘치는 사단의 시간처럼 보이는 때는 그저 교회 안에 하나님의 영광이 충만하게 차고 넘치는 은혜의 기회가 될 뿐입니다.

성경의 어느 말씀보다 시편 2편은 우리 시대의 영적 상태를 가장 잘 묘사하는 것 같습니다. 진실로 이 말씀은 사단의 대담한 진보에 우리가 어떻게 올바르게 반응해야 할지를 잘 보여 주고 있습니다. 초대 교회에서도 이미 인용하였지만 하나님께서는 이 말씀을 마지막 때를 위하여 예비해 주셨습니다(사도행전4:25-26).

> 어찌하여 열방이 분노하며 민족들이 허사를 경영하는고 세상의 군왕들이 나서며 관원들이 서로 꾀하여 여호와와 그 기름받은 자를 대적하며 우리가 그 맨 것을 끊고 그 결박을 벗어 버리자 하도다
>
> 시편2:1-3

이 '반란'은 여러 가지 모양으로 세계 여러 곳에서 드러나고 있으며 최근에 미국의 많은 지도자들이 '주님을 반대하는 방향'으로 협의를 이루었습니다. '게이보호법'이 통과되었고 사단을 찬양하는 록 음악가들의 위치가 더욱더 확고해졌습니다. 주님을 반대하는 문화를 표방하는 자들을 포용하는 검열 금지법이 통과되면서 타락한 연예산업을 부추기고 있습니다. 사단을 추앙하는 자들의 족쇄를 풀어 준 것입니다!

하나님을 반대하는 이러한 악당들을 하늘에서 모르고 계시는 것이 아닙니다. 전능하신 하나님께서 당황해하시겠습니까? 최근의 전개되는 일들로 주님께서 마음에 두려움을 느끼시겠습니까? 절대로 그렇지 않습니

다. 시편 기자는 "하늘에 계신 자가 웃으심이여 주께서 저희를 비웃으시리로다 그때에 분을 발하며 진노하사 저희를 놀래어 이르시기를"이라고 기록하고 있습니다(시편2:4-5).

하나님은 심판이 자신들에게 미치지 않을 것이라고 상상하며 반역에 가담한 어리석은 자들을 보시고 비웃으십니다. 이쯤 되면 여러분 중에는 이렇게 질문하고 싶은 분이 계실 것입니다. "그러면 주님께서는 왜 재림을 늦추고 계실까요?"라고 말입니다. 이에 대한 대답은 주님께서 우리와 주님의 교회를 위해 기다리고 계신다는 것입니다. 세상이 지옥의 통치를 주고받는 동안 교회의 기도하는 목적은 하늘의 통치를 임하게 하는 것입니다. 여러분이 보시다시피 악을 따르는 자와 선을 따르는 자에 관한 하나님의 모든 예언은 성취됩니다. 주님은 '흠도 티도 없는 신부'와 '가라지가 없는 알곡의 나라'에 대한 목적이 있으십니다. 이스라엘의 귀환과 배도에 관한 예언이 성취된 것처럼 여호와를 아는 지식이 확실하게 증가됨으로 말미암아 교회의 변화 또한 성취될 것입니다.

우리는 경외함과 거룩한 떨림으로 하나님께서 우리에 관해서 약속하신 것을 재검토해 보아야 합니다! 하나님의 말씀에 따르면 그리스도께서는 우리와 함께 하늘에 앉으신다고 하셨습니다(에베소서2:6). 이제 우리의 신분이 바뀌어야 할 시간입니다. 우리는 하늘나라의 시민이며 대사입니다(빌립보서3:20). 하나님께서 반역에 참여한 자들에 대해 웃고 계시다면 하나님의 백성 된 우리 역시 하나님의 확신에 동참해야 합니다.

하나님께서는 당신의 목적이 완성될 때 우리로 함께 앉기를 명령하셨습니다. 하나님은 우리가 두려움에 떨지 않을 뿐만 아니라 하나님께 도전하는 이 나라를 위하여 기도하며 저항하기를 요구하십니다. 하나님께 대항하는 범세계적인 상황을 보여 주는 시편 2편을 다시 한번 되새겨 보십시오. 이 말씀은 우리에게 놀라운 가르침을 줍니다.

> 내게 구하라, 내가 열방을 유업으로 주리니 네 소유가 땅 끝까지 이르리로다
>
> 시편2:8

아버지께서 아들에게 이렇게 말씀하고 있습니다. 이 요구는 교회의 어떠함과 관계없이 그리스도와 그분을 향한 아버지의 사랑에 연관되어 있습니다. 주변을 돌아보십시오. 그리스도의 교회로서 우리가 부흥을 이룰 수는 없지만 주님께는 가능한 일입니다! 우리는 그리스도의 대리인들로서 그리스도의 이름을 힘입어 아버지께 이 나라를 위하여 간구할 수 있습니다! 우리의 기도는 믿음의 표현일 뿐만 아니라 실제적인 순종의 행위입니다. 우리는 하나님으로부터 열방을 위해 기도하라는 명령을 받았습니다! 그러므로 심지어 악한 자들의 조소가 하늘과 땅에 넘칠지라도 하나님의 아들과 그리스도의 몸 된 교회에 대한 변함없는 하나님의 약속은 "내게 구하라, 내가 열방을 유업으로 주리니 네 소유가 땅 끝까지 이르리로다"입니다.

이 시간에도 곳곳에서 폭력과 뉴 에이지 운동과 마술이 범람하고 있습니다. 우리는 이 나라를 위하여 하나님께 구해야 합니다! 연예산업에서는 하늘 높은 줄 모르고 사단을 찬양하고 있습니다. 우리는 이 나라를 위하여 하나님께 구해야 합니다! 왜곡된 것이 정상인 것처럼 옷을 입어 버렸지만 이러한 상태의 나라를 위하여 하나님께 구해야 합니다. 확신을 가지

고 담대하게 믿음으로 기도하십시오! 하늘 보좌에 앉으신 분이 웃으십니다. 그러므로 낙심하고 있었다면 떨쳐 버리십시오. 불안해했던 것을 회개하십시오. 우리가 하나님의 계획을 더 많이 인정하면 할수록 원수의 계획에 대하여 더 많이 웃을 수 있습니다. 가차 없이 하나님께 담대하게 간구하는 믿음은 하나님을 기쁘시게 합니다. 이제 때가 되었습니다. 우리 주변의 세상은 예언의 성취로 둘러싸여 있습니다. 불신앙을 떨쳐 버립시다. 움츠러들었던 어깨를 활짝 펴십시오. 회개합시다. 지금은 하나님께 담대하게 구할 시간입니다. 하나님께서는 열방을 그리스도께 주신다고 약속하셨습니다!

주 예수님, 악이 반역을 하는 이때에 교회가 그리스도를 완전하게 닮아갈 수 있게 하셨으니 얼마나 큰 축복입니까! 저의 유업과 나라를 위하여 기도할 수 있도록 저를 가르쳐 주십시오. 이 민족, 이 백성들이 당신의 백성이 될 때까지 당신과 그들 사이에 중보자의 역할을 감당하게 해 주옵소서. 예수님 이름으로 기도합니다. 아멘.

26장
기도의 용사들

　이 시대는 따라잡을 수 없을 만큼 빠르게 변화하고 있습니다. 이러한 시대에 살고 있는 사람들은 미래에 대하여 알고 싶어 혈안이 되어 있습니다. 새로운 것들이 나타날 때 그 변화에 대처하기란 여간 어려운 일이 아닙니다.

　급격한 변화로 인해 사람들은 공통의 두려움 가운데 휩싸여 있습니다. 이러한 두려움 가운데 살아가는 사람들이 모인 사회의 특징은 초자연적인 것이나 마귀적인 것에 과대망상 증세를 보인다는 것입니다. 점쟁이, 점성술사, 심령술사들은 모두 미래의 비밀을 콕! 집어내는 척을 합니다. 실제로 수많은 지식인들조차도 가끔씩은 자신들의 별자리 운세를 보면서 미래에 대해 조금이라도 알려고 하지 않습니까!

　왜 많은 사람들이 스스로의 미래도 예견하지 못하는 어리석은 자에게 쫓아가서 미래를 상의하는지 도무지 이해할 수가 없습니다. 점쟁이들은 대개 아주 열악한 가난에 쪼들려 살고 있습니다. 적어도 자신들의 미래는 내다보고 무언가 준비해야 하는 것 아닙니까? 주식시장에 투자를 하든지 로또 번호라도 맞추어야 하는 것 아닙니까? 그들은 자신들을 위해 예견하지도 못하고 자신들의 삶을 복되게 하지도 못하는데 여전히 사람들은 그런 자들에게 분별력을 얻으려고 찾아갑니다.

하나님께서는 크리스천들이 이러한 마귀적이고 인간적인 탐구를 하지 못하도록 나무라십니다. 참으로 예수님께서는 중보자로서 우리가 미래에 대하여 의심하지 말고 당신의 살아 계신 말씀과 기도로 미래를 창조하라고 우리를 부르셨습니다! 우리의 아버지께서는 지금 당장 우리가 미래로 들어갈 수 있도록 인도해 주십니다. "우리가 무엇을 어떻게 기도해야 합니까?"라고 묻는 여러분에게 주 예수님은 분명하게 말씀하셨습니다.

> 그러므로 너희는 이렇게 기도하라 하늘에 계신 우리 아버지여 이름이 거룩히 여김을 받으시오며 나라이 임하옵시며 뜻이 하늘에서 이룬 것같이 땅에서도 이루어지이다
>
> 마태복음6:9-10

우리는 이 세상의 상태를 보고 쓰러지든지 아니면 하나님의 가능성을 보고 믿음으로 일어나든지 해야 합니다. 부흥을 일으키려면 이 땅에 하나님의 나라가 실제적으로 임하도록 기도해야 합니다. 예수님께서는 제자들에게 천년왕국 이론에 맞추어서 기도하라고 하지 않으셨습니다. 왜냐하면 우리가 원하든 원하지 않든 하나님 나라의 통치는 도래할 것이기 때문입니다. 예수님은 우리에게 하나님의 나라가 오늘 우리가 사는 이 세상에 임하게 해 달라고 기도할 것을 말씀하셨습니다.

복음서를 읽으십시오. 우리가 예수 그리스도의 삶과 능력에서 보는 것이 곧 하나님 나라를 보는 믿음의 그림이 됩니다. 예수님께서는 우리도 그와 똑같은 것을 가질 수 있다고 하셨습니다. 사실 그분은 실제로 우리

에게 하늘나라가 이 땅에 풀어지기를 기도하라고 명령하셨습니다.

하나님께서 계획하신 실재는 항상 그분의 중보기도자들의 기도생활을 통해서 먼저 나타납니다. 여러분께서 하나님으로부터 음성을 듣고 그분의 말씀대로 기도하면 여러분은 하나님의 성령과 함께 아직 이루어지지 않은 삶의 본질에 영향을 미치게 됩니다! 이처럼 하나님은 여러분이 그분의 말씀을 알 뿐만 아니라 기도할 것을 바라십니다. 우리는 하나님의 말씀을 지식화하지만 말고 반드시 말씀으로 인해 충만해져야 합니다.

저는 교회들이 기도하고 묵상할 수 있는 특별한 공간을 마련해 두고 있다는 것을 잘 압니다. 우리는 '기도실'을 '기도의 태'라고 바꾸어 불러야 합니다. 우리가 사람들이나 교회를 통해 볼 수 있는 선하고 거룩한 모든 것들은 기도의 태에서 먼저 고안되고 탄생되었기 때문입니다.

이미 응답받은 기도들이 우리 주변에는 너무 많습니다. 여러분이 살아가고 있는 장소가 기도 응답의 장소입니다. 여러분의 교회, 목회자, 교사, 교육전도사는 기도의 응답입니다. 여러분이 교회의 한 구성원으로서 교회에 출석하는 것은 여러분의 목회자, 지도자, 중보자들에게는 기도의 응답입니다. 하나님께 출석할 교회를 구했다면 여러분이 현재 출석하고 있는 교회는 여러분의 기도에 대한 하나님의 응답입니다!

바울은 다음과 같이 기록하였습니다.

> 너희 마음 눈을 밝히사 그의 부르심의 소망이 무엇이며 성도 안에서 그 기업의 영광의 풍성이 무엇이며 그의 힘의 강력으로 역사하심을 따라 믿는 우리에게 베푸신 능력의 지극히 크

심이 어떤 것을 너희로 알게 하시기를 구하노라

에베소서 1:18-19

만약에 여러분이 크리스천이라면 여러분의 삶에는 위대한 것보다 더 위대한 능력이 함께하고 있습니다. '그분의 위대한 능력'은 인간의 능력이 아니라 '전능하신 하나님의 강력한 힘'입니다. 전능하신 하나님의 강력한 능력이 여러분의 기도의 삶에 함께한다고 생각해 보십시오!

하나님의 강력한 능력은 바로 그분의 부활의 능력입니다. 부활의 의미가 무엇입니까? 부활의 의미는 죽은 것 같고, 죽은 냄새가 나고, 실제로 죽은 것을 하나님께서 만져 주심으로 다시 살아 있는 생명이 되는 것입니다!

하나님께서는 이 능력을 먼저 그리스도를 통해서 보여 주시고 그리스도를 믿는 우리에게도 주셨습니다(에베소서 1:20). 부활의 능력이 여러분의 기도 생활에 임했습니다! 여러분이 완전한 죽음 위에서 기도한다면 그것이 영원한 생명이 된 것을 볼 수 있습니다! 우리 안에 있는 능력은 무덤으로부터 그리스도를 일으키셨을 때 보여 주셨던 하나님의 능력과 똑같은 것입니다. 우리 안에 있는 능력은 부활의 능력입니다. 우리의 사명은 죽음의 권세 아래 있는 모든 이들에게 부활의 생명을 전하는 것입니다.

만약에 마귀가 여러분의 기도에 도전한다면 여러분이 그리스도와 함께 좌정하였다는 것을 마귀에게 상기시켜 주십시오. "그 능력이 그리스도 안에서 역사하사 죽은 자들 가운데서 다시 살리시고 하늘에서 자기의 오른편에 앉히사(에베소서 1:21)." 그리스도의 권세는 가장 결정적인 최고의 권세입니다. 아버지께서 만물을 그 발아래 복종하게 하셨을 뿐만 아니라, "모든 정사와 권세와 능력과 주관하는 자와 이 세상뿐 아니라 오는 세상에 일컫는 모든 이름 위에 뛰어나게 하시고 또 만물을 그 발 아래 복종하게 하시고 그를 만물 위에 교회의 머리로(에베소서1:22-23)" 주셨습니다.

주님께서 해부학적인 은유법을 사용하셔서 그리스도의 권세가 위로부터 아래로 내려가는 것을 설명하심에 유의하시기 바랍니다. 그리스도는 '몸'의 '머리'이시고 모든 것들이 '그리스도'와 '몸된 교회'의 '발' 아래 복종합니다. 우리는 이 말씀을 통해 우리의 역할을 가장 잘 이해할 수 있습니다. 머리이신 그리스도께서 이루신 것을 몸된 교회의 발이 걸어 다니게 된 것입니다. 다른 말로 하면 하나님께서 교회를 심각한 상태에 있는 이 땅과 하늘의 놀라운 해결책을 연결하는 살아 있는 다리로 삼으신 것입니다!

우리가 참되고 열정적이고 정확하게 기도로 그리스도께 복종하면, 점진적으로 하늘나라가 우리가 지금 기도하는 이 세상에 임하게 됩니다. 물론 핵심은 그리스도의 말씀을 아는 것입니다. 우리는 권세가 없지만 그리스도께 권세가 있습니다. 우리가 가진 것은 계시와 순종입니다. 하지만 우리가 말씀에 복종하고 인내로 기도하면 미래는 하나님의 뜻에 따라 이루어집니다.

여러분은 낮은 자존감과 육신의 문제를 가지고 있을 수도 있습니다. 그러나 성령께서 함께 하시므로 여러분은 마귀에게 아주 위협적인 존재가 됩니다! 마귀는 여러분이 하나님께 기도하지 못하도록 만듭니다. 왜냐하면 기도가 사라질 때 하나님의 능력의 손으로부터 멀리 떨어뜨릴 수 있다는 사실을 너무나 잘 알고 있기 때문입니다.

예수님께서는 낙심하지 말고 항상 기도해야 한다고 말씀하셨습니다(누

가복음18:1-8). 다른 말로 하면 기도하지 않으면 낙심하게 된다는 것입니다. 저는 제가 기도하는 대부분의 기도 제목들이 응답될 때까지 계속 기도합니다. 하나님께서는 기도 응답보다는 기도하는 그 시간을 통해 더 깊은 무언가가 이루어지기를 간절히 원하십니다. 그분이 바라시는 것은 제가 예수님처럼 되는 것입니다. 그래서 제 인격을 다듬으시려고 전투를 준비하십니다. 그 전투는 제 주변에 있는 세상을 근본적으로 변화시킬 뿐만 아니라 가장 먼저 저를 변화시킬 것입니다. 모든 기도의 용사들은 바로 이 중요한 사실을 깨달아야 합니다.

우리가 기도의 용사에 대하여 그림을 그려 볼 때 할머니나 나이 든 여성을 생각하게 됩니다. 믿는 가정 중에는 그런 분들이 한 분쯤은 계실 겁니다. 그분들은 어린아이의 미래를 위해 기도하면서 크리스탈 볼(서양 점을 보는 수정구슬)을 통해 투시하지 않습니다. 어린아이의 미래를 창조하신 하나님의 보좌를 바라보고 기도합니다. 혹 가족 중 누군가가 병마와 싸우고 있다면 그 병이 무조건 사라지기보다는 그가 믿음으로 그 시간들을 기도함으로 승리하게 해 달라고 기도합니다. 또한 기도하는 자녀들은 알코올 중독에 시달리는 아빠를 바라보며 하염없이 슬퍼하지 않고 하늘 문이 열려 아빠를 구원해 달라고 기도합니다.

이렇듯 기도의 용사들은 이 땅에서 가장 능력 있고, 강하며, 마귀를 쫓아내고, 세상을 움직이는 존재들입니다. 실로 그들은 하나님의 창조의 동역자들입니다! 만약에 그들이 수정구슬을 본다면 그것은 그냥 폭발해 버리고 말 것입니다! 그들은 점성술사들의 예견을 보고 그들을 꾸짖을 것입니다. 그들은 전혀 미래를 보려고 생각하지 않습니다. 왜냐하면 그들이 미래를 창조하는 일에 너무 바쁘기 때문입니다. 기도의 용사들은 하나님께서 세워 주신 자리에서 자신의 가정을 위해 믿음으로 굳건하게 서 있습니다. 기도는 세상의 왕들보다 더 강하며 세상의 군대보다 더욱 힘이 셉니다. 기도는 이 땅에서 가장 강력한 것입니다!

저는 제 아버지께서 주님을 영접하시던 때를 기억합니다. 해마다 아버지를 방문하는 지난 10년 동안, 우리는 하나님에 관해서 이성적으로는 도저히 이해할 수 없는 부분이 있었습니다. 어느 날 아버지는 수많은 사람들이 하나님을 반대할 때 사용하는 방법으로 무장하시고서는 저와 논쟁을 시작하셨습니다. 아버지는 "만약에 하나님이 존재한다면, 왜 항상 기도에 응답하시지 않는 거지?"라고 물었습니다. 아버지는 자신의 논리를 아주 강하게 주장했고 저는 논쟁에 지쳤습니다. 저는 화장실로 가서 "주님, 해결할 답을 주세요!"라고 기도했습니다.

제가 되돌아오자 아버지의 얼굴에는 자신이 그 논쟁에서 이겼다고 느끼며 기뻐하는 모습이 역력했습니다. 저는 아버지를 너무너무 사랑했지만 이렇게 말씀드렸습니다. "아버지, 기도에 응답받지 못한 다른 모든 사람들은 잊어버리세요. 아버지 자체가 기도 응답입니다! 아버지가 오늘도 살아계신 것은 우리 가족 모두가 아버지를 위해서 기도하기 때문입니다. 그러면 아버지는 하나님께서 기도 응답을 안 해 주신다고 하셨고 저는 해 주신다고 했으니 한번 시험을 해 보겠습니다. 앞으로 일주일 동안 아버지를 위해서 기도하지 않겠습니다. 과연 어떤 일이 벌어지는지 한번 보십시오."

그 순간 아버지의 얼굴빛이 창백해지셨습니다. 저는 아버지의 그런 모습을 한 번도 본 적이 없었습니다. 아버지는 어머니를 부르시면서 "여보, 저 녀석에게 그렇게 하지 말라고 해!"라고 소리쳤습니다. 그러더니 급기야 이마에서 식은땀까지 흘리시면서 "오케이, 네가 나를 위해서 계속 기도하게 하려면 어떻게 해야 하니?"라고 하셨습니다.

기도는 믿지도 않으신다고 큰소리치시던 아버지께서 어느새 우리에게 기도를 계속해 달라고 부탁하게 되었습니다. 저는 "아버지, 제가 아버지를 위해 계속 기도할 수 있는 유일한 길은 지금 당장 아버지의 삶을 그리스도께 드리는 것입니다"라고 말씀드렸습니다. 주님은 저의 기도에 응답하셨습니다.

기도는 우리가 전투에서 승리하도록 우리를 하나님의 능력에 단단히 묶어 줍니다. 누군가가 우리를 위하여 기도해 주었기에 우리가 구원받게 된 것처럼 우리 각자는 기도가 일한다는 것을 압니다. 따라서 우리 자신이 회심하던 기적의 순간을 떠올려 보면 하나님의 도우심으로 우리도 다른 사람을 변화시킬 수 있다는 확신이 생기게 됩니다.

누가복음 21장 36절은 "장차 올 이 모든 일을 능히 피하고 인자 앞에 서도록 항상 기도하며 깨어 있으라"고 말씀하고 있습니다. 예수님은 휴거에 관하여 말씀하시고 있는 것이 아닙니다. 성경이 하나님 앞에 서 있는 것에 관하여 말할 때는 언제든지 기름부음 받은 권세와 위탁의 자리에 관하여 말하고 있는 것입니다. 하나님 앞에 서 있는 자는 하나님의 전능하심에 참여한 자입니다. 그 사람이 하나님의 말씀을 선포하면 선포한 대로 이뤄집니다.

하나님께서는 우리를 기도의 용사로 부르셨습니다. 그리스도께서 여러분 안에 거하시며 항상 중보하도록 하십니다. 여러분이 할 일은 그저 그분께 마음의 문을 열고 이루어지도록 기도하기만 하면 됩니다. 여러분 인생의 풍경을 한번 살펴보십시오. 여러분이 필요한 모든 것에 하나님께서는 최상의 것으로 채워 주시기를 원하십니다. 기도하면 처해진 상황에 맞게 하나님께서는 충만한 것으로 채워 주십니다. 하나님께서는 여러분에게 무엇이 잘못되었는지 보여 주셔서 여러분이 기도함으로 바로잡기를 원하십니다. 기도하여 변화시킬 수 있는데 왜 잘못된 것을 비판하는 데에 소중한 에너지를 소비하십니까! 우리 안에 거하시는 우리 주 하나님은 강력한 분이십니다. 우리의 무기는 사단의 견고한 요새를 무너뜨리고도 남습니다. 자신을 기도할 수 없는 사람이라고 생각하는 것을 멈추십시오. 그것은 지옥으로부터 온 거짓말입니다. 여러분은 기도의 용사입니다!

 기도하는 할머니들도 여러분들처럼 어렸을 때가 있었습니다. 하나님께서는 그분들에게 주변의 필요를 보여 주셨고 그분들은 섣불리 판단하지 않고 기도하기로 결단을 내렸습니다. 그분들도 처음부터 강하게 기도할 수 있었던 것은 아닙니다. 하지만 기도함으로 강해졌습니다. 자, 이제 여러분의 차례입니다. 가정과 교회와 도시를 위해 기도의 용사가 되십시오!

 주 예수님, 주님께서는 하늘의 군대가 당신을 따른다고 말씀하셨습니다. 주님의 말씀을 믿고 성령의 능력으로 기도하게 해 주십시오. 주님께서 저를 기도의 용사로 부르신 것을 인정합니다. 당신의 은혜로 중보할 수 있는 새로운 기름부음을 받았습니다. 예수님 이름으로 기도합니다. 아멘.

27장

당신의 자녀들이 돌아올 것입니다!

*조이 프랜지팬(프랜시스 프랜지팬 목사의 딸)의 고백

아무도 제게 아버지와 딸 사이에는 친밀한 관계를 유지하거나 친한 친구가 될 수 없다고 말할 수 없습니다. 많은 사람들이 저와 저의 아버지가 누리는 사랑을 부러워합니다. 아버지와 제가 유일하게 다툰 것은 누가 누구를 더 사랑하느냐에 관한 것이었습니다. 그러나 우리 사이가 항상 좋았던 것만은 아니었습니다. 제가 아버지를 사랑하는 능력을 잃어버린 것 같은 때가 있었습니다. 그때 저는 공립학교에 다니는 크리스천 십대 청소년이었습니다. 저는 인정받기를 갈망했고 아버지의 규칙은 마치 아버지가 저를 싫어하는 것처럼 느껴지게 했습니다.

저는 불안해졌고 제가 보기에 아버지는 제 문제의 근본적인 원인이 되었습니다. 저는 지극히 일반적인 삶을 살고 있었지만 아버지는 너무 엄격하셨기 때문에 저는 그 안에서 도저히 버틸 수가 없었습니다. 저는 아버지가 자신이 알고 있는 기준만이 옳다고 하시고 전혀 바꾸려 하지 않는 사실에 너무 화가 났습니다. 아버지는 제 모습 그대로를 인정해 달라는 저의 바람을 무시해 버렸습니다.

여러 해 동안 모든 것들이 점점 더 나빠졌습니다. 감정이 절정에 이른 어느 날, 저는 아버지를 똑바로 쳐다보며 '아빠를 증오해'라고 말해 버렸습니다. 그것이 너무 심한 말이라는 것을 알고 있었지만 저 역시 그때는 너무 힘이 들었습니다. 실제로 저는 아버지를 증오하지 않았습니다. 나 자신을 증오했습니다.

저는 제 친구들이 저를 받아들이는 데는 아무 문제가 없었다고 느꼈지만 집에서는 그렇지 않았습니다. 이러한 느낌이 삶에 파고들었을 때 우리가 할 수 있는 일은 보이는 것은 무엇이든 비판하는 것이었습니다. 저는 그 대상으로 아버지를 선택했던 것입니다. 아버지는 저의 불타는 고통을 짊어지셨고 심지어 원수가 되기까지 하셨습니다.

마음속으로는 제가 아버지를 증오하지 않는다는 것을 알았습니다. 저는 화가 났고 혼란스러웠습니다. 게다가 아버지는 제 감정에는 전혀 신경을 쓰지 않는 것처럼 느껴졌습니다. 마치 아버지가 저의 환경과는 전혀 타협하지 않는 것 같았습니다.

그때는 우리 둘 모두에게 아주 어려운 시간이었습니다. 아버지 또한 제가 느꼈던 버림받음의 고통을 당하셨습니다. 아버지도 다른 각도이기는 하지만 상처를 받고 버림받은 느낌을 경험하셨습니다. 아버지는 하나님을 경외함으로 그 고통의 두려움에서 극복할 수 있게 되었습니다. 아버지에게는 저를 사랑하고 인정하는 것 그 이상의 의무가 있는 것처럼 보였습니다. 제 기억이 맞다면 아버지는 때로 본인의 교육 방식이 잘하는 것인가 심각하게 생각한 적도 있었던 것 같습니다. 아마도 아버지는 자신이 드리는 기도가 천장에 부딪혀 다시 자신에게로 곧바로 되돌아오는 것을 느꼈던 적도 있었을 것입니다. 때로는 자신의 기준을 낮추려 하기도 하셨을 겁니다. 그렇게 하는 것이 독립적이고 개성이 강한 딸을 다루는 데 더

편할 것임에는 틀림이 없습니다. 그럼에도 아버지는 자신의 소신을 끝까지 지키시면서 더욱더 열심히 기도하셨습니다.

의로운 사람의 기도는 상상치 못할 놀라운 일들을 이루어 냅니다. 아버지는 "제가 무엇을 잘못하였습니까?"라고 하면서 셀 수도 없이 낙심하고 좌절하면서도 끝까지 주님께 기도하셨습니다. 아버지는 정말로 놀라운 기도의 사역을 하신 분입니다. 제 생각으로는 그 시절에 하나님의 인격이 아버지 안에서 무엇인가를 행하셨던 것 같습니다. 아버지가 도시과 국가를 위하여 기도하시기 전에 하나님은 저를 통해 아버지의 기도를 훈련시키셨습니다.

"마땅히 행할 길을 아이에게 가르치라(훈련시키라) 그리하면 늙어도 그것을 떠나지 아니하리라(잠언22:6)." 이 성경 구절은 아버지가 당시에 굳게 붙잡고 기도했던 말씀입니다. "너희의 자녀들은 예언할 것이요(사도행전 2:17)"라는 말씀은 아버지가 굳게 서서 기도하신 또 다른 하나님의 약속이었습니다. 아버지는 저를 주님께 드렸고, 주님의 뜻에 합당하게 살게 하셨고, 주님의 말씀을 붙잡도록 하셨습니다. 그 당시 저 또한 저의 구원에 대하여 씨름하고 있었습니다. 학교에서 비기독교인 친구들에게 인정받으려는 저의 열망은 주님과 함께하려는 마음과 전쟁을 하고 있었습니다. 야고보는 두 가지 마음을 품은 자는 가는 길이 평탄치 못하다고 하였습니다(야고보서1:8). 당시 제 삶은 그리 평탄치 못하였습니다. 하늘나라와 지옥 사이에 있는 선 위를 위험하게 걷고 있었습니다. 두 세상의 좋은 것들만을 원했지만 둘 다 저를 만족시켜 주지 못했습니다. 저는 교회에서 자랐지만 세상의 유혹에 빠졌습니다. 제 눈은 삶 속에 있는 죄를 보지 못하였고 하나님과 부모님으로부터 멀어져 갔습니다. 그 길에서 빠져나가는 길을 찾을 수가 없었습니다.

크리스천 가정에서 자란 아이는 무슨 일이 생기든 간에 마음속에 심긴 씨앗이 있어서 그 씨앗이 계속해서 자라 갑니다. 이 놀라운 씨앗은 물을 주지 않아도 어두움 속에서도 자라납니다. 심지어 역경 속에서도 꽃을 피웁니다. 우리가 하나님으로부터 도망가지 못하는 이유는 하나님께서 바로 그 씨앗이시기 때문입니다. 주님의 임재를 한번 경험하고 나면 여러분은 다른 그 어떤 것으로는 만족할 수 없게 됩니다. 때때로 하나님으로부터 가장 열심히 도망가려고 하는 사람들은 하나님께서 그들과 너무 가까이 계시기 때문에 그렇게 하는 것입니다.

외형적으로 저의 증거는 너무 약했고 구원받지 못한 친구들에게 영향력을 주지 못했습니다. 하지만 마음속으로는 주님과 함께 울고 있었습니다. 저는 아버지가 그랬던 것만큼 저의 양면성을 증오하였습니다. 인생 전체를 통해 저와 함께 세상을 구원할 강한 크리스천 친구들을 원했습니다. 저는 도움을 원했지만 결코 도움을 받지 못했습니다. 제가 할 수 있는 최선을 다하였지만 죄 때문에 감각을 잃어버렸습니다. 불신자 친구들과 함께 있으면 있을수록 저는 점점 형편없는 사람이 되어 갔습니다.

바울은 "너희는 믿지 않는 자와 멍에를 같이 하지 말라 의와 불법이 어찌 함께하며 빛과 어두움이 어찌 사귀며(고린도후서6:14)"라고 경고하였습니다. 저는 구원받지 못한 친구들이 제게 미치는 영향을 인식하지 못하였습니다. 그들과 함께하면 할수록 저도 그 친구들처럼 되었습니다. 되돌아보면 만약에 부모님이 저를 위해 기도해 주시지 않았다면 저는 지옥으로 갔을 것입니다.

죄는 사람 속으로 들어오는 길을 알고 있으며 들어와서는 그 사람을 제멋대로 조정합니다. 하지만 사랑은 죽음보다 강하며 홍수라도 사랑의 불을 끌 수 없습니다(아가8:6-7). 사랑은 실패하지 않습니다(고린도전서13:8). 그리고 기도는 사랑을 솟아나게 하는 가장 강력한 수단입니다. 저는 사랑하는 법을 다시 배워야 했습니다. 저의 사랑은 철저하게 자기중심적이었고 조건적이었습니다. 저는 아버지와 주님께서 저를 무조건적으로 사랑하셨다는 것을 깨닫지 못하였습니다. 저는 그저 울 수밖에 없었습니다. 하나님께서는 제가 하나님의 뜻을 알지 못하였을 적부터 저를 사랑하셨다는 사실을 깨닫게 되었습니다. 아버지는 저를 조건 없이 사랑하신 것이지 제가 어떤 모습이 되었기에 사랑한 것이 아니었습니다.

아버지와 저는 환상의 콤비입니다. 하나님은 우리 두 사람의 삶을 통해 신실하게 역사하셨습니다. 주님께서는 우리 두 사람의 간격을 사랑으로 채워 주셨습니다. 이로 인해 저는 세상 친구들을 떠나서 저를 사랑해 주는 신실한 크리스천들과 교제하게 되었습니다. 이는 또한 제 의지를 변화시켰습니다.

절대로! 여러분의 자녀들을 포기하지 마십시오. 하나님의 의로우신 기준을 그들에게 강제로 적용하려고 하지 마십시오. 그러면 자녀들은 여러분을 존경하지 않을뿐더러 하나님께도 영광을 돌릴 수 없습니다. 여러분의 자녀들은 사단에게 바쳐진 것이 아닙니다. 하나님께 드려진 자녀들입니다. 하나님은 당신의 전능하신 손을 자녀들 위에 얹으셨으며 그 자녀들을 절대로 잊지 않으십니다. 하나님은 여러분의 기도를 들으셨고 여러분의 부르짖음에 신실하게 응답하실 것입니다. 하나님은 전지전능한 분이십니다!

기도는 역사합니다. 제가 바로 살아 있는 증거입니다. 생각해 보면 부모님의 헌신적인 사랑이 저를 소망 없는 상황에서 얼마나 많이 건져 주셨는지를 깨닫게 됩니다. 하나님은 당신의 자녀들을 버리지 않으십니다. 주님은 그토록 사랑하는 자녀들을 외면하지 않으십니다. 우리는 절대로 하나님으로부터 멀리 떨어져 있지 않습니다. 주님의 약속을 믿으십시오. 계속 기도하십시오! 여러분의 자녀들이 주님께로 돌아올 것입니다.

하늘 아버지시여, 우리의 자녀들을 절대로 포기하지 않도록 도와주십시오. 주님께서는 당신의 말씀이 목적대로 성취되지 않고는 절대로 그냥 되돌아오지 않는다고 말씀하셨습니다. 당신께서는 우리 자녀들에게 당신의 영을 쏟아부어 주신다고 약속하셨습니다. 우리 자녀들뿐만 아니라 이 세대의 모든 자녀들 위에 당신의 영을 부어 주십시오. 그들에게 당신의 나라가 임하게 하옵소서. 예수님 이름으로 기도합니다. 아멘.

28장
법적인 보호

약 이천 년 전에 하나님의 심판대로부터 한 법령이 선포되었습니다. 이 법령은 마귀들로부터 교회를 법적으로 보호하도록 선포된 법입니다. 진실로 예수님께서 우리의 죄를 위하여 죽으셨을 때 '이 세상의 통치자'는 심판을 받았습니다. 그리스도의 십자가에 우리의 채무가 함께 못 박혔고 속량 받았습니다. 세상 임금들과 그들의 능력이 무력화되었습니다(요한복음16:11, 골로새서2:13-15). 예수님으로 인해 우리는 원수로부터 보호받을 뿐만 아니라 원수를 이기고 승리할 수 있는 법적 권리를 가지게 되었습니다.

그리스도의 희생은 사단에 대한 하나님의 완전한 법적 판결이었습니다. 그 판결로 인해 이 땅에 있는 모든 교회들은 신적 보호를 받게 되었습니다. 이는 의심할 여지가 전혀 없습니다. 그리스도의 죽음은 교회가 영적 전쟁을 하는 합법적인 플랫폼이 됩니다. 예수님의 말씀은 악한 세력에 대항하여 사용하는 영원한 검입니다. 그렇지만 실상 초대 교회 이후로 교회는 그러한 멋진 승리를 많이 체험하지 못했습니다. 왜 그렇습니까? 오늘날 많은 교회들이 초대 교회 때와 같은 승리를 체험하지 못하는 것은 교회가 그리스도의 중보를 받아들이지 않을 뿐만 아니라 자신이 기도하는 집이 되지 않고 있다는 것을 여실히 보여 주는 증거입니다.

참으로 교회의 역사는 하나님의 말씀과 기도에 헌신한 지도자들에 의해 시작되었습니다(**사도행전2:42, 6:4**). 지도자들은 매일 기도하고 주님을 섬기기 위해 모였습니다(**사도행전3:1**). 이러한 분명한 비전과 단순한 목적 안에 있던 예수 그리스도의 교회는 더 큰 능력을 가지려 하지 않았고 단지 하나님 나라의 순수성을 드러낼 뿐이었습니다.

오늘날 교회 리더십의 자격은 어떠한지 한번 생각해 봅시다. 이들은 거의 모든 것에 능하지만 하나님의 말씀과 기도에는 헌신하지 않습니다. 사람들은 자신의 지도자가 탁월한 조직능력을 가지고 있고 상담가 역할을 해 주며 훌륭한 인격을 가진 사람이기를 기대합니다. 누가복음 18장 8절에서 예수님은 틀에 박힌 우리의 사고방식을 지적하셨습니다. 예수님은 "인자가 올 때에 세상에서 믿음을 보겠느냐?"라고 물으셨습니다. 그 질문은 마지막 때에 하나님의 능력을 제한하는 크리스천들에 대한 경고입니다. 예수님께서는 옳지 않은 고정관념을 허물어 버리라고 우리를 부르셨습니다. 그리고 우리 각자에게 "네 안에서 믿음을 보겠느냐?"라고 물으십니다.

이 질문에 응답하기 전에 예수님께서 '믿음'을 '밤낮으로 하는 기도'에 연관하여 말씀하신 점을 주목하십시오(**누가복음18:7**). 예수님께서는 "네 안에 참된 교리를 보겠느냐?"고 묻지 않으셨습니다. 우리가 '무엇을 믿는가' 하는 것은 중요합니다. 그러나 우리가 하나님의 도우심 가운데 확실하게 거할 수 있는 핵심 요소는 바로 '어떻게 믿는가'입니다.

누가복음 18장에서 예수님이 하신 비유의 핵심은 하나님의 도우심을 불러일으키는 방법입니다. 예수님의 의도는 '항상' '낙심치 말고' '기도'해야 한다는 것입니다(**누가복음18:1**). 예수님께서 바라시는 믿음의 수준을 보여 주시기 위해 마음이 강퍅한 법관에게 '법적 보호'(3절)를 청원하는 한 과부를 예로 들어 충고하십니다. 비록 법관은 처음에는 과부의 청원을 들어주려 하지 않았지만 과부가 '계속해서 찾아오니'(5절) 법적으로 과부에게 속한 것을 들어주게 됩니다.

예수님께서는 의롭지 못한 법관도 과부의 끈질긴 탄원을 들어주는데, "하물며 하나님께서 그 밤낮 부르짖는 택하신 자들의 원한을 풀어주지 아니하시겠느냐 저희에게 오래 참으시겠느냐 내가 너희에게 이르노니 속히 그 원한을 풀어주시리라 그러나 인자가 올 때에 세상에서 믿음을 보겠느냐(누가복음18:7-8)"라고 결론지으셨습니다.

우리의 하늘 심판관께서는 택하신 자에 대하여서 그리 오래 지체하시지는 않지만 때때로 지체하실 때도 있습니다. 사실 '속히'에 대한 하나님의 개념과 우리의 개념이 항상 일치하는 것은 아닙니다. 주님은 지체하심을 전체적인 계획 속에서 구체화하십니다. 지체함은 우리에게 인내를 줍니다. 인내는 우리의 인격을 개발시키는 데 아주 중요한 부분입니다. 그래서 하나님께서는 심지어 우리를 변화시키시기 위해 기도에 대한 중요한 응답을 지연하기도 하십니다.

그러므로 우리는 하나님의 지체하심을 하나님께서 들어주시지 않는 것으로 받아들여서는 안 됩니다. 지체함은 우리의 믿음을 완전하게 하는 도구입니다. 그리스도께서는 지체함이나 패배에도 불구하고 승리하는 우리의 강한 믿음을 찾고 계십니다. 하나님께서는 당신이 허락하시는 시간의 테스트를 견딜 수 있는 인내를 우리 안에 창조하시기를 원하십니다. 그러한 불굴의 의지는 실제로 지체되는 동안 한층 더 강해지게 됩니다. 아버지께서 우리의 믿음 안에서 이러한 인내의 모습을 보실 때 하나님의 마음이 움직여져서 당신의 백성들에게 '법적 보호'를 허락하십니다.

예수님께서 '택하신 자'를 '원수에 의해 괴로움 당하는 과부'에 비교하신 것은 아주 의미심장한 것입니다. 이것은 실로 급진적입니다. 왜냐하면 우리에게는 다윗이나 여호수아를 믿음의 영웅으로 만드는 경향이 있기 때문입니다. 하지만 이들은 겸손의 개념을 애매모호하게 만드는 데 어느 정도 기여했습니다. 그러므로 하나님의 종들도 예전에는 과부처럼 변명과 좌절하는 경우가 많았던 사람들이었음을 기억할 필요가 있습니다.

과부를 보십시오. 낮은 지위 때문에 포기할 수도 있었지만 결코 포기하지 않았습니다. 재정적으로 부족하다고, 지식도 없고 매력적이지도 않다고 변명하지 않았습니다. 부끄럽게 여기지 않고 실패할 이유를 생각하지 않고 자신의 권리를 찾기 위해 당당하게 법관에게 탄원하였고 결국 법적인 보호를 획득해 냈습니다.

평범한 과부가 어떻게 그렇게 강한 마음을 가질 수 있었을까요? 우리는 어떤 사람이 과부를 괴롭히고 잔인하게 대했을 것이며, 그로 인해 과부는 간절해졌고, 그 간절함이 과부를 강하게 만들었다고 생각해 볼 수 있습니다. 간절함은 하나님의 망치와도 같습니다. 간절함은 두려움의 요새를 쳐부수고 수없이 많은 변명을 부숴 버립니다. 간절함이 두려움을 넘어설 때 비로소 진보는 시작됩니다.

오늘날 수많은 크리스천들을 위대한 연합과 기도의 자리로 나아가도록 자극하는 강력한 원동력은 달콤한 교제가 아닙니다. 오히려 원수의 맹렬한 공격입니다. 우리는 간절한 때에 살고 있습니다. 우리의 간절함이 하나님의 마음에 닿게 하려면 몇 가지 기본적인 진리와 교리의 연합보다는 간절함의 연합이 훨씬 더 효과적입니다.

현시대의 도덕적 타락이 얼마나 심각한지 생각해 보십시오. 이 글을 읽고 있는 지금도 수많은 태아들이 낙태되고 있으며, 한해에 수천만 건의 범죄가 일어날 거라고 예상할 수 있는 통계가 존재합니다. 충격적인 것은 그 범죄 가운데 72%는 청소년들을 대상으로 일어날 것이라는 예측입니다. 청소년들이 가장 많이 공격당하고 성폭행당하고 살해당하는 장소가 어딘지 아십니까? 대부분의 청소년들을 대상으로 발생하는 강력범죄의 장소는 바로 그들의 학교입니다.

우리는 깊은 사회적 도덕적 붕괴에 시달리고 있습니다. 우리에게 하나님의 기름 부으심이 필요하다면 그때가 바로 지금입니다. 하지만 하나님의 택하신 자들은 어디 있습니까? 다니엘이 말하는 "자기의 하나님을 아는 백성"과 "강하여 용맹을 발하는" 사람들은 어디에 있는 것입니까(다니엘 11:32)?

우리 시대의 골리앗을 넘어뜨릴 수 있는 하나님의 능력을 입은 사람이 전혀 없습니까? 어쩌면 우리가 잘못된 장소에서 찾는 것은 아닐까요? 만약에 여러분이 예수님을 믿고 하나님께 간절하다면 여러분은 하나님의 택하신 자로서의 자격이 있습니다. 앞에서 살펴본 비유에 의하면 과부는 그리스도의 택한 자들을 대표하고 있다는 사실을 기억하십시오.

우리 안에 하나님의 택한 사람은 원수 마귀의 공격을 받지 않는다는 잘못된 생각이 있습니다. 그래서 '밤낮으로 기도하는' 간절함이 부족합니다. 하지만 이 간절함에는 하나님의 택한 자들을 성장하게 만드는 혹독한 시련이 있습니다. 예수님께서는 과부의 예를 통해 이를 은유적으로 우리에게 보여 주셨습니다. 예수님께서는 마지막 때의 전투에서 자신이 택하신 자가 승리하는 수단으로 이 비유를 말씀해 주셨습니다.

이렇게 생각해 볼 때 과부는 한 개인이라기보다는 공동체, 즉 그리스도 안에서 하나로 연합하여 원수로부터 보호받기 위해서 간절히 기도하는 교회를 의미한다고 볼 수도 있습니다. 우리에게는 국가적인 영적부흥이 일어날 수 있는 '법적 보호'가 필요합니다. 하지만 이는 끊임없는 기도가 동반되지 않고는 성취될 수 없습니다. 영적부흥은 자녀들을 마약과 알코올로부터 구해 내기로 작정하고 울부짖으며 기도하는 어머니들의 기도의 응답으로 주어지기도 합니다. 이제는 우리가 기도할 차례입니다. 우리는 실패할 이유를 댈 수 없는 과부입니다. 하나님께서는 우리가 밤낮으로 드리는 기도에 응답해 주실 것입니다. 하나님의 보좌 앞에 자리를 잡고 기도합시다. 하나님께서는 분명 우리에게 법적인 보호를 허락해 주실 것입니다.

우리의 피난처가 되시는 그리스도의 영은 우리가 다른 사람들의 고통에 함께 아픔을 느낄 수 있도록 하십니다. "만일 한 지체가 고통을 받으면 모든 지체도 함께 고통을 받고 한 지체가 영광을 얻으면 모든 지체도 함께 즐거워하나니(**고린도전서12:26**)." 그래서 완전한 사랑을 위해 하나님은 우리와 다른 사람들을 연합시키시는 것입니다. 기도에 능력을 주시기 위해 그분은 우리가 돌보는 사람들의 고통을 대신 경험하게 하시는 것입니다.

만약 우리가 사랑하는 것을 멈추면 우리의 기도는 실패하게 됩니다. 사랑은 모든 중보를 뒷받침하는 연료와도 같습니다. 여러분의 기도 생활이 지치거나 흔들리지는 않습니까? 그럴 때 그 기도의 내용이 가정이든 교회이든 도시와 나라이든지 간에 여러분은 하나님께서 처음 주신 사랑을 기억하십시오. 사랑은 여러분이 사랑하는 사람과 여러분을 동일시하게 해 줍니다. 사랑은 여러분의 기도를 다시 부흥시켜 주며, 기도는 여러분이 사랑하는 사람을 다시 타오르게 할 것입니다.

다니엘을 생각해 보십시오. 다니엘은 이스라엘을 사랑했습니다. 또한 성전을 사랑했습니다. 비록 다니엘이 이스라엘이 저지른 죄를 범하지는 않았지만 그 기도는 자신을 이스라엘과 동일시하는 표현이었습니다. 다니엘은 베옷을 입고 재를 뿌리며 주님께 간절히 애원함으로 기도하였습니다.

> 내 하나님 여호와께 기도하며 자복하여 이르기를 크시고 두려워할 주 하나님, 주를 사랑하고 주의 계명을 지키는 자를 위하여 언약을 지키시고 그에게 인자를 베푸시는 자시여 우리는 이미 범죄하여 패역하며 행악하며 반역하여 주의 법도와 규례를 떠났사오며
>
> 다니엘9:4-5

다니엘이 죄를 지었습니까? 아닙니다. 하지만 이스라엘에 대한 그의 사랑은 그로 하여금 합당한 회개를 하게 하였습니다. 더구나 다니엘은 날마다 이스라엘을 위해 기도했으며, 평생을 이스라엘의 회복을 위해 기도했습니다. 한두 해 기도하고 나면 쇠약해지는 우리의 기도를 뒤돌아보십시오. 하지만 다니엘은 평생을 날마다 신실하게 기도하였습니다!

다리오 왕이 다른 신이나 다른 사람을 섬기는 것을 금하는 법령을 발표했을 때도 다니엘은 두려워하지 않았습니다.

> 다니엘이 이 조서에 어인이 찍힌 것을 알고도 자기 집에 돌아가서는 그 방의 예루살렘으로 향하여 열린 창에서 전에 행하던 대로 하루 세 번씩 무릎을 꿇고 기도하며 그 하나님께 감사하였더라
>
> 다니엘6:10

다니엘은 바벨론에 포로로 잡혀간 첫 번째 세대였습니다. 조국이 멸망당하고 살아남은 자들은 포로로 잡혀갔을 때 얼마나 두렵고 마음의 상처를 받았을지 상상할 수 있습니다. 다니엘의 부모는 어린 다니엘의 마음속에 회복에 필요한 하나님의 요구가 담긴 솔로몬의 기도를 아주 깊이 심어두었습니다.

> 만일 주의 백성 이스라엘이 주께 범죄하여 적국 앞에 패하게 되므로 주께로 돌아와서 주의 이름을 인정하고 이 전에서 주께 빌며 간구하거든 주는 하늘에서 들으시고 주의 백성 이스라엘의 죄를 사하시고 그 열조에게 주신 땅으로 돌아오게 하옵소서
>
> 열왕기상8:33-34

다니엘은 어릴 적부터 매일 세 번씩 기도하였습니다. 그는 거의 70년

동안 예레미야의 예언이 이루어질 때까지 기도했습니다! 잘 아는 바와 같이 하나님의 역사는 시간이 필요할 때도 있습니다. 얼마나 오랫동안 기도해야 할까요? 우리는 그것이 이루기까지 오래도록 기도해야 합니다. 성전에서 기도와 금식으로 주님을 섬겼던 여선지자 안나는 하나님께서 메시아를 보내실 때까지 약 60년을 부르짖었습니다. 계속해서 기도했던 고넬료에 관하여 성경은 "기도와 구제가 하나님 앞에 상달하여 기억하신 바가 되었으니(사도행전10:4)"라고 기록하고 있습니다. 계속해서 신실한 기도를 드리는 사람에게 하나님께서 주시는 책임과 특권은 상상할 수 없이 놀라운 것입니다. 이러한 기도의 챔피언들은 어떻게 지속적으로 기도할 수 있었을까요? 그 비결은 그들이 하나님을 사랑하고 그분의 백성들을 사랑했었다는 것입니다.

부흥의 역사는 한 사람의 사랑과 중보를 통해서 시작됨과 동시에 기도의 짐을 여러 사람들이 함께 지고 나눌 때 이루어집니다. 하나님께서는 기도의 사람이 되게 하기 위해서 어떤 특정한 사람에게만 은혜를 부어 주기를 원하지 않으십니다. 주님은 그분의 교회가 기도의 집이 되기를 원하십니다.

여러 가지 면으로 볼 때 하나님의 계획은 우리 모두를 중보자로 만드시는 것입니다. 우리는 직접 하나님의 말씀으로부터 기도의 절대적인 우선권을 배울 수 있습니다. 우리는 또한 다른 사람들의 승리한 기도와 실패한 기도를 통해 기도에 필요한 것을 배울 수도 있습니다. 또는 스스로 기도에 실패했던 경험을 통해서도 배울 수 있습니다.

어떤 사람들에게 이런 방법은 아주 비싼 대가를 치르는 과정이 될 것입니다. 만약에 우리가 기도를 게을리해서 범한 것이라면 마귀를 탓할 수만은 없습니다. 극단적인 경우 주님께서는 실제로 비극을 허용하셔서 기도의 응급 상황과 우선권을 알게 하십니다. 우리는 영적 전투의 변화에 강하고 민감하게 반응하며 기도의 삶을 사는 데 필요한 것들을 사도행전을 통해 배울 수 있습니다. 사도행전의 이야기는 한 지역의 교회가 하나가 되어 함께 기도하게 되면 어떤 엄청난 능력이 나타나는지 잘 보여 주고 있습니다.

예수님을 따른 무리들 중에서 베드로와 요한과 야고보는 주님의 '최측근'이었습니다. 누가는 사도행전을 통해서 초대 교회 크리스천들의 삶에 일어났던 무시무시한 사건을 말해 주고 있는데 바로 헤롯이 요한의 형제 야고보를 처형한 사건입니다. 그때까지 교회의 지도자들은 영적 보호를 받았습니다. 그러나 그들은 사단의 공격이 불같이 강해지고 있던 것을 알아차리지 못하였습니다. 그 결과는 예수님과 변화산에 함께 있었던 사도 야고보의 참수형이었습니다.

야고보의 섬뜩한 죽음은 교회에 충격 그 자체였습니다. 어떻게 기름부음 받은 사도가 이렇게 빨리 죽임을 당할 수 있습니까? 하나님의 보호하심은 도대체 어디에 있단 말입니까? 아마 대답은 다음과 같을 것입니다. 하나님께서는 교회가 중보기도를 통해 보호받을 수 있게 하기 위하여 그분의 보호하심을 잠시 억제하셨습니다.

야고보의 죽음은 유대인들을 만족시켰습니다. 그래서 헤롯은 베드로 역시 무교절 축제 기간에 죽이려는 의도를 가지고 감옥에 가두었습니다. 이 시점에서 성경은 "이에 베드로는 옥에 갇혔고 교회는 그를 위하여 간절히 하나님께 빌더라(사도행전12:5)"라고 말씀하고 있습니다. 새흠정역성경(NKJV)은 하나님께 "끊임없이(constant)" 기도했다고 번역하였고, 뉴인터내셔널버전(NIV)은 교회가 "열심으로(earnestly)" 기도했다고 번역했고, 뉴아메리칸스탠다드성경(NASB)은 "교회가 열렬하게(fervently)" 기도했다고 번역했습니다. 예루살렘에 있는 교회들이 베드로를 위하여 끊임없이, 열심으로, 열렬하게 기도하였던 것입니다.

이 공격적인 중보기도는 베드로가 초자연적인 구원을 받게 하였고 베드로의 감옥 문을 지키던 간수는 참형을 당하고 얼마 후 하나님의 천사가 헤롯을 죽여 버리는 결과를 초래하였습니다(**사도행전12:23**). 한 지역에 있는 모든 교회가 연합하여 밤낮으로 계속해서 기도하면 하나님의 구원은 보장되어 있는 것입니다.

저는 주님을 섬기는 동안 다양한 모양으로 24시간 끊임없이 기도하는 개인들과 기도 모임과 심지어 교단들을 보았습니다. 저는 수많은 기도 모임과 철야기도에 참석했습니다. 한 도시 또는 한 지역 사회에 있는 교회들이 참으로 기도로 연합하게 되면 하나님께서 전체 교회를 그분의 보호하심 아래로 인도하실 것입니다. 그리고 예수님께서 말씀하신 것처럼 될 것입니다. "내가 너희에게 이르노니 속히 그 원한을 풀어 주시리라(**누가복음18:8**)."

주 하나님, 새 언약에 의하면 당신께서는 원수로부터 우리를 법적으로 보호해 주신다고 말씀하셨습니다. 이제 우리는 당신의 보좌 앞에 나아와 주님께서 속히 원한을 풀어 주시기를 기도합니다. 우리 도시에 있는 당신의 백성들이 함께하여 예수님이 핏값으로 사신 참된 복이 우리들의 삶에 나타날 때까지 밤낮으로 당신께 부르짖게 하옵소서. 예수님 이름으로 기도합니다. 아멘.

29장
한 사람

　미국 기독교계에 널리 퍼져서 유행한 말이 있는데 그것은 '만약에 하나님께서 미국을 멸망시키지 않으시면 소돔과 고모라를 멸망하신 것에 대해 사과해야 한다!'는 것입니다. 저는 이 문구를 여러 교회와 부흥회에서 수없이 들었습니다. 심지어는 비기독교 신문사까지도 크리스천의 이러한 견해를 요약하여 실을 정도였습니다. 대부분의 사람들에게 이 말은 단지 미국이 한 국가로서 하나님의 진노를 당할 위험에 처해 있기에 회개할 필요가 있음을 분명하게 강조한 말입니다. 잘 다듬어진 표현은 표현 그 자체에 가치가 있어서 많은 크리스천들이 의도적으로 자주 인용합니다. 사실 한동안 저 자신도 그러한 의도를 가지고 자주 사용했었습니다.

　하지만 성령께서 미국에 대한 이러한 견해에 대하여 저에게 확인시켜 주시는 일이 있었습니다. 먼저 이러한 표현은 실제로 사실이 아니라는 점이었습니다. 두 번째로 하나님께서 미국에 무엇인가 놀라운 일을 하고 계신다는 사실입니다. 그것은 다름 아닌 하나님의 계획의 필수 요소인 크리스천들을 연합하게 하시고 기도운동이 다시 일어나게 하시는 것입니다. 우리는 진노를 향해 나아가는 것이 아니라 그 반대 방향으로 가고 있으며, 주님께서는 그것을 인정하실 뿐만 아니라 그렇게 영감을 불어넣어 주고 계십니다.

하지만 '하나님께서 곧 미국을 심판하신다!'는 태도를 가진 교회들에게 제가 질문하였을 때 놀란 사실은 대부분의 교회가 이 말을 과장된 것이 아니라 실제로 일어날 거라고 믿고 있었다는 점이었습니다. 그 사람들의 눈에는 미국이 소돔과 고모라보다 훨씬 악하다는 것입니다. 제가 면밀히 조사한 바에 따르면 미국에 대하여 많은 지도자들이 매우 가슴 아파하고 있다는 사실입니다. 사실 저는 그러한 견해를 가지고 있지 않기 때문에 거룩함에 대한 저의 견해를 타협한 게 아니냐고 질문받은 적도 있습니다.

참된 영성의 기준은 죄인에 대하여 얼마나 분노하느냐가 아니고 어떻게 그리스도처럼 그들을 대할 수 있는가입니다. 우리의 사명은 인간이 멸망하는 것을 보는 게 아니고 구속받는 것을 보는 것입니다. 실질적인 예를 들기 위해서 미국이 소돔만큼 악하다는 동료의 견해가 옳다고 가정해 봅시다. 역사적인 기록에 의하면 소돔과 고모라는 악한 행동의 표본을 보여 줍니다. 하지만 이 이야기 속에서 우리는 의로움의 행동양식 또한 찾아볼 수 있습니다. 다음 이야기에서 아브라함이 하나님의 임박한 멸망의 경고에 대해 어떻게 처신했는지 살펴봅시다.

아브라함이 소돔의 멸망에 대한 가능성에 대해 들었을 때 아브라함은 즉각 소돔을 멸망시키시라고 기도하지 않았습니다. 대신에 아브라함은 주님 앞에 나아가 그 도시를 위해 기도했습니다. 우리는 아브라함의 기도를 통해 자비로운 동기에 의해 드려진 중보기도가 어떻게 하나님의 마음을 움직이게 하는가에 대한 놀라운 통찰력을 얻을 수 있습니다. 여기에서 저의 목적은 과거 아브라함과 주님 사이의 대화를 통해 드러난 하나님의 마음을 보는 것입니다.

아브라함의 기도를 보면 중보기도의 능력을 알 수 있습니다. 주님께서 우리에게 기도의 특권을 주신 진정한 이유를 깨달을 수 있습니다. 왜 그러한 특권을 주셨을까요? 하나님께서는 우리 안에 소망의 불꽃이 일어나는 것을 찾으시며, 우리로 하여금 '진노가 연기되거나 취소되는 정당한 자비의 이유'를 인식하기 원하십니다. 우리는 이를 과소평가해서는 안 됩니다. 왜냐하면 이 원리가 이 땅에 대한 위대한 소망이기 때문입니다.

소돔의 죄에 대한 주님의 처음 반응을 떠올려 봅시다. 주님은 먼저 당신의 종 아브라함에게 어떻게 하실 것인지를 계시하셨습니다. 왜 그러셨을까요? 하나님께서는 아브라함이 중보하기를 간절히 바라셨기 때문입니다. 주님께서 당신의 종에게 세상의 잘못된 것을 알려 주실 때에는 단순히 비판하라는 것이 아니고 하나님의 자비를 위하여 중보하라는 신호입니다. 하나님께서는 자비를 기뻐하시고, 악인의 죽음을 기뻐하시지 않는다는 사실을 기억하십시오(미가7:18, 에스겔33:11). 주님은 항상 자비를 베푸실 기회를 찾으십니다. 그러므로 우리는 아브라함이 어떻게 전능하신 하나님께 다가갔는지를 배워야 합니다.

> 그 사람들이 거기서 떠나 소돔으로 향하여 가고 아브라함은 여호와 앞에 그대로 섰더니 가까이 나아가 가로되 주께서 의인을 악인과 함께 멸하시려나이까 그 성중에 의인 오십이 있을지라도 주께서 그곳을 멸하시고 그 오십 의인을 위하여 용서치 아니하시리이까 주께서 이같이 하사 의인을 악인과 함께 죽이심은 불가하오며 의인과 악인을 균등히 하심도 불가

하니이다 세상을 심판하시는 이가 공의를 행하실 것이 아니니이까

창세기 18:22-25

여기서 아브라함이 화를 내지 않고 기도한 것에 주목하십시오. 그는 절대로 '하나님, 타락한 자들을 죽여 버릴 때입니다'라고 말하지 않았습니다. 아브라함에게는 죄인들에게 손가락질하며 복수하고픈 마음은 없었습니다. 어떤 면에서 타협하지 않는 크리스천들은 이 상황에서 화를 내야 한다고 믿는 경우가 많습니다. 아브라함은 소돔의 타락한 문화와 절대로 타협하지 않았으며 오히려 한 차원 높은 단계에 있었습니다. 소돔을 위해 기도하는 동안 아브라함은 소돔의 죄에 대하여 한마디도 언급하지 않았습니다. 그 대신에 아브라함은 주님의 자비와 성실하심에 호소하였습니다. 이러한 아브라함의 태도는 우리가 회복해야 할 매우 중요한 가치입니다. "너희가 아브라함의 자손이면 아브라함의 행사를 할 것이어늘(요한복음8:39)"이라고 주님께서 말씀하셨기 때문입니다. 세상에서 가장 타락한 도시인 소돔을 위한 그의 중보기도에서 아브라함의 가장 눈에 띄는 행동은 바로 그와 같은 것이었습니다.

아브라함은 가장 먼저 주님의 성실하심을 인정하였고 그다음에 주님의 자비에 관하여 말하였습니다. "그 성중에 의인 오십이 있을지라도 주께서 그곳을 멸하시고 그 오십 의인을 위하여 용서치 아니하시리이까?(창세기 18:24)" 두말할 것도 없이 주님께서는 의로운 자들을 악한 자들과 함께 죽이는 것이 옳지 않다는 것을 알고 계셨습니다. 아브라함의 기도가 주님께서 모르시던 사실을 알려 드린 것은 아닙니다. 하지만 이 땅에서 삶의 본

질은 다음과 같습니다. 하나님께서는 인간과 함께 미래를 이루어 가시는데 그 과정 가운데 언제나 자비로운 대안을 예비하시는 것입니다.

긴급하고 구원을 갈구하는 기도는 자비의 문을 뚫고 곧바로 하나님의 마음으로 들어갑니다. 이 문은 항상 열려 있습니다. 왜냐하면 우리에게는 특별히 하늘나라의 자비의 보좌에 앉으셔서 우리를 위해 사역하시는 대제사장 예수 그리스도가 계시기 때문입니다(히브리서8:1). 이 문은 우리가 기도할 때마다 열려 있습니다. 주님께서 어떻게 아브라함의 기도에 응답하셨는지 잘 들어 보십시오. "내가 만일 소돔 성중에서 의인 오십을 찾으면 그들을 위하여 온 지경을 용서하리라(창세기18:26)."

어떻게 하나님의 자비가 자신의 나라가 심판받기를 간절히 원하는 사람들에게 임하겠습니까! 놀랍게도 주님께서는 의인 오십을 찾으면 그 사람들로 인해 소돔 전체를 용서하시겠다고 말씀하셨습니다. '용서하시겠다(spare)'라는 단어의 히브리어는 '용서하다(forgive)' 또는 '관용을 베풀다(pardon)'로도 해석할 수 있는 단어입니다. 그리스도의 영감을 받은 기도가 죄인을 위해 드려지면 주님께서는 행하시려고 하던 진노를 최소화하시거나 연기하시거나 심지어 취소하기도 하십니다.

성경 전체를 통해 주님께서는 당신의 본성에 대하여 절대적인 진리를 말씀하고 계십니다. "여호와께서 그의 앞으로 지나시며 반포하시되 여호와로라 여호와로라 자비롭고 은혜롭고 노하기를 더디하고 인자와 진실이 많은 하나님이로라(출애굽기34:6)." 여러분은 이 말씀을 믿습니까? 우리가 지금 다루고 있는 소돔의 이야기가 가장 좋은 예입니다. 주님께서는 도시 전체에 흩어져 있는 소수의 의인들로 인해 그분의 진노를 멈추시겠다고 분명히 말씀하셨습니다.

아브라함은 하나님의 사랑을 알고 있었습니다. 아브라함은 하나님의 아주 절친한 친구였습니다. 실제로 아브라함은 자신의 경험에 근거해서 하나님의 마음속을 분명하게 볼 수 있었습니다. 이렇게 아브라함은 자신에게 복 주시고 용서하시는 전능한 주님을 알았기에 최소한의 것으로 주님의 최대한의 자비를 간구했습니다.

아브라함 "사십 인을 찾으시면 어찌 하시려나이까?"
하나님 "사십 인을 인하여 멸하지 아니하리라."
아브라함 "삼십 인을 찾으시면 어찌 하시려나이까?"
하나님 "내가 거기서 삼십 인을 찾으면 멸하지 아니하리라."
아브라함 "이십 인이면 어찌하오리까?"

마침내 아브라함은 의인 십 인을 인하여 도시 전체를 심판하시지 않으시겠다는 하나님의 약속을 받아냅니다. 하나님의 저울에 소돔 전체의 모든 죄와 타락을 모아 한편에 올려놓습니다. 소돔에 이십만 명의 악한 사람들이 있었다고 가정해 봅시다. 그만큼의 무게가 악한 측의 무게입니다. 도시 전체를 통해 극악무도하고 포악한 것들이 모여 있기 때문에 너무나 무겁습니다. 반면 의인 측은 단지 열 명이면 만족하신다고 하셨습니다. 의인 열 명의 무게는 하나님의 자비의 저울로 측량되는 것입니다.

하나님의 마음속에서는 단지 의인이 열 명일지라도 그 무게가 악한 수십만의 무게를 압도하는 것입니다! 여기서 우리는 기도를 통하여 하나님의 마음을 찾는 방법을 발견할 수 있습니다. 주님께서는 과격한 동성애의 죄로 가득 찬 소돔을 그 도시 안에 사는 의로운 열 명으로 인해 용서하실 거라는 사실입니다!

이제 여러분의 도시에 관하여 생각해 봅시다. 여러분이 살고 있는 도시에 열 명의 의인이 여러분들과 함께 살고 있습니까? 여러분의 지역을 생각해 봅시다. 하나님의 자비를 위해 간구하는 백 명의 기도하는 사람들이 살고 있습니까? 국가 전체는 어떻습니까? 천 명의 사람들이 국가를 위해 진심으로 중보기도 한다고 생각하십니까? 하나님께서는 열 명의 의인이 있으면 소돔을 용서하시겠다고 말씀하셨습니다. 여러분은 천 명의 의인이 있으면 하나님께서 여러분의 나라를 용서하실 것이라고 믿습니까?

저는 이십만 명 정도의 인구를 가지고 있는 미국의 도시에 살고 있습니다. 저는 제가 사는 도시의 목회자, 중보기도자, 청소년 사역자, 흑인, 백인, 멕시코인, 인디안, 아시안계 미국인, 크리스천 비즈니스맨, 어머니, 아버지, 하나님을 제대로 믿는 십대, 기도하는 할머니, 비서, 경찰관 등등 의로운 사람들의 이름을 적을 수 있습니다. 소돔과 같은 도시는 구하고도 남을 만큼 충분한 숫자입니다. 수많은 사람들이 우리 도시를 관심을 가지고 돌봅니다.

여러분의 교회와 더 넓은 교회 공동체에 대하여 감사하십시오. 여러분의 공동체에 진실로 부흥을 일으킬 신실한 열 명의 의로운 사람들이 없겠습니까? 기억하십시오! 주님께서 의인 열 명이 있으면 소돔을 용서하시겠다고 하신 말씀을 말입니다.

아브라함과 소돔에 대한 이야기의 마지막 요점입니다. 주님의 사자가 롯과 자신의 가족을 구출하려고 왔을 때 롯은 망설입니다. 심판이 이르기 전에 빨리 산으로 도망하라고 재촉하는 사자들에게 롯은 자신과 가족이 소알로 도망하게 해 달라고 간청합니다. 한 천사가 그의 요청을 들어주는데 그 하나님의 사자가 하는 말이 아주 놀랍습니다. "네가 거기 이르기까지는 내가 아무 일도 행할 수 없노라(창세기19:22)." '내가 아무 일도 행할 수 없다'는 말씀에 대하여 생각해 보십시오. 하나님께서는 당신의 진노에 대한 한계를 정해 두셨습니다. 의인이 도시에 살고 있는 한 하나님께서는 의인을 보호하십니다. 실제로 롯이 소알로 피신하였을 때 소돔 계곡에 거주하는 모든 사람들 위에 불과 유황이 떨어져 태워 버렸지만 소알에서는 단 한 명의 사상자도 발생하지 않았습니다. 왜입니까? 의인들이 거기 있었기 때문입니다.

아브라함은 열 명까지만 기도한 후 거기서 멈추었습니다. 하지만 저는 가장 중요한 것을 말씀드리겠습니다. 아브라함이 좀 빨리 기도를 멈춘 것 같지만 아브라함이 얼마나 위대한 믿음의 사람이었는지를 알려 드리려고 합니다. 성경은 주님께서 당신의 자비를 더 확장시켜 주실 것을 계시하고 있습니다. 다음 장면은 죄로 물든 예루살렘에 관한 것입니다. 전능하신 주님께서 예레미야에게 하신 말씀에 귀 기울여 보십시오.

> 너희는 예루살렘 거리로 빨리 왕래하며 그 넓은 거리에서 찾아보고 알라 너희가 만일 공의를 행하며 진리를 구하는 자를 한 사람이라도 찾으면 내가 이 성을 사하리라
>
> 예레미야5:1

주님은 '한 사람을 찾으면… 용서하겠다'고 말씀하셨습니다. 실제로 거룩하지 않은 도시에서 한 사람의 의인이 살고 있다면 하나님의 진노를 돌이킬 수 있습니다. 사악한 사람들 사이에 살고 있는 의로운 한 사람이 공동체나 가정이나 학교나 이웃이나 교회를 위해 하나님의 자비의 문을 열게 할 수 있습니다.

사랑하는 친구 여러분, 악한 세상에서 의로운 한 사람을 얻는 것이 하나님께는 결코 작은 일이 아닙니다. 만약에 가중되는 악의 위협으로부터 한 영혼이라도 굳게 서면, 한 사람만이라도 소망을 잃지 않고 두려움 없이 신앙을 지키면, 하늘로부터 오는 진노를 지연시킬 수 있습니다. 여러분이 바로 여러분의 도시를 용서받게 할 수 있는 바로 그 한 사람이 될 수 있고 하나님이 없는 과거와 하나님으로 충만한 미래 사이를 중보할 수 있습니다.

자비는 진노보다 훨씬 더 큰 영향력이 있습니다. 자비는 항상 심판을 이기고 승리합니다. 언제라도 한 영혼이 중보하며 자비를 구하면 그리스도의 부드러운 열정이 세상을 뒤덮게 됩니다. 여러분은 진정으로 예수님이 누구이신지 알고 싶으십니까? 다음 말씀을 생각해 보십시오.

> 그러므로 자기를 힘입어 하나님께 나아가는 자들을 온전히 구원하실 수 있으니 이는 그가 항상 살아서 저희를 위하여 간구하심이니라
>
> 히브리서7:25

예수님은 우리를 위한 영원하신 중보자이십니다. 예수님께서는 하나님 아버지 우편에 좌정하시어 우리를 위하여 기도하십니다(로마서8:34). 예수

님께서는 자비를 위해 기도하십니다. 이것이 바로 그분의 본성입니다. 삼위일체 중 제2위 되시는 그리스도는 하나님의 자비의 형상입니다. 그리스도는 하나님이시지만 세상을 사랑하시어 세상을 위해 죽으셨으며 구속의 대가를 지불하셨습니다. 그리스도께서는 하나님의 자비로서 하나님의 공의를 이루어 드렸습니다.

하나님께서는 인간은 하나님의 형상으로 만들어졌다고 선포하셨고 그 형상은 구원자 그리스도의 형상입니다. 따라서 그리스도의 형상은 우리가 본받아야 할 모습입니다. 우리는 그리스도께서 모범을 보이신 자비의 길을 따라가야 합니다. 성경은 담대하게 교회에 대한 하나님의 목표를 선포하고 있습니다. "주의 어떠하심과 같이 우리도 세상에서 그러하니라(요한일서4:17)."

그리스도의 본성은 우리가 죄인들을 위하여 하나님께 중보기도를 드릴 때 나타나게 됩니다. 예수님께서는 하나님의 자비를 이 땅에 성취하시기 위해 오셨습니다. 예수님은 구속주(Redeemer)입니다. 예수님은 구원자(Savior)입니다. 예수님은 양들을 위해 목숨을 버리는 선한 목자이십니다(요한복음10:11). 하나님께서는 우리가 예수님처럼 되기를 원하시며 예수님께서는 "아버지께서 나를 보내신 것같이 나도 너희를 보내노라(요한복음20:21)"라고 우리에게 말씀하십니다. 이처럼 예수님께서는 당신의 구속사역을 성취하기 위해 우리를 보내셨습니다.

그리스도를 닮은 중보자 한 사람이 이 땅에 나타나면 하나님께서 한 사회를 심판하실 필요가 완전히 없어집니다. 다시 한번 말씀을 외쳐 봅시다. "긍휼(자비)은 심판을 이기고 자랑하느니라(야고보서2:13)." 자비는 곧 하나님의 마음입니다. 예, 정말로 그렇습니다. 남자든 여자든 이 땅에서 그리스도와 같은 마음을 드러내는 한 사람이 있으면 하늘로부터 임하는 하나님의 심판을 늦출 수 있습니다.

주 예수님, 기도의 능력을 과소평가한 저를 용서해 주십시오. 당신의 자비를 계시하시려는 주님의 열정을 평가절하한 저를 용서하여 주십시오. 주님, 당신의 자비를 위하여 절대로 멈추지 말고 간구하는 제가 될 수 있도록 은혜를 베풀어 주시옵소서. 주님, 제 눈으로 보고 귀로 듣는 것에 근거한 믿음이 아니라, 당신의 자비에 근거하여 믿고 순종하는 믿음이 되게 해 주옵소서. 제 삶을 당신의 자비 위에 세우게 하옵소서. 예수님 이름으로 기도합니다. 아멘.

30장
형제를 참소하는 자

도덕성 문제나 재정을 잘못 사용한 것보다 형제를 참소하거나 교회의 결점을 드러내는 자들에 의해 더 많이 교회가 깨어지고 있습니다. 우리 사회에 이러한 영향이 너무 심각하게 널리 퍼져서 결점을 찾는 자들이 '사역'의 자리에까지 앉게 되었습니다! 하지만 주님께서는 당신의 집은 기도하는 집이 될 것이고 잘못을 찾아내는 것에서 허다한 죄를 덮어 주는 사랑으로 바뀌게 될 것이라고 약속하셨습니다. 우리의 목표는 결점을 찾는 자들로부터 우리의 마음을 기도하는 데로 돌려놓고 살아 있는 교회로 변화되는 일입니다.

사단은 하나님의 역사를 방해하고 교회의 결점을 캐는 군대마귀를 파견했습니다. 이 공격의 목적은 교회를 예수님의 완전하심으로부터 멀어지게 하고 서로를 불완전하게 하려는 것입니다. 남의 흠집만을 잡는 사람의 영적 임무는 모든 관계를 공격하는 것입니다. 가족을 공격하고, 교회를 공격하고, 교회 연합운동을 공격하여 연합을 다시 이루지 못하도록 하기 위한 분열을 일으킵니다. 분별력이 있는 것처럼 가장하고 다른 사람의 의견에 잠입하여 그들을 비판하고 판단하게 만듭니다. 우리 모두는 다른 사람에 대한 우리의 태도를 평가할 필요가 있습니다. 만약 우리의 생각이

'사랑을 통한 믿음의 사역'이 아니라면 영적 공격을 받을 수도 있다는 사실을 감지해야만 합니다.

결점을 캐는 마귀는 성도들에게 몇 날 몇 주에 걸쳐서 그들의 사역 또는 교회 안에서 오래된 잘못이나 죄를 파헤치도록 합니다. 이러한 속임의 영에 미혹된 사람들은 '십자군'이 되어서 그들이 속해 있는 회중과는 화해할 수 없는 원수 노릇을 하게 됩니다. 대부분의 경우 그들이 잘못되거나 부족하다고 생각하는 것은 주님께서 중보를 위해 찾으시는 부분들입니다. 영적 성장과 모임에 필요한 기회가 무너지거나 철회됩니다. 사실 비판은 기도하기 싫어하는 마음과 섬기기를 원치 않는 마음의 다른 모습입니다.

누군가가 그들의 목회자나 지도자, 교회의 불완전한 모습을 발견했다고 해서 그 사람이 더 영적인 것은 아닙니다. 우리가 크리스천이 되기 전에도 교회의 결점을 찾을 수 있었습니다. 기억하실 것은 예수님께서 인간의 상태를 보셨을 때 다음과 같이 행하셨다는 사실입니다. "오히려 자기를 비어 종의 형체를 가져 사람들과 같이 되었고 사람의 모양으로 나타나셨으매 자기를 낮추시고 죽기까지 복종하셨으니 곧 십자가에 죽으심이라(빌립보서2:7-8)." 예수님은 우리의 죄를 사하시기 위해 죽으셨지 심판하시기 위해 죽으신 것이 아닙니다.

예수님께서 공생애 기간에 하신 사역에는 아무 문제도 없었습니다. 그러나 바리새인들은 예수님에게서 결점을 찾았습니다. 이러한 공격을 하는 원수의 목적은 목자를 신뢰하지 못하게 만들어서 그 목자의 메시지를 불신하게 하는 것입니다. 저는 개인적으로 다양한 교단에 속해 있는 다수의 목회자들로부터 이러한 경험들을 듣습니다. 이 영의 공격은 거의 대부분 획기적인 성공이 있기 바로 직전이나 그 직후에 있게 됩니다. 그 결과는 교회가 앞으로 전진해 나아가는 것을 멈추게 만드는 것입니다. 이 영적인 공격에 빠진 사람들은 거의 다 예수님으로부터 눈을 떼고 '문제'에만 집중하며 예수님께서 실제로 그분의 몸 된 교회를 위해 기도하고 계신다는 것에 대해서 무시해 버립니다. 이 마귀에게 현혹되면 회중들 안에는 참소한 자와 다시 그들을 참소하는 자로 악순환이 계속되고 사람들 사이에는 의심과 두려움이 가득하게 됩니다. 이 마귀는 표적이 된 교회를 유린하고 낙심으로 가득하게 만들며 목회자와 그 가정 및 교회의 다른 하나님의 일꾼들을 파멸시키려고 합니다.

이 책을 읽는 거의 모든 목회자들이 한 번쯤은 결점을 캐는 영적인 공격에 직면하였을 것입니다. 각 목회자들은 지역교회를 통하여 이 참소의 영이 속삭이는 것의 근원지가 어딘지 찾으려고 노력했을 것입니다. 신뢰하던 친한 친구가 멀게 느껴지고, 잘 이어온 교제가 흔들리고, 교회의 비전은 곤경에 빠져서 싸움만 있을 뿐 전혀 활동이 없게 됩니다.

이 원수의 공격은 지역의 교회에만 한정되어 있는 것이 아닙니다. 이 영은 도시 전체 또는 온 나라를 공격합니다. 수많은 출판사들이 신뢰성이 전혀 없는 선정적인 이야깃거리를 싣고 중상모략하는 책을 팔아서 수백만 달러를 벌어들입니다.

결점을 캐는 자들은 마귀적인 본성을 가리기 위해 때때로 그들의 비판을 종교적인 옷으로 치장합니다. 교리의 '작고 하찮은' 오류로부터 양을 보호한다는 명목하에, 사랑이 없는 방법으로 낙타처럼 '엄청나게 큰' 오류를 범하며 양떼를 삼켜 버립니다. 결점을 캐는 자들은 성경을 잘못 사용하는 것을 정정하려고 시도하면서 성경을 범하는 잘못을 저지릅니다! 갈라디아서 6장 1절에서 바울이 말하고 있는 '온유한 심령(부드러운 영)'은 어디에 있는 것이며, '네 자신을 돌아보아 너도 시험을 받을까 두려워하라'는 겸손은 어디에 있으며, '그러한 자를 바로잡는' 사랑의 동기는 도대체 어디에 있단 말입니까?

대부분의 경우, 짐작건대 그 사람은 '죄'와 가까이 한 적이 전혀 없는데도 어떤 이가 함부로 단정지은 잘못된 소문들이 교회로 흘러 들어가게 됩니다. 형제들이여, 그러한 참소 뒤에 숨어 있는 영을 분별할 줄 알아야 합니다. 왜냐하면 그의 동기는 회복하고 치료하는 것이 아니라 파괴하는 데 있기 때문입니다!

교회는 분명히 바로잡아야 할 부분이 필요하지만 바로잡는 사역은 반드시 그리스도의 양식을 따라야 합니다. 요한계시록에서 소아시아에 있는 교회를 바로잡으실 때 예수님께서는 그들을 칭찬하고 약속을 주시는 중간에 꾸짖음을 추가하셨습니다. 그들에게 용기를 북돋아 주신 후에 그들의 잘못을 바로잡아 주셨습니다. 일곱 교회 중에 두 교회처럼 심지어 어떤 교회가 잘못에 빠져 있어도 그리스도께서는 여전히 변화될 수 있는 은혜를 베푸십니다. 예수님께서 얼마나 인내하고 계십니까? 주님은 이세벨에게까지 회개할 기회를 주셨습니다(요한계시록2:20-21). 교회를 권면하신 다음에 예수님께서 하신 말씀은 징계가 아니라 약속이었습니다.

이것이 바로 우리를 향한 예수님의 방법이 아니겠습니까? 심지어 가장 심각한 바로잡음에도 예수님의 음성은 항상 '은혜와 진리'로 충만합니다(요한복음1:14). 예수님은 그분의 양에 대하여 다음과 같이 말씀하셨습니다. "자기 양을 다 내어 놓은 후에 앞서가면 양들이 그의 음성을 아는 고로 따라오되 타인의 음성은 알지 못하는 고로 타인을 따르지 아니하고 도리어 도망하느니라(요한복음10:4-5)." 만약에 꾸짖는 말이나 바로잡는 말에 회복을 위한 은혜가 없다면 그 음성은 여러분의 목자의 음성이 아니라는 것을 기억하십시오. 만약 여러분이 그리스도의 양이라면 여러분은 참소하는 자리에서 떠날 것입니다.

교회를 참소하는 것이 무엇인지 찾기 위해서 우리가 알아야 할 것이 있는데, 그것은 바로 원수는 참소할 것을 지옥으로부터 가져온다는 사실입니다. 만약에 우리가 진정으로 회개하였다면 우리의 죄나 실수는 절대로 하늘나라에 기록되지 않습니다. 이는 분명하게 성경에 기록되어 있는 사실입니다. "누가 능히 하나님의 택하신 자들을 송사하리요 의롭다 하신 이는 하나님이시니(로마서8:33)." 예수님께서는 우리를 정죄하시는 것이 아니라 오히려 하나님의 우편에서 우리를 위하여 중보하십니다.

그러므로 결점만을 찾는 자들의 무기를 드러냅시다. 가장 먼저 우리의 실제적인 죄를 드러내야 합니다. 성령께서 우리의 잘못을 고치시려 할 때 회개하지 못하고 실패하게 되면 우리를 참소하려는 자에게 문을 열어 주는 꼴이 되고 맙니다. 원수의 음성은 회개를 위한 소망을 주지 못할 뿐 아니라 은혜를 베풀지도 못합니다. 원수의 음성은 마치 하나님의 음성인 양 역사해서 '용서받지 못한 죄'에 대하여 죄책감을 느끼게 합니다. 이러한 부분에서 원수를 쳐부수는 방법은 진실하게 죄를 회개하는 것입니다. 그리고는 다시 한번 우리의 의를 완성하신 그리스도의 속죄를 바라보는 것입니다.

사단은 우리들 한 사람 한 사람을 참소할 뿐만 아니라 우리의 마음을 휘

저서서 다른 사람들을 비판하고 정죄하게 만들기도 합니다. 서로가 서로를 위하여 기도하는 대신에 받은 공격에 대해 육신적으로 대응하게 만듭니다. 우리가 그리스도처럼 반응하지 못할 때 흠집만을 찾는 영에 의해 쉽게 조종당할 수 있습니다.

그러므로 서로를 잡아먹으려고 하는 대신 서로를 위해 기도하는 법을 배움으로써 형제를 참소하는 자들을 무찔러야 합니다. 우리는 그리스도께서 우리를 용서하신 것과 똑같은 태도로 남을 용서하는 법을 배워야 합니다. 누군가가 자신의 죄를 회개하였다면 하늘나라에서 존재하는 '신성한 잊혀짐'과 똑같은 태도를 취할 수 있어야 합니다. 우리가 그리스도의 본성을 드러낼 때 흠집만을 찾는 자들로부터 승리할 수 있습니다. 그리스도께서는 어린양처럼 죄인들을 위하여 죽으셨고 제사장으로서 중보하십니다.

마귀가 사용하는 두 번째 무기는 우리가 과거에 행한 실수들과 잘못된 결정들입니다. 성인들이 자신의 본질적인 지혜로 인해서 성인으로 불린 것이 아니라는 사실을 알기 위해서 성인들의 과거를 굳이 자세하게 살펴보지 않아도 됩니다. 우리 모두는 실수를 범하고 살아갑니다. 적어도 실수를 통하여 배우기를 바라며 실수로 인해 겸손을 개발하기를 소망합니다. 그러나 결점만을 찾는 마귀는 우리가 범한 과거의 잘못을 사용합니다. 잘못들을 꼬리에 꼬리를 물게 하여 하나님의 뜻을 행하려는 우리의 노력을 비판하고 우리를 과거의 속박 아래 있게 만듭니다.

원수는 우리가 서로 경쟁하게 만들며, 경쟁도 하기 전에 우리로 하여금 먼저 시기하고 두려움에 떨게 합니다. 다른 사람의 성공 때문에 우리의 삶이 위협을 받게 되는 것처럼 느끼게 합니다. 때때로 우리는 자기 자신의 실패나 흠결을 정당화하기 위하여 다른 사람들이 과거에 실패한 것들을 확대하기도 합니다. 우리의 시기가 커지면 커질수록 이 원수 마귀는 자신이나 그 사람이 출석하는 교회가 올바른 것이 아무것도 없는 것처럼 느끼게 될 때까지 더욱더 우리의 생각을 악용합니다.

하지만 우리 스스로 원수 마귀는 속이고 위험한 존재라는 것을 확신할 때, 우리는 다른 사람을 따뜻하게 해 주는 것이 우리 자신에게 달려 있다고 생각하게 됩니다. 흠집만을 찾는 마귀에 의해 조종당하는 사람이야말로 속임을 당하고 위험에 처해 있는 사람입니다. 왜냐하면 시기하고 육신적인 비평에 대하여 회개하지 못한 생각은 지옥 같은 상황을 만들기 때문입니다. 슬프게도 때때로 지도자들이 주님에 대한 첫사랑의 열정을 잃어버리게 되면 다른 사람들에게 임하는 성령의 역사에 대하여 가장 강렬한 박해를 하게 됩니다. 그런 자들에 의해 그리스도의 제자들이 박해를 받게 되지만 저는 성경 어디에도 그리스도인이 그리스도인을 박해해도 된다는 기록을 찾아볼 수 없습니다. 박해는 육신의 행위입니다. "그러나 그때에 육체를 따라 난 자가 성령을 따라 난 자를 핍박한 것같이 이제도 그러하도다(**갈라디아서4:29**)." 놀랍게도 때때로 다른 사람을 박해하는 자들은 자신들이 하는 행위가 실제로 "하나님을 섬기는 것(**요한복음16:2**)"이라고 생각합니다.

이러한 원수에 대항하여 싸우기 위해 우리는 개인적인 차원은 물론이요, 교회 안에서 연합하여 은혜의 분위기를 만들어야 합니다. 만약 한 성도가 넘어지면 우리는 서로 '지체'이기 때문에 그를 위선적으로 정죄하는 것이 아니라 오히려 재빠르게 보호해 주어야만 합니다(에베소서4:25). 성경은 "너희는 골육지친을 가까이하여 그 하체를 범치 말라 나는 여호와니라"고 기록하고 있습니다(레위기18:6). 우리는 아버지가 같은 한 가족입니다. "너는 손녀나 외손녀의 하체를 범치 말라 이는 너의 하체니라(레위기 18:10)." 심지어 구약의 언약 아래서도 다른 사람들의 잘못을 공개적으로 드러나게 하는 것을 인정하지 않았습니다. 사랑은 허다한 죄를 덮을 수 있는 속죄의 방법을 찾는 것입니다.

참소하는 자의 또 다른 무기는 교활함입니다. 우리가 하나님과 동행하며 열매를 풍성하게 맺을 때, 때로는 아버지께서 우리를 더 깨끗하게 하시고자 가지치기를 하시는 경우가 있습니다. 이 시기는 준비하는 시기로서 주님은 당신의 종이 사역을 위해 새로운 권능으로 무장하기를 원하십니다. 이렇게 새롭게 성장하기 위해서는 육신의 정욕을 다시 한번 십자가에 못 박아야 할 뿐만 아니라 주님께 더 높은 수준의 순종과 복종을 해야 합니다. 이러한 때는 하나님께서 우리로 하여금 더욱더 의존하도록 하시는 시간이며 스스로 수치스럽고 무가치하며 무력하게 느껴지는 시간이기도 합니다.

불행하게도 이러한 연약함의 시간은 하나님의 사람들의 눈에 또렷하게 보일 뿐만 아니라 세상 주관자에게도 그러합니다. 결점만을 찾는 영, 그리고 그 영처럼 생각하는 자들은 공격 목표를 짓밟기 위해서 목표물이 연약해질 때만을 찾습니다. 이러한 상황에 결점만 찾는 자의 공격은 아주 치명적입니다. 여기서 마귀는 교회에서 영적 전쟁을 위해 무장된 성숙한 사역자들이 배출되는 것을 막아 버립니다.

사단은 이미 결점만 찾아다니는 자와 험담하는 자들을 교회에 심어 놓았습니다. 요컨대 형제를 참소하는 자에게 동조하는 사람들은 마태복음 24장 28절의 "주검이 있는 곳에는 독수리들이 모일찌니라"는 말씀을 성취하는 자들입니다. 이렇듯 탐욕스럽게 뒤통수만 치는 사람들은 실제로 자신의 비열한 본성을 채우는 데에 급급합니다. 왜냐하면 그런 자들은 교회 안에 있는 죽은 자를 찾고 죽어 가고 있는 자들에게 매력을 느끼기 때문입니다.

이러한 결점을 찾아다니는 자들은 본능적으로 교회들에게 있는 이슈들을 찾아다니기 때문에 이내 다른 곳으로 떠나가 버립니다. "이 사람들은 원망하는 자며 불만을 토하는 자며 그 정욕대로 행하는 자라 그 입으로 자랑하는 말을 내며 이를 위하여 아첨하느니라 사랑하는 자들아 너희는 우리 주 예수 그리스도의 사도들의 미리 한 말을 기억하라 그들이 너희에게 말하기를 마지막 때에 자기의 경건치 않은 정욕대로 행하며 기롱하는 자들이 있으리라 하였나니 이 사람들은 당을 짓는 자며 육에 속한 자며 성령은 없는 자니라(유다서1:16-19)." 그런 자들은 함께 하던 형제자매들에게 심한 상처와 아픔을 주고 목회자의 마음에 큰 고통을 안겨 주고는 떠나 버립니다. 그들은 교회를 떠난 후 또 다른 교회를 파괴하고자 전략적으로 자리 잡기 시작합니다.

오늘날 하나님께서는 보다 강력한 권능과 권세를 가진 하나님의 종들을 찾으십니다. 하나님의 귀한 사역자들이 성장해 가는 과정 중에서 하나님께서 가지치기를 하시는 단계를 지날 때 우리는 기도로써 물을 주어야 할까요? 아니면 가지가 잘려 나가는 고통 가운데 힘들어하는 사역자들을 아주 말라 죽어 버리게 하는 일에 동조해야 할까요?

참소하는 자들에게는 왜곡된 사실과 비난거리가 가득합니다. 참소하는 자의 영에 사로잡힌 자들은 자신이 속한 조직의 가치나 자신이 공격하는 사람에 대하여 절대로 조사하지 않습니다. 결점을 찾아다니는 자들이 죄를 드러내려고 하는 열정을 가진 것같이 이러한 원수를 정복하려는 사역자들은 하나님의 마음과 책망받을 자들을 위한 하나님의 부르심을 간절히 구해야 합니다.

그러므로 참된 바로잡음은 복수를 통해서 되는 것이 아니라 존경함으로 되는 것입니다. 진실로 여러분이 바로잡으려고 하는 자들은 그리스도의 종들이 아닙니까? 잘못한 사람들 역시 그리스도의 소유가 아닙니까? 만약에 우리가 시기하고 비난한다면 그리스도의 사역이 어떻게 되겠습니까? 그리고 왜 하나님께서 여러분을 선택하여 잘못을 범한 사람들에게 하나님의 책망을 전하게 하시는지 자신에게 물어보십시오. 여러분은 그리스도의 방식대로 행하고 있습니까?

우리에게 '그리스도의 방식대로 행하고 있는가'라는 질문은 매우 중요한 질문입니다. 그리스도의 권위로 기름부음을 받아 꾸짖어야 하므로 우리는 그리스도의 사랑으로 다른 사람들에게 헌신해야 합니다. 하지만 우리가 다른 사람들에게 화를 내거나, 원한을 품는다든가, 시기한다면, 우리는 그 사람을 위해 올바른 기도조차 할 수 없게 되며 그 사람을 훈계한다는 것은 말도 안 되는 것이 됩니다. 예수님은 인간의 죄를 대신하여 죽으신 어린양이십니다. 만약 우리가 사람들을 위해 죽기로 결단하지 못했다면 심판할 권리도 없습니다.

진실로 우리를 향한 주님의 뜻은 주님의 집에 대한 비난이 기도로 바뀌어야 한다는 것이며, 잘못만을 찾아내는 행위는 사라져야 하며, 나아가 사랑으로 대신하여야 한다는 것입니다. 결점이 있는 곳은 어디든지 회복시키려는 동기를 가지고 다가가야 합니다. 잘못된 교리가 있을 때에는 부드러운 영을 가지고 반대하는 사람들을 바로 잡아야 합니다.

주 예수님, 우리에게 기도가 부족함을 용서하여 주시옵소서. 사랑이 약한 것을 용서하여 주시옵소서. 주님, 주님과 같이 되기를 원합니다. 그러기 위해서 당신이 필요합니다. 비판하는 대신 우리의 삶을 드리게 하옵소서. 주님, 이러한 마귀의 공격으로부터 주님의 교회를 치료하게 하소서! 예수님 이름으로 기도합니다. 아멘.

31장
이세벨과 영적 권세

　이세벨의 영은 목회자와 교회의 중보자들을 이간질하여 분열되게 하는 것이 목표입니다. 이에 대한 해결 방법은 교회의 목회자를 위해 중보하는 이들과 소통하며 그들을 돕는 것입니다. 무엇보다 중보자들은 목회자의 비전이 영적으로 성취되도록 기도해야 합니다.
　목회 현장의 지도자들이 포위되어 공격을 당하고 있습니다. 제가 말씀을 전하는 모든 콘퍼런스에서 다양한 목회자들이 제게로 와서 말하기를 자신들의 목회 현장에서 이세벨이 행했던 것과 흡사한 무시무시한 전쟁을 경험한다고 이야기합니다. 그러한 내용을 듣기 위해 멀리 다닐 필요는 없습니다. 그러한 분쟁에 대해 수많은 목회자들로부터 간절하고 특별한 기도를 부탁하는 전화, 편지, 이메일을 받아보지 못한 주간은 한 주도 없었습니다. 이 전쟁은 오직 한 가지에 관한 것입니다. 사단은 영적 권위를 무력화시키려고 하며, 지옥의 원수 중에서 이세벨의 영보다 이를 더 효과적으로 수행하는 원수는 없습니다.

　이세벨의 영이 교회의 지도자를 공격할 때에, 그것이 유혹이든 혼란이든 마술이든 공포든 낙심이든 간에, 그 공격의 결국은 목회자들의 영적 권세를 무력화하는 것입니다. 그래서 예수님께서는 이세벨을 극복하는 교회에게는 "만국을 다스리는 권세"를 주시겠다고 약속하신 것입니다(요한계시록2:26-28). 이세벨의 영은 교회를 분열시키고 축소시키려 하며 그렇게 되고 나면 하나님께서 교회 지도자들에게 주신 영적 권위를 제거해 버립니다.

목회자들에게 하나님께서 주신 영적 권위가 없으면 교회는 제대로 기능을 할 수 없습니다. 교회는 혼란스러워지고 영적 권세 대신 야망만 있게 되며 혼돈이 교회를 다스리게 됩니다. 참된 영적 권위는 보호하심의 근원이 되며 가정이나 교회를 보호하고 살찌우는 살아 있는 안식처가 됩니다. 사단은 크리스천 모임의 지도자들을 무력화시키려고 듭니다. 목자를 넘어뜨리면 양들이 흩어지기 때문입니다.

이세벨의 영이 교회들을 공격하는 또 한 가지 방법은 목회자의 권위를 위하여 중보기도하는 자들을 치는 것입니다. 교회는 중보자들이 필요한데 중보자들이 없다면 교회는 앞으로 나아갈 수가 없습니다. 그러나 만약 중보자들이 목회자들의 비전에 대항하여 자신들의 것을 주장하면 이는 이미 이세벨의 영이 교회에 침투하여 분열을 초래한 것입니다.

이세벨의 영의 속임수는 아주 교묘한 것이어서 종종 목회자들의 비전과 다른 그들의 비전이 하나님께로부터 온 것처럼 포장되어 있습니다. 그러한 것을 받아들이면 이세벨에게 문을 열어 주게 되고 분열을 초래하는 것입니다. 목회자와 교회 중보자들의 가장 좋은 관계는 중보자들이 교회의 지도자의 비전을 위해 기도하는 것입니다. 목회자의 책임은 이끄는 것이며 중보자들의 책임은 협력하는 것입니다. 중보자들이 교회에 있는 이유는 교회 안에 또 다른 교회를 세우기 위한 것이 아닙니다. 만에 하나 그런 일이 생긴다면 이는 교회의 모든 성도들에게 고통이 되고 아픔이 됩니다.

하나님께서는 각 회중마다 독특한 소명과 책임을 주십니다. 이러한 점에서 지역 교회를 위한 방향과 목적은 지역 교회를 설립한 목회자에게 주어집니다. 교회를 창립한 목회자가 교회를 떠나게 되면 그 교회의 비전은 장로들에게 전해지고, 장로들은 그 비전에 의해서 후임 목회자를 세우게 됩니다. 그러면 후임 목회자는 하나님께서 그 교회에게 주신 역사적인 소명을 계속해서 이어 가게 되는 것입니다.

교회의 목회자가 완전하지 못할지라도 여전히 '그 집의 지도자'로서 하나님에 의해 기름부음을 받습니다. 목회자는 여러 사역자들과 함께 교회의 모든 성도들을 연합하여 사역함으로 주님께서 주시는 비전을 세워야 합니다. 이러한 책임을 이루기 위해서 다양한 자원들이 있을 수 있습니다. 목회자의 지도력은 주님으로부터 그 개인에게 직접 올 수도 있고, 또는 장로들의 모임이나 사역팀을 통한 협의체 형식으로 이루어질 수도 있으며, 또한 다양한 책의 저자들이나 콘퍼런스에 참석하여 들은 말씀이나 다른 목회자들을 통해 만들어질 수도 있습니다.

중보자들은 교회의 모든 성도들을 인도하는 책임이 중보자들에게 있는 것이 아니라 하나님께서 세우신 지도자에게 있다는 것을 반드시 인정해야 합니다. 지도자로서 불완전하다 할지라도 중보자들은 절대로 현재의 목회자가 회중을 이끌어 가고 있는 것과 다른 새로운 비전을 소개해서는 안 됩니다.

한두 중보자가 예언적인 증언으로 교회의 지도자를 움직이려 하고 압력을 가하여 조정하려고 할 때 악한 영이 역사하고 있다는 사실을 깨닫고 경계하십시오. 목회자에 대한 중상모략이 일어나고 그러한 증언을 따르려는 성도들이 생겨나서 성도와 목회자가 이간질 될 때 그 일이 이세벨로부터 온 책략인 것을 깨달아야 합니다. 교회 안에 스스로 자신을 영적 권위자로 세워서 목회자나 지도자의 권위를 짓밟는 자들을 경계하십시오. 예언적인 중상모략으로 분열을 초래하는 자들에게 끌려다니지 말고 목회자의 비전을 위해 기도하십시오.

하나님께서 온 우주 만물의 질서를 세우신 것을 경외하지 못한다면 하나님을 진실로 알지 못하고 그분을 하나님으로 제대로 인정하지 못하는 것입니다. 그렇습니다. 전능하신 분은 생명과 자유를 사랑하시지만 모든 창조의 구조는 변치 않는 질서의 기반이 먼저 세워진 후에 만들어졌습니다. 이 불변의 물리학적인 법칙을 토대로 생명이 생겨났습니다. 질서는 생명의 근원입니다.

우리가 반드시 기억해야 할 것은 우주 만물의 구조적인 질서가 창조된 것처럼 교회가 창조되었다는 점입니다. 교회에는 그리스도에 연합된 영적인 질서가 있으며 그리스도께서는 사람을 통하여 교회에 지도력을 주셨습니다. 하나님은 질서의 하나님이시며 질서는 생명과 자유보다 선행되는 것입니다. 하나님의 마음은 질서 정연합니다. 그분의 뜻은 질서이며 만물이 질서를 유지하도록 '질서'를 주셨습니다.

주목해야 할 점은 주님 스스로도 그분께서 창조하신 질서를 존중하신다는 사실입니다. 바울에게 나타나시어 그에게 하신 말씀을 상고해 봅시다. 주님께서 영광 중에 바울에게 나타나셨을 때 바울은 실제로 앞을 볼 수 없게 되었습니다. 그 상황에서 주님께서 바울에게 "네가 일어나 성으로 들어가라 행할 것을 네게 이를 자가 있느니라(**사도행전9:6**)"고 말씀하셨습니다. 왜 주님께서 직접 바울을 치료하지 않으셨을까요? 왜 주님께서 바울에게 직접 어떻게 하라고 말씀하시지 않았을까요? 바울은 하나님께 나아가기 위해 자신이 먼저 사람에게 복종해야 한다는 것을 배워야 했습니다. 이것이 바로 하나님의 질서이며 주님 스스로 질서를 존중하신 것입니다. 바울은 아나니아를 통해 예수님에 관해 들어야만 했습니다.

고넬료의 경우는 어떻습니까? 천사가 이 로마 백부장의 꿈에 나타나서 시몬 베드로라 불리는 사람이 구원의 길을 자신에게 설명해 줄 거라고 말했습니다. 왜 간단하게 천사가 직접 고넬료에게 예수님에 관하여 이야기해 주지 않았을까요? 전능하신 하나님의 세계에서 하나님은 질서대로 행하십니다. 처음으로 그리스도를 영접하는 이방인으로서 그가 하나님의 나라에 들어가기 위해서는 유대인의 초청이 필요했습니다. 하나님은 당신이 창조하신 질서를 존중하셨습니다.

사도행전에 있는 초대 교회의 모습을 생각해 봅시다. 오순절 이후에 빌립이 사마리아인들에게 복음을 전했을 때 이적과 회심과 엄청난 표적이 일어났습니다. 하지만 빌립은 사마리아인들이 성령을 받도록 그들에게 안수하지 않았습니다. 왜 그랬을까요? 하나님께서는 그분의 사역자인 빌립으로부터 먼저 사도들의 권위를 세우는 질서를 존중하도록 하셨습니다.

하나님께서는 당신의 교회 안에 질서를 세우셨습니다. 질서가 어떻게 세워졌고 어떠한 방법으로 정의되었든 간에 이는 질서의 출발점이며 여러분이 동의하든 안 하든 항상 존중되어야 합니다. 대부분의 교회는 목회자에 의해 인도됩니다. 어떤 교회는 장로나 집사로 구성된 회의체로 운영되기도 합니다. 어떤 구조를 가지고 있든지 불화를 일으키지 말고 그 구조를 존중하고 순종하십시오. 만약에 여러분이 현재의 구조에서 영적으로 성장할 수 없다고 느끼시면 영적으로 성장할 수 있는 교회를 찾으십시오. 그러나 그 질서가 익숙하지 못하고 불편하다고 해서 불화를 일으키지는 마십시오.

교회의 치리 형태가 문제가 아니라 교회가 어떠한 형태를 취하든지 중요한 것은 교회 안에 생명이 있느냐 없느냐입니다. 바울은 사도와 선지자와 전도자와 목사와 교사에 관하여 기록하였지만, 요한은 교회를 아버지와 젊은이와 자녀들로 말하였고, 반면에 베드로는 장로와 목자와 하나님의 양 무리로 말하고 있습니다. 문제는 '어떻게 질서를 정의하는가'가 아니라 교회에 이미 질서가 성립되어 있다는 것을 인식하는 것이며 세워져 있는 질서를 존중해야 한다는 것입니다. 물론 이미 설립된 질서가 변경될 수도 있습니다. 하지만 변경을 위해서는 먼저 교회의 장로들에게 변경될 내용을 알려야 하고 목회자의 동의를 얻어야 합니다. 하나님의 인도하심이 분명하다는 확신이 들면 대가를 치르고서라도 변경해야 합니다. 하지만 누군가가 교회가 지향하고 있는 것에 문제가 있다고 지적한다고 해서 강제로 변경해서는 안 됩니다.

이세벨의 영이 교회에 드러나기 시작하면 그것은 곧바로 교회의 영적 권위 구조를 손상시키려고 합니다. 이세벨의 영이 직접적으로 지도자를 미혹하거나 그로 하여금 도덕적으로 죄를 범하게 만들어서 지도자의 권위를 약화시키지 못한 경우, 이세벨의 영은 교회에 분쟁이 일어나게 만들고 지도자의 권위가 도전받게 만듭니다. 이 영은 이세벨이란 이름이 존재하기 전부터 있었다는 사실을 명심하십시오. 비록 우리들이 이세벨을 '여성'으로 언급하지만 이 영은 성별을 초월하여 존재합니다. 유의할 점은 대부분의 악한 세력들이 지도자의 위치에 있는 남성을 목표로 하지만 이세벨은 육체적인 힘이 없이도 정교하고 교활한 여성의 능력을 사용하여 역사합니다. 이세벨은 자신이 여성 예언자라고 자처하며 왕을 좌지우지했던 여왕이었음을 기억하십시오. 그와 같이 이세벨의 영은 교회를 좌지우지하려고 합니다. 그렇게 함으로써 이세벨은 거짓 권위로 회중 속에 있는 작은 그룹들에 역사합니다. 결과는 교회를 분열시키고 참된 권위를 무력화하며 목회자를 탈진하게 만듭니다.

하나님의 질서 안에서 우리 각자가 적절하게 거할 장소가 있습니다. 예수님께서는 아버지 집에 "거할 곳이 많도다"라고 말씀하시며 우리를 위해 처소를 예비하러 가신다고 말씀하셨습니다. 아버지 집은 오직 하늘나라에서만 존재하는 곳이 아닙니다. 예수님의 몸인 교회를 통해 이 땅에도 계시되었습니다. 언제든지 우리가 교회의 질서를 무너뜨리려고 할 때 우리는 거할 처소에서 뛰쳐나와 '영원한 어두움의 권세가 다스리는 영역'에 처하게 되는 것입니다(유다서1:6).

친구들이여, 여러분들이 하나님께 예배드리는 교회 공동체의 질서에 충실하십시오. 만약에 현재 예배드리는 교회가 여러분의 체질에 맞지 않는다면 다른 교회를 찾으십시오. 만약에 당신의 체질에 맞는 교회를 찾지 못한다면 그리스도인의 비전이 성취될 수 있는 교회를 시작하라는 소명이 여러분에게 있을지도 모릅니다. 하지만 무엇을 하든지 절대로 거짓 권위를 드러내지 마십시오. 절대로 험담이나 불화를 일으켜서 여러분의 교회나 주변 교회의 권위를 무너뜨리지 마십시오. 오히려 목회자의 비전을 위해 기도하십시오. 그렇게 함으로써 당신은 하나님께서 예정하신 대로 교회가 사역할 수 있도록 돕게 되고 그 교회를 위한 하나님의 특별한 섭리가 성취되도록 섬기게 되는 것입니다.

하나님, 이 땅과 이 땅 위에 있는 교회에 질서를 세우심을 감사드립니다. 저는 제 자신이 완전하지 못한 것처럼 제가 섬기는 교회의 목회자가 완전하지 않다는 것을 알고 있습니다. 하나님과 함께 할 수 있도록 저를 도와주시고 저로 하여금 지도자의 비전에 항상 동참하게 하시고 그렇게 하는 과정을 통해서 더욱더 그리스도를 닮아 가게 하여 주옵소서. 예수님 이름으로 기도합니다. 아멘.

32장
변하지 않는 사랑

성경은 그리스도와 우리의 관계를 하나의 상징적인 그림으로 묘사하고 있습니다. 그리스도는 몸의 머리이시고, 아내의 남편이시고, 성전의 하나님이십니다. 이러한 강력한 비유에도 불구하고 주님의 임재와 우리 사이에는 어느 정도의 거리감이 남아 있습니다. 이 거리감은 시험입니다. 그럴지라도 우리의 소명은 영원까지 다다르는 하나님의 사랑을 가지고 그리스도의 영광과 임재를 이 땅에서 누리는 것입니다.

"하나님이 하늘에서 인생을 굽어살피사 지각이 있는 자와 하나님을 찾는 자가 있는가 보려 하신즉(시편53:2)." 간단히 말해 우리 모두는 예수님을 더욱더 찾고 붙잡아야 합니다. 세상이 점점 더 악해져 가고 있는 이 시점에서 우리 자신의 프로그램과 아이디어로는 실패하고 맙니다. 현실을 직시하는 사람은 하나님을 찾습니다. 현명한 자는 오직 그리스도만이 우리의 전략이고 희망이라는 사실을 압니다. 만약 한 도시 안에 이러한 참된 진리를 올바르게 아는 사람이 한 사람만이라도 있다면 그로 인해 세상을 변화시킬 수 있습니다.

이번 장의 내용은 하나님을 찾는 것에 관한 것입니다. 솔로몬의 아가 3장 1-4절은 신랑과 신부가 멀리 떨어져 있는 것을 참을 수 없다는 내용을 담고 있습니다. 본문에서 신부는 그리스도를 간절히 소망하는 교회를 상징하고 신랑은 그리스도를 상징합니다.

"내가 밤에 침상에서 마음으로 사랑하는 자를 찾았노라 찾아도 찾아내지 못하였노라." 이처럼 진정으로 하나님을 찾는 것은 사랑으로부터 시작됩니다. 우리가 하나님을 추구하는 것은 훈련에 의해 되는 것이 아니라 열정으로 되는 것입니다. 또한 희생 제물로 되는 것이 아니라 미혹되지 않는 참사랑으로 되는 것입니다. 참으로 사랑하는 자가 떠났기에 잠을 이룰 수 없는 것입니다.

하지만 어떤 사람들은 '나는 이미 주님을 알고 있어. 이미 그분을 찾았거든!'이라고 말할 것입니다. 진실을 말하면 그분이 우리를 찾는 것이지 우리가 그분을 찾는 것이 아닙니다. 우리의 구원은 철저하게 이 진리에 의한 것입니다. 하지만 그리스도께서 우리를 찾으신다는 신뢰 가운데 거할 때, 주님의 신부들은 지금 주님을 찾기 위해서 일어납니다. 주님께서 영감을 주셨던 바로 그 사랑으로, 신부는 자신이 진심으로 사랑하는 분을 찾고 있는 것입니다.

우리는 아직 주님에 대해 많은 것을 배우고 알아야 한다는 사실을 깨우쳐야 합니다. 모세는 하나님께 쓰임 받으면서 이집트의 신들과 대적하여 승리하고 주님의 영광에 40년이나 거한 후 생명이 거의 다하였을 즈음에 "주 여호와여 주께서 주의 크심과 주의 권능을 주의 종에게 나타내시기를 시작하셨사오니"라고 하였습니다(신명기3:24). 우리가 생각하는 '안다'라고 하는 것은 단지 그분의 영광을 '힐끗' 본 것에 지나지 않습니다. 사도 바울은 "누구든지 우리 온전히 이룬 자들은 이렇게 생각할지니"라고 하였습니다(빌립보서3:15). 그리스도를 찾고 알려고 하는 것은 성숙한 자들의 태도입니다. 이것만이 그리스도의 신부가 품어야 할 유일한 생각입니다.

이러한 과정을 통해 성숙해 나가는 중에 어떤 순간이 되면 우리 마음속에는 단순히 지식적, 교리적인 것을 뛰어넘는 하나님에 대한 사랑이 생겨나게 됩니다. 그리스도의 신부에게 신랑을 향한 간절함이라는 것은 '내일 아침에 일어나면 좋아지겠지'라고 말한다고 해서 해결되는 것은 아닙니다. 사랑하는 남편의 빈자리를 채워 줄 수 있는 것이 이 세상에 아무것도 없습니다. 우리는 끊임없이 주님을 찾아야 합니다. 하나님을 향한 참된 사랑은 변하지 않는 열망입니다. 음식을 먹지 못하면 죽는 것처럼 그분이 없으면 죽을 수밖에 없다는 것을 느끼게 됩니다. 아가서의 신부는 '밤마다 신랑을 찾았다'라고 말하고 있습니다. '종교'가 되어 버린 신랑에 대한 과거의 지식은 신부에게 그다지 위안이 되지 못합니다. 신부는 지금 신랑을 원하고 있습니다!

우리가 진심으로 주님을 찾는 것을 방해하는 수많은 요인들이 있습니다. 신부는 "마음에 사랑하는 자를 거리에서나 큰길에서나 찾으리라 하고 찾으나 만나지 못하였노라"며 애통해합니다. 신랑을 찾으려는 신부의 첫 번째 노력은 수포로 돌아갔습니다. 대부분의 사람들은 그럴 때 포기하고 마는데 그녀는 신랑을 찾는 일을 결코 포기하지 않았습니다. 진실로 가장 높으신 분은 비밀스런 장소에 계십니다. 비록 숨어 계시지만 우리는 그분께 나아갈 수 있습니다.

성경을 새롭게 이해하는 것과 같은 좋은 일들이 주님께로 나아가는 노력을 방해하는 요인이 될 수도 있습니다. 그것이 최후 목표가 되어서는 안 되기 때문입니다. 예수님 외의 다른 어떤 것이 예수님을 찾는 일에 방해거리가 되어서는 안 됩니다.

 단순히 편리한 시간이나 편안한 장소에서는 하나님을 찾을 수 없다는 사실을 명심하시기 바랍니다. 쉬운 방법을 선택하기보다는 하나님을 찾기 위해 결단하고 하나님께서 우리에게 드러내 주실 때까지 계속해서 순례의 여정을 가야만 합니다(빌립보서3:12). 우리는 하나님을 만나게 될 것을 확신할 수 있습니다. 왜냐하면 하나님께서는 우리가 전심으로 하나님을 찾을 때 하나님을 찾게 될 것이라고 이미 약속해 주셨기 때문입니다(예레미야29:13).

 많은 사람들에게 기독교는 그저 태어나면서 가지게 되는 종교에 불과합니다. 어떤 사람들에게는 비록 예수님이 그들의 구원자이긴 하지만, 그 사람들과 예수님의 관계는 예수님이 과거에 행하신 것만을 되새기는 역사 공부에 지나지 않습니다. 그러나 예수님의 임재를 경험하고 있는 성도들에게 그리스도는 구원자이시며 그 이상이 되십니다. 예수님은 생명 그 자체이십니다(골로새서3:4). 예수님께서 여러분의 생명이 되시면 여러분은 그분이 없이는 살아갈 수 없습니다.

 하나님을 찾아 헤매는 한 남자의 이야기를 들려 드리겠습니다. 어느 날 하나님에 대해서 알기 위해 그 남자는 나이 든 교수님의 발 앞에 엎드렸습니다. 교수님은 이 젊은이를 어깨 정도 깊이의 호숫가로 데려갔습니다. 교수님은 젊은이의 머리에 손을 얹고 그 남자가 진짜로 익사할 정도로 물속에 밀어 댔습니다. 그 남자는 익사하지 않으려고 필사적인 저항을 했습니다. 잠시 후, 간신히 수면 위로 올라온 그 남자는 "이게 무슨 짓입니까?"라며 마구 화를 냈습니다. 교수님은 그 남자를 쳐다보면서 다음과 같이 말했습니다. "네가 숨을 쉬기 위해 저항했던 것처럼 하나님을 찾는다면 너는 반드시 하나님을 만나게 될 것이다!"

이것이 바로 "하나님이여 사슴이 시냇물을 찾기에 갈급함같이 내 영혼이 주를 찾기에 갈급하니이다(시편42:1)"라고 읊었던 시편 기자의 마음이 아니었을까요? 여기서 핵심은 열망만이 아니라 생존입니다. 물에 빠져 익사하는 사람에게 공기가 필요한 것처럼, 사슴이 시냇물을 찾아 헤매는 것처럼, 저는 주님이 필요합니다. 어떻게 살아 계신 그리스도 안에 거하지 않으면서 존재할 수 있단 말입니까?

신부는 계속해서 "내가 일어나서 마음에 사랑하는 자를 거리에서나 큰 길에서나 찾으리라" 다짐하고 찾아다닙니다. 신랑을 찾을 때까지 자신의 뜻을 굽히지 않는 신부는 침상으로부터 일어나 신랑을 찾기 위해 거리를 방황합니다. 자신의 집에서 누릴 수 있는 안락함과 따뜻함을 뒤로 한 채 어둡고 무서운 거리로 나와 자신이 사랑하는 자를 찾아 나섭니다. 목회자들이여, 주의하십시오! 이 교회 저 교회를 두리번거리는 사람들 모두가 비헌신적이거나 형식적인 크리스천은 아니라는 사실입니다. 그들 중에는 전심으로 그리스도를 찾아다니는 사람들도 많습니다. 그들이 묻습니다, "당신은 주님을 보셨습니까?"

신부는 기독교의 전통과 신앙으로 비유되는 거리와 광장을 방황하며 그곳에서 어둠의 세력과 권세에 직면하고 있습니다. 하지만 그 어떤 것도 신부를 멈추게 할 수 없습니다. 신부에게 필요한 잠도 그녀를 멈출 수 없고 어두움에 대한 두려움도 그녀를 멈추게 할 수 없습니다. 오직 그리스도를 사랑하는 사랑만이 그녀로 하여금 이 모든 어려움에도 그분을 찾게 하였습니다.

그러나 '신랑을 찾아도 찾을 수 없는 현실'에 신부는 실망합니다. 우리는 '신부가 그렇게 열심을 내어 찾았으니 하늘이 신부의 울부짖음에 응답할 만도 한데'라고 생각하며 그 정도 했으니 이제 집으로 돌아가야겠다고 느꼈을 것으로 생각할 수 있습니다.

하지만 신부는 그렇게 하지 않았습니다. 이처럼 우리도 스스로 만족해서 해야 할 일을 포기해 버리는 자가 되어서는 안 됩니다. 우리는 때때로 '기도할 만큼 했고, 기다릴 만큼 기다렸고, 하나님을 찾을 만큼 찾았고, 다른 사람들이 하는 것보다 훨씬 더 많이 했으니' 그만해도 되겠다는 결정을 내리기도 합니다. 이렇게 스스로 내리는 거짓 보상은 자신의 영혼을 스스로 찬양하고 높이는 결과를 초래합니다. 만약 우리가 하나님을 진짜로 찾으려면 우리는 우리 자신을 비우고 하나님만 찾는 갈급함에 머물러 있어야 합니다.

신부는 도시를 돌며 순찰하는 파수꾼을 만났을 때, '내 영혼이 사랑하는 그분을 보셨나요?'라고 묻습니다. 신랑을 만나기 위해 침실로부터 뛰쳐나와 파수꾼을 만날 때까지 찾아 헤맸습니다. 주의 깊게 살펴보아야 할 점은 파수꾼이 그녀를 만났다는 점입니다. 파수꾼은 오늘날 하나님의 말씀을 전하는 사역자에 해당하는 사람입니다. 그들의 최고의 사역은 신부를 찾아서 신랑이신 예수님께 데려다주는 것입니다. 수없이 많은 사람들이 사역자에게 격려의 말이나 계시를 받기 위해 가지만 신부는 예수님만을 찾습니다.

'내가 진정으로 사랑하는 그분을 만나기 위해 그들을 떠났습니다(아가

3:4).' 이것이 주님을 찾아가는 가장 위대한 동기입니다. 그분을 만나는 시간이 반드시 올 것입니다! 여러분은 시험을 통과하고 모든 장애물을 극복할 것입니다. 여러분은 그리스도의 품 안에 안기게 될 것입니다.

신부는 '나는 그분을 붙잡고 놓아주지 않을 것'이라고 말합니다. 제 마음속에는 그리스도의 텅 빈 무덤가에 있던 마리아가 떠오릅니다. 사도들이 와서 동굴 안을 들여다보고 놀라움을 금치 못하고 떠났지만, 마리아는 주님의 무덤을 떠나지 못하고 울고만 있었습니다. 그리스도의 죽음은 무서운 것이었고 텅 빈 무덤은 참을 수 없는 것이었습니다. 마리아는 자신의 영혼이 사랑했던 예수님을 찾아야만 했습니다.

성경은 예수님께서 직접 마리아에게 오셨고 마리아는 슬픔에 잠겨서 예수님을 알아보지 못했다고 기록하고 있습니다. 예수님께서는 '여자여, 왜 슬피 우느냐? 누구를 찾고 있느냐?'고 물으셨습니다. 여기서 마리아의 울음과 그리스도를 찾는 것에 대한 연관성을 발견할 수 있겠습니까? 눈물이 앞을 가려 볼 수 없게 되어 마리아는 예수님이 동산을 지키는 사람인 줄 알았습니다. '선생님, 만약에 예수님을 다른 곳으로 옮기셨으면 예수님이 계신 곳으로 나를 데려다 주십시오. 내가 예수님을 모셔가려고 합니다.'

> 예수께서 가라사대 여자여 어찌하여 울며 누구를 찾느냐 하시니 마리아는 그가 동산지기인 줄로 알고 가로되 주여 당신이 옮겨 갔거든 어디 두었는지 내게 이르소서 그리하면 내가 가져가리이다. 예수께서 마리아야 하시거늘 마리아가 돌이켜 히브리말로 랍오니여 하니(이는 선생님이라). 예수께서 이르시되 나를 만지지 말라 내가 아직 아버지께로 올라가지

> 못하였노라 너는 내 형제들에게 가서 이르되 내가 내 아버지
> 곧 너희 아버지, 내 하나님 곧 너희 하나님께로 올라간다 하
> 라 하신대
>
> 요한복음 20:15-17

주님인 줄 알아차리자마자 마리아는 즉시 예수님께 달라붙습니다. 예수님께서는 "나를 만지지 말라 내가 아직 아버지께로 올라가지 못하였노라"고 말씀하십니다. 가장 놀라운 것은 그리스도께서 하늘로 승천하시는 영광스러운 과정 속에서 그녀를 내버려두지 않으시고 울고 있는 그녀에게 다가오셨다는 사실입니다! 예수님께서는 자신의 왕국의 최고이며 가장 강력한 법칙인 사랑을 몸소 보여 주셨습니다.

여러분의 모든 힘과 시간과 마음을 주님께 드리면 예수님에 대한 사랑으로 인해 여러분은 두려움을 극복할 수 있게 됩니다. 여러분은 예수님을 만나게 되며 '절대로 주님을 떠나게 하지' 않을 것입니다. 마리아는 자신의 영혼이 사랑하였던 주님을 찾았습니다. 마리아는 예수님을 찾을 때까지 슬픔에 잠겨서 계속해서 예수님을 찾았습니다. 제자들은 집으로 돌아가 버렸습니다. 부활하신 주님께서 누구에게 가장 먼저 나타나셨습니까? 주님은 당신을 향한 최고의 열정을 가진 사람에게 오셨고, 그 열정을 가졌던 마리아는 예수님을 만났습니다.

"그들을 떠나자마자 마음에 사랑하는 자를 만나서 그를 붙잡고 내 어미 집으로 나를 잉태한 자의 방으로 가기까지 놓지 아니하였노라(아가3:4)." 여러분이 예수님을 붙잡고 원하던 것을 성취하였다고 합시다. 하지만 하나님을 찾는 것이 오직 여러분만을 위한 것입니까? 그렇지 않습니다. 신

부는 신랑을 찾아서 자신의 어머니 집, 다시 말하면 교회로 모셨습니다. 신부는 그분이 필요한 자와 상처 입은 자들, 즉 자신의 형제자매들에게로 인도했습니다.

우리 모두는 주님을 필요로 하지만 오직 신부만이 그분을 찾을 수 있고 집으로 모셔 올 수 있습니다. 저는 여러분 모두가 예수님을 찾을 수 있도록 도와드리고 싶습니다. 그저 식상하게 여러분의 삶이나 교회가 죽어 있다고 말씀드리는 것이 아닙니다. 예수님을 찾으라고 명령합니다! 수동적인 자세에서 벗어나 예수님께 매달리십시오. 교회뿐만 아니라 우리가 살고 있는 도시는 예수님의 임재의 기름부음을 받은 사람들을 필요로 하고 있습니다.

신부가 찾아 헤매는 동안 예수님은 어디에 계셨을까요? 예수님께서는 무관심한 채로 멀리 떨어져서 하늘나라에 앉아 계셨을까요? 처음부터 예수님께서는 자신의 신부가 찾고 있기에 신부가 찾는 것을 바라보고 계셨고 만나기를 간절히 원하셨습니다. 그분은 지금 다음과 같이 말씀하고 계십니다. "나의 누이 나의 신부야 네가 내 마음을 빼앗았구나(원어는 심장박동이 빨라지게 하는구나) 네 눈으로 한 번 보는 것과 네 목의 구슬 한 꿰미로 내 마음을 빼앗았구나(아가4:9)."

잘 들어 보십시오. 여러분은 예수님의 신부입니다. 예수님은 여러분을 위해 하늘나라로부터 돌아오셨습니다! 여러분이 예수님을 단 한 번만이라도 바라보기만 하면, 주님의 심장은 요동치기 시작합니다. 그러한 사랑은 도무지 말로는 설명할 수가 없는 사랑입니다. 여러분이 예수님을 맞기 위해 행하는 회개를 예수님은 보고 계십니다. 회개는 예수님의 신부가 신랑을 맞이하는 준비와도 같습니다. 예수님은 여러분이 침상 밑에서 무릎 꿇고 울고 있는 모습을 바라보고 계십니다. 예수님은 여러분이 예수님을 간절히 바라는 소망을 함께 나누고 계십니다. 예수님께서는 여러분을 보고 계십니다. 신랑은 '네가 나를 한 번 쳐다볼 때에 내 심장박동이 빨라지는구나'라고 말씀하십니다.

주님은 신부에게 약속하셨습니다. 우리가 주님을 아는 지식에서 넘쳐나게 할 새롭고 엄청난 사랑의 세례가 있을 것이라고 말씀하셨습니다. 우리는 주님의 사랑의 높이와 깊이, 폭과 간격을 알게 될 것입니다. 지금 이 땅에서도 주님의 충만함으로 가득 찰 것입니다.

우리에게는 하늘로부터 받은 많은 해야 할 일과 책임이 있습니다. 하지만 우리 영혼의 필요는 예수님과 함께 있는 것입니다. 우리 삶 속에 여전히 죄가 있는 것은 우리가 예수님으로부터 너무 멀리 떨어져 있기 때문입니다. 하나님을 찾는 일에 우리의 마음을 헌신합시다. 우리의 영혼이 사랑하는 예수님을 찾아서 다시 주님의 집에 모시도록 합시다!

> 그 넓이와 길이와 높이와 깊이가 어떠함을 깨달아 하나님의 모든 충만하신 것으로 너희에게 충만하게 하시기를 구하노라. 우리 가운데서 역사하시는 능력대로 우리의 온갖 구하는 것이나 생각하는 것에 더 넘치도록 능히 하실 이에게 교회 안에서와 그리스도 예수 안에서 영광이 대대로 영원무궁하기를 원하노라 아멘
>
> 에베소서 3:19-20

주님, 지금 이 순간 눈을 들어 주님을 바라봅니다. 예수님, 당신의 말씀

은 제가 주님을 쳐다만 보아도 주님의 심장이 빨리 뛴다고 하셨습니다. 저는 죄로 인해 어둡지만 당신께서 저를 먼저 사랑하시는 그 사랑에 반응하기로 결단하였습니다. 저는 당신께서 저를 위하여 이미 준비해 놓으신 결혼 예복을 입었습니다. 당신에 대한 열망이 저를 온전하게 다 태울 때까지 당신의 사랑의 열정으로 저에게 넘치게 세례를 베풀어 주시옵소서. 예수님 이름으로 기도합니다. 아멘.

33장

나는 네가 보고 싶구나

지금 우리에게 임한 주님의 영광을 존중하지 않는다면 앞으로 더욱더 넘치게 임할 주님의 영광을 받을 수 없습니다. 지금 이 순간 주님의 임재는 우리 모두에게 가능합니다. 우리를 향한 하나님의 목표는 우리가 주님의 임재에 들어가서 그분과 함께 거하는 것입니다. 사단은 우리가 바로 이렇게 되는 것을 막기 위해 싸우고 힘들게 하는 것입니다. 이 전투의 본질은 쉽게 인식할 수 있는 것이 아닙니다. 원수 마귀는 흉악한 모습으로 다가오지 않습니다. 만약에 우리가 하나님을 찾는다면 원수 마귀는 위협으로 대응하지 않습니다. 사단은 훨씬 더 교묘합니다. 사단은 하나님의 축복의 가장 좋은 것, 즉 최고의 선물인 하나님의 임재로부터 우리를 멀어지도록 조종합니다.

마귀는 우리 본성의 협력자가 되어 주려고 합니다. 솔로몬은 이것을 알아차렸습니다. "나의 깨달은 것이 이것이라 곧 하나님이 사람을 정직하게 지으셨으나 사람은 많은 꾀를 낸 것이니라(전도서7:29)." '많은 꾀', 즉 도구나 기술처럼 사람들을 편하게 해주는 모든 것들 가운데 하나님을 대신할 수 있는 것은 아무것도 없습니다. 우리 마음에는 하나님을 풍성하게 채우는 대신 이 땅에서의 삶에 필요한 것으로만 가득 채우려는 열망이 넘칩니다. 예수님께서 경고하신 것을 기억하십니까?

> 너희는 스스로 조심하라 그렇지 않으면 방탕함과 술 취함과 생활의 염려로 마음이 둔하여지고 뜻밖에 그날이 덫과 같이 너희에게 임하리라 이날은 온 지구상에 거하는 모든 사람에게 임하리라
>
> 누가복음21:34-35

　너무도 많은 크리스천들이 물질적으로 풍요롭고 유혹이 많은 사회에서 방탕하고 사치스러운 삶을 살아가고 있습니다. 제가 말씀드릴 수 있는 것은, 이러한 것들 대부분은 그 자체가 악한 것이고 특별히 적절하게 변형하여 사용할 경우 더더욱 그렇습니다. 속임수에는 우리가 '적절하게 변형하여 사용'하려는 속성이 있는데 이 세상의 쾌락을 좇게 되면 점차 독성에 오염될 수 있습니다. 바로 이때에 사단은 숨겨 왔던 본모습을 드러냅니다. 많은 사람들이 하나님만을 찾고 그분의 뜻을 행하기보다는 오히려 빚더미에 앉아 있고 욕망의 굴레를 벗어나지 못하고 있습니다. 많은 크리스천들이 혼란한 상황 가운데 사로잡혀 있습니다. 우리는 우상숭배를 하는 것이 너무 익숙해서 이상하다는 생각조차 하지 않습니다! 우리는 실제로 스포츠 스타나 영화배우들을 우상(Idol)이라고 부르기도 합니다. 수많은 팬들이 자신의 스타들을 우상시하고 있는 것입니다. 이렇게 우리가 무엇이든지 우상화한다면 결국 우리의 삶 자체가 마귀처럼 될 것입니다.

　역사적으로 최고의 사회적 번영과 극단적인 혼란 가운데에서 주님께서는 우리에게 오직 한 가지 마음을 가지고 살기를 원하시는데 그것은 주님

의 영광을 위해서 사는 것입니다. 우리가 그렇게 할 수 있을까요? 예, 할 수 있습니다. 하지만 주님의 영광을 위해 살려면 아마도 텔레비전을 내다 버리든지, 아니면 최소한 한 달 동안은 텔레비전 없이 살아야 할 것입니다. 만약에 그렇게 사는 것이 불가능하다면 적어도 일주일 동안 텔레비전의 내용들이 여러분의 마음속으로 파고들지 못하게 해 보십시오. 텔레비전을 꺼 버리기가 어려운 여러분 마음의 상태에 따라 중독 정도를 알 수 있습니다. 만약에 꺼 버리지 못한다면 여러분은 이미 텔레비전의 포로가 된 것입니다.

오늘날 우리는 무절제와 야망과 시기가 인간의 인도자가 되어 버린 세상에서 살아가고 있습니다. 이러한 세상에서 우리를 진정으로 자유케 하는 것은 오직 그리스도의 단순함 안에 거하는 것입니다. 우리의 삶 속에 하나님께서 임재하시도록 선택해야만 하는 것입니다. 예수님께서는 "심령이 가난한 자는 복이 있나니 천국이 저희 것임이요(마태복음5:3)"라고 말씀하셨습니다. 심령이 가난해지기 위해서 먼저 탐욕을 버려야 합니다. 심령이 가난해져야만 천국을 볼 수 있고 소유할 수 있습니다. 만약 여러분이 진정으로 탐욕으로부터 해방된다면, 진짜로 탐욕의 신인 맘몬에게 절하지 않는다면, 하나님께서는 여러분에게 하늘의 재물을 주시기 시작하실 것입니다. 만약 진정으로 여러분의 마음이 주님의 것이 된다면 주님은 땅과 하늘에 있는 자신의 모든 소유를 당신에게 맡기실 것입니다. 여러분이 그리스도의 노예가 되면 이 땅은 여러분의 노예가 될 것이며 하나님의 목적을 위해 모든 자원을 여러분에게 허락하기 시작할 것입니다.

만약에 사단이 여러분을 세상적인 것으로 미혹하지 못할 경우에는 여러분을 피곤하고 지치게 만들 것입니다. 심지어 여러분이 주님을 위해 행하는 선한 일을 사용하여 여러분의 모든 에너지를 빠져나가게 할 것입니다. 실제로 다니엘은 종말에 대하여, 그때에 원수 마귀가 "지극히 높으신 자의 성도를 괴롭게 할 것이며(피곤하게 할 것이며)"라고 말했습니다(다니엘7:25). 하나님께서는 우리가 하나님의 임재 없이는 절대로 하나님의 뜻을 행하지 않기를 바라십니다. 기도하며 그리스도와의 친밀함을 유지할 때 우리는 하나님의 목적을 성취할 수 있는 능력을 갖게 됩니다. 하나님과 가까이하고 하나님 안에 거하여야만 영원토록 끊이지 않는 영적인 힘이 흘러나오는 것입니다.

제 사역의 초기에 주님께서는 새벽부터 정오까지 저의 시간을 주님을 위해서만 드리라고 명령하셨습니다. 저는 그 시간에 기도하고 예배하고 주님의 말씀을 공부하는 데 전념하였습니다. 때때로 저는 몇 시간이고 계속해서 예배를 드렸고 이 거룩한 사랑의 성전에서 주님을 위해 찬양의 노래를 지었습니다. 주님의 임재는 제게 기쁨이었고 제가 그 시간을 아주 잘 보냈을 뿐만 아니라 저와 주님, 모두를 기쁘게 하였다는 사실을 깨닫게 되었습니다. 제 삶이 그리스도의 영향으로 열매를 맺어 가기 시작하면서 성령께서 제 사역에 사람들을 보내기 시작하셨습니다. 사람들이 점점 더 밀려들기 시작하면서 제 경건의 시간이 45분 정도 빨리 끝나게 되었습니다. 사역은 밤늦게까지 연장되었고 그로 인해 주님과 교제하던 이른 새벽 시간에 일어나지 못하게 되는 상황까지 이르렀습니다. 사역의 확장, 청소년 사역 훈련, 더 많아진 상담 등등. 교회 성장이 제가 누리던 값진 시간을 잡아먹어 버렸습니다. 물론 이러한 변화들이 하루 아침에 일어났던 것은 아니지만, 여러 달과 수년을 거치면서 사역이 성공적으로 이루어져

가는 과정에서 저의 경건의 시간은 점점 침식되어 가고 있었습니다. 마침내 저는 사역의 성공 한복판에서 그 사역을 영적으로 감당할 수 없는 제 자신을 발견하게 되었습니다.

어느 날, 저를 위해 정기적으로 중보기도를 해 주던 친구에게서 전화가 왔습니다. 그 친구는 꿈속에서 주님께서 저에 관한 말씀을 해 주셨다고 했습니다. 주님께서 친구를 통해 당시 사역하고 있던 복음 전도나 우리에게 필요했던 재정을 공급해 주시겠다는 말씀을 하셨을 거라고 내심 기대하였기에 친구의 말을 얼른 듣고 싶었습니다. 저는 그 친구에게 주님께서 무슨 말씀을 하셨느냐고 물었습니다. 주님께서 그 친구를 통해 하신 말씀은 제가 시간을 바치고 있는 것과는 전혀 관계가 없는 것이었습니다. 그 말씀은 바로 "나는 네가 보고 싶구나!"였습니다.

우리가 날마다 예수님과 함께 시간을 보내는 특권을 게을리할 때 얼마나 많은 짐을 메고 다니는 것과 같은지 생각해 보셨나요? 얼마나 지쳐 가고 있는지 생각해 보셨나요? 그 친구의 말을 듣고 저는 회개하며 얼마나 울었는지 모릅니다. 저는 즉시 제 시간의 우선권을 다시 조정하였습니다. 저는 더 이상 아침 시간에 사람들을 상담하지 않고 그 시간을 다시 하나님과 보냈습니다. 그러면서도 한편으로는 최근에 교회에 온 사람들을 놓치지나 않을까 염려했습니다. 그 사람들은 특별히 제가 개인적으로 사역하여 인도한 사람들이었습니다. 그러나 저는 더 이상 전도한 사람들을 위해 그 전처럼 시간을 낼 수 없다는 사실을 알았고 그 시간을 하나님을 위해 결단하였습니다.

저는 더 이상 아침 시간을 회중들을 위해 낼 수 없고 대신에 하나님을 위해 성별하였다고 발표하였습니다. 저는 "제발 아침에 전화하지 마시고 상담도 부탁하지 말아 주십시오. 저는 그리스도와 함께 할 시간이 필요합니다"라고 이야기했습니다. 그랬더니 교회 전체가 일어서서 박수갈채를 보냈습니다! 회중 전체가 목사인 제가 하나님과 더 많은 시간을 보내기를 원했던 것 같았습니다. 회중들은 피곤한 목사에게서 피곤함을 느끼고 있었던 것입니다.

주님의 임재의 날이 다가오는 이 시기에 우리의 일차적인 행동 지침은 그리스도께 사역하는 자가 되는 것입니다. 어려움이 있을 테지만 그것은 엄청난 추수와 영적 행함의 시간이 되기도 할 것입니다. 우리의 주변 환경이 어떠하든지 간에 하나님의 임재를 우선적으로, 계속적으로 추구해야 합니다. 왜냐하면 예수님과 함께하는 시간을 잃어버리면 예수님께서 오시는 날에 예수님의 영광 또한 잃어버리게 될 것이기 때문입니다.

사랑하는 주님, 제가 파괴의 덫에 빠져 방황하지 않게 해 주옵소서. 세상에 있는 모든 좋아 보이는 것들이 저로 하여금 당신과 함께하는 천국의 시간을 빼앗아 가지 않게 하옵소서. 그것이 '주님의 일'이라는 모습으로 다가올지라도 분별하게 하옵소서. 예수님 이름으로 기도합니다. 아멘.

34장
하나님이 하나님께 말씀하심

　자비의 마음으로 기도하는 한 사람의 중보자는 하나님의 마음에 엄청난 영향력을 발휘할 수 있습니다. 소돔을 위해 중보한 아브라함과 이스라엘을 위해 반복적으로 중보했던 모세를 생각해 보십시오. 시편 106편 23절은 다음과 같이 기록하고 있습니다. "그러므로 여호와께서 저희를 멸하리라 하셨으나 그 택하신 모세가 그 결렬된 중에서(깨어진 가운데) 그 앞에 서서 그 노를 돌이켜 멸하시지 않게 하였도다." 주님께 자비를 베풀어 달라고 기도할 때 그 기도에 응답하시고 진노를 거두어들이는 것은 얼마나 놀라운 일입니까? 한 사람 모세가 하나님의 심판과 이스라엘의 죄 사이에 서 있음으로 인해서 반역하는 이스라엘로 하여금 하나님의 약속의 땅으로 인도했던 것입니다. 이스라엘의 죄와 하나님의 심판과 자비를 위한 모세의 간청을 보면서 단지 사람이었던 모세가 하나님보다 더 자비롭다는 것인지 고심하게 됩니다. 모세가 중보하지 않았다면 하나님께서는 순식간에 그들이 지은 죄 때문에 남녀노소를 불문하고 모든 인생들을 멸망시켜 버리셨을 것입니다. 그러니 모세가 하나님보다 더 자비로운 것처럼 보일 수도 있습니다.

우리 중 어떤 사람들은 기도를 통해서 주어지는 능력과 자비에 경외감을 드러내면서도 마음 한구석에 다른 의문을 가지고 있는 것을 보게 됩니다. 처음에는 단순한 질문 수준으로 남아 있었던 것들이 대부분 해결되지 못하고 점차 의심으로 발전되는 경우가 많습니다. 그리고 그러한 것들이 주기적으로 계속 반복된다는 것이 문제입니다. 우리는 잠재의식 속에 하나님의 선하심을 신뢰하지 않으려고 하는 성향이 있습니다. 그럴지라도 우리는 기도의 가치와 능력에 초점을 맞추어야만 합니다. 사람들이 하나님으로부터 멀어져 가는 것은 때때로 그들이 죄를 짓고 나서 주님의 선하심이 자신들을 용서할 수 없다고 생각하기 때문입니다. 그래서 우리는 하나님의 진노에 관한 이러한 신화들을 깔끔하게 정리해야만 합니다. 왜 하나님은 자동적으로 자비를 베풀지 않으실까요? 왜 그분은 심판을 경고하셨음에도 불구하고 한 사람이 중보로 탄원할 때 심판을 거두시고 자비로움을 드러내실까요? 이 문제에 대한 답을 얻기 위해서 우리는 인간에 관해 창세기에 기록된 전능자의 첫 번째 진술로 돌아가야만 합니다. 우리는 우리의 존재 이유에 대해 이해해야 합니다. 인간에 관한 하나님의 목적, 하나님 스스로 선포하신 말씀을 살펴봅시다. 하나님께서는 다음과 같이 말씀하셨습니다.

> 하나님이 가라사대 우리의 형상을 따라 우리의 모양대로 우리가 사람을 만들고 그로 바다의 고기와 공중의 새와 육축과 온 땅과 땅에 기는 모든 것을 다스리게 하자 하시고 하나님이 자기 형상 곧 하나님의 형상대로 사람을 창조하시되 남자와 여자를 창조하시고
>
> 창세기 1:26-27

살아 계신 하나님께서는 숭고하고 역행할 수 없는 목적을 인간에게 허락하셨습니다. 인간은 하나님의 본성을 계시하도록 창조되었습니다. 이것이 바로 태초부터 인간을 향한 하나님의 목적입니다. 비록 세상이 계속해서 변하고 있지만 전능자께서는 단 한 번도 이 목적에서 벗어나신 경우가 없었습니다. 하지만 우리는 아담과 이브의 창조가 이 목적을 완성하였다고 추정할 수 없습니다. 창세기는 태초에 대한 이야기를 하고 있지만 완성에 대한 이야기를 하고 있지는 않습니다. 비록 아담과 이브가 동물들과는 다르게 의지를 행할 수 있는 지능과 자유를 소유하고 있었지만 그들의 상태는 아직 하나님의 형상과는 거리가 멀었습니다. 실제로 그들은 창조된 지 얼마 못 가서 타락하고 말았습니다. 아담과 이브의 본질이 하나님의 형상으로 창조되었다면 어떻게 그들이 죄를 지을 수 있었을까요? 죄는 하나님께서 하실 수 없는 단 한 가지인데 말입니다.

인간의 정체성과 숙명을 찾아보기 위해서 인류 전체를 한 인간으로 생각해 봅시다. 인간에게 에덴은 하나님의 형상과 모양을 소유할 수 있는 여정의 출발점이고 그분의 형상과 모양을 완전하게 소유할 때 여정이 끝나는 장소이기도 합니다. 인간은 죄를 범하게 되고 그 시점에서 완전하게 하나님의 형상과 모양을 성취하지 못했습니다. 그 결과 인간은 도덕적인 법을 받게 되었고 그 법을 지켜야 했지만 여전히 그 법으로도 완성할 수 없었습니다. 하나님에 의해 낙원에서 태어났지만 인간은 잃어버린 낙원에 대한 기억을 영혼 안에 간직한 채 살아가게 됩니다. 인류의 양심에 그리스도가 소개된 것은 새로운 이정표가 되었는데 이 놀라운 은혜는 인간에 대한 태초의 목적을 성취하기 위한 하나님의 조치였습니다. 그리스도는 인간의 죄에 대한 대가를 지불하셨을 뿐만 아니라 인간의 생명을 위한 올바른 방식을 만들어 주셨습니다.

크리스천으로서 우리는 그리스도께서 지불하신 죄에 대한 대가를 진심으로 동의하고 믿습니다. 하지만 우리는 예수님께서 제시하신 방법을 단지 희미하게 받아들일 뿐입니다. 우리는 그리스도와 우리 관계의 첫 번째 요점, 즉 우리 죄에 대한 용서를 '목표'로 생각합니다. 하지만 그렇지 않습니다. 그것은 더 큰 목적을 이루기 위해 있는 것입니다. 그리스도께서 우리를 용서해 주신 것은 그것을 통해 우리를 변화시키시기 위함입니다. 인간을 그리스도의 형상으로 변화시키시려는 것이 가장 높은 진리이고 최고의 계시이며 인류를 위한 하나님의 뜻입니다. 예수님과 신약성경의 기록자들은 그 어떤 진리보다도 이 진리를 가장 확실하게 기술하였습니다. 의에 대한 모든 지시는 그리스도의 표준을 가리키고 있으며, 모든 사도들의 가르침은 우리 안에 있는 그리스도의 임재를 통해 창세기 1장 26-27절을 완성하라고 촉구하고 있습니다.

바울은 로마서 8장 29절에서 그리스도는 예정된 수많은 형제들의 맏아들이라고 기록하고 있습니다. 갈라디아서 2장 20절과 고린도후서 13장 3절에서는 그리스도께서 우리 안에 지금 살아 계신다고 설명하고 있으며, 고린도후서 3장 18절에서는 "저와 같은 형상으로 화하여 영광으로 영광에 이르니 곧 주의 영으로 말미암음이니라"라고 말씀하고 있습니다. 우리는 거듭났습니다. 단순히 천국에 가는 것뿐만 아니라 그리스도처럼 되는 것입니다. 우리는 다른 크리스천들과 연합되었는데 단순히 행정적인 편의상의 연합이 아니라 그리스도께서 수많은 형제자매로 만들어진 몸에 완전하게 그분 자신을 나타내셨기 때문에 가능한 연합을 의미합니다. 우리는 두 번째 창조의 한 부분이며 우리의 목표는 첫 번째 창조의 목표인 하나님의 형상을 가진 완전한 인간이 되는 것입니다.

성경의 여러 가지 놀라운 기록 가운데 성령께서는 반복적으로 인간에 대한 하나님의 놀라운 목적을 선포하십니다. 마지막 나팔 소리가 들릴 때 우리는 더 이상 수고하지 않아도 되고 영원히 죽지 않는 상태로 바뀌게 됩니다(고린도전서15:51-53). 사랑하는 형제자매들이여, 그때 우리는 예수님처럼 될 것입니다(요한일서3:2)! 지금 이 순간 천국에서는 "하나님의 비밀이 성취되었기에" 경배와 찬양의 축제가 열리고 있습니다(요한계시록10:7). 하나님께 완전하게 순복함으로써 인간은 예수님의 영광과 권능을 소유하게 될 것입니다.

아담은 절대로 우리가 닮아야 할 모델이 아닙니다. 영원부터 하나님의 목적은 인간이 예수 그리스도를 닮는 것이었습니다. 아담의 타락 이전부터 하나님께서는 그리스도 안에서 우리를 택하셨습니다. 하나님께서는 "창세 전에 그리스도 안에서" 우리를 택하셨습니다(에베소서1:4). 태초부터 하나님의 목적은 인간을 그리스도의 형상으로 만드는 것이었습니다. 우리가 하나님의 뜻을 알기를 구할 때, 우리는 먼저 그리스도의 형상을 닮아야 하는 소명을 만족시켜야만 합니다. 우리 삶의 모든 측면에서 그리스도의 형상을 닮기까지 성숙을 위해 정결함을 유지해야 합니다. 누구와 결혼할 것인지, 어디서 일할 것인지, 어떤 교회를 다닐 것인지 등은 아주 중요한 결정이지만, 우리가 그리스도의 형상을 닮는 것에는 비교할 수가 없습니다. 하나님께서 인간을 창조하신 이유는 인간이 예수님처럼 되게 하기 위함입니다. 이것이 하나님께서 우리를 창조하신 분명한 이유입니다.

아직 하나님과 인간의 관계 그리고 기도의 권능과 목적에 대하여 충분하게 설명해 드리지 못했습니다. 지금까지는 인간을 창조하신 하나님의 목표가 인간을 통해 그리스도의 본질이 계시되도록 하시는 것에 역점을 두어 설명했습니다. 다시 한번 창세기로 돌아가 봅시다. 하나님의 본질에 대해 말할 때 성경은 하나님의 단수형에 대해 선포하고 있습니다. "우리 하나님 여호와는 오직 하나인 여호와시니(**신명기6:4**)" 성경은 하나님에 관하여 거의 대부분 단수형(좀 더 명확하게는 복수형 주어에 단수형 동사)으로 지칭하고 있습니다. 하지만 인간을 창조하신 부분을 보게 되면 하나님께서는 스스로 복수형으로 말씀하고 계십니다. "우리의 형상을 따라(**창세기1:26**)."

우리는 이것을 한 분이시지만 삼위일체로 분리되어 현현하시는 주님의 능력으로 정의할 수 있습니다. 이러한 역설의 분명한 실례는 예수님과 성부 하나님의 관계입니다. 그리스도께서는 기도할 때마다 하늘 아버지께 기도하셨는데, 이는 이 땅에 계신 성자 하나님께서 하늘에 계신 하나님께 기도하신 것입니다. 하나님은 스스로를 분리하실 수 있으며 하나님은 두 '장소'에 계시지만 본질적으로 한 분이시라는 사실입니다.

예수 그리스도께서 자신의 인간적인 본성을 통하여 인류를 대신하고 인간의 형상을 가지셨지만, 영적으로는 하나님으로서 하나님과 같은 본체를 가지고 계셨습니다. 바울은 "그는 근본 하나님의 본체시나 하나님과 동등됨을 취할 것으로 여기지 아니하시고 오히려 자기를 비어 종의 형체를 가져 사람들과 같이 되었고(**빌립보서2:6-7**)"라고 기록하였습니다. 예수님은 시간의 영역에 들어오실 때에 아버지로부터 "낳았으며(begotten)", 하나님의 한 위격으로 존재하시지만 인간의 육신과 인간의 형체를 가짐으로 하나님의 삼위로부터 분리되셨습니다(시편2:7). 우리는 삼위일체의 신비를 완전하게 이해하지는 못할지라도 반드시 인정해야 합니다.

이러한 하나님에 관한 '분리된 연합'의 발견은 우리를 원래의 질문이었던 '왜 중보기도를 통해 하나님께서 심판을 미루시거나 심지어 완전하게 취소하시는지'로 되돌아가게 해 줍니다. 특별히 한 사람의 개인적 기도인 모세의 기도가 어떻게 죄를 회개하지 않은 수많은 사람들을 용서받게 하였는지를 살펴보려 합니다.

표면적으로는 모세가 하나님보다 더 자비로워 보입니다. 하지만 모세는 하나님의 작품입니다. 하나님께서 자신의 종을 통해 일하시는 모습을 살펴봅시다. 당시에 상당히 발전된 문화를 가졌던 이집트인들이 그들 사이에서 높은 인기를 누렸던 이집트 왕자 모세가 점점 더 히브리 노예들을 사랑하는 것을 보고 충격을 받았을 거라는 사실을 짐작해 볼 수 있습니다. 모세는 그때까지 인생에서 누릴 수 있는 최고의 것을 모두 누리며 살아왔습니다. 자신을 이집트의 노예들과 동일시함으로 얻을 수 있는 것은 아무것도 없었습니다. 실제로 이집트인들은 이스라엘 사람들을 가축이나 다름없이 대하였습니다. 히브리 노예들을 돕는다는 것은 상식을 벗어난 어리석은 일이었습니다. 당시 상황에서 모세가 히브리인들을 돕는다는 것은 있을 수 없는 일이었습니다. 노예들은 모세의 소유물이었습니다!

하지만 모세는 자신의 마음속 깊은 곳에 있는 짐을 내려놓을 수가 없었습니다. 심지어 자신의 의지와는 무관하게 히브리인에 대한 감정이 그 속에서 자라났습니다. 그 순간부터 모세는 자신을 약하고 불의에 시달리고 억압받는 자신의 형제들과 동일시하였고 그리스도의 영은 모세의 숙명이 깨어나게 만드셨습니다. 앞에서 이미 말씀드린 것처럼 학대받고 치욕을 당하고 수치를 당하는 자들과 동일시하는 동정의 행위를 '그리스도를 위해 받는 비난'이라고 부르는데, 그래서 모세에 대해 성경은 "그리스도를 위하여 받는 능욕을 애굽의 모든 보화보다 더 큰 재물로 여겼으니 이는 상 주심을 바라봄이라(히브리서11:26)"고 기록하고 있는 것입니다. 모세에게는 훈련받고 깨어짐을 체험하고 새로운 모습으로 만들어지는 과정이 40년이나 계속됩니다. 그리스도께서 모세 안에서 역사하실 때까지 모세는 이스라엘의 필요에 초연하고 무관심했습니다. 그러나 그리스도께서 자신의 삶 속에 임한 후, 모세는 이스라엘에게 하나님의 자비를 가져다주고 누리게 하는 하나님의 통로가 되었습니다.

우리는 구약이든 신약이든 간에 한 사람이 수많은 사람을 위해 드리는 중보기도나 구속의 행위에 관한 이야기를 읽을 때마다, 그것은 그리스도께서 실제로 그 사람에게 임재하시고 영감을 주시고 권능을 주신 것이라는 사실을 믿어야 합니다. 모세는 그리스도를 위해 비난을 받았고, 이스라엘을 위하여 하나님의 자비를 표현한 것입니다.

그러므로 모세가 하나님보다 더 자비로운 것 같다는 질문 자체가 불필요한 것입니다. 모세를 통하여 행하여진 중보의 영은 실제로 모세의 영이 아니라 그리스도의 영이 사람들을 위해 모세를 통하여 기도한 것입니다. 이것은 매우 중요합니다. 그리스도에 의해 영감을 받은 사람이 다른 사람에게 하나님의 자비를 가져다주는 근본적인 수단이 된 것입니다. 하나님께서는 인간을 도구로 사용하여 자신의 자비에 의해 중보하도록 하신 것입니다. 가장 높은 수준에서의 중보기도는 인간을 통하여 하나님이 하나님께 말씀하시는 것입니다.

하나님께서 그 자신으로부터 분리하였지만 한 분이신 하나님의 본질을 잃어버리시지 않았다는 것을 상기해 보십시오. 주님께서 나타나셔서 자신의 진노를 드러내실 때, 주님은 항상 동시다발적으로 그리스도의 자비의 기도를 나타나게 할 한 사람을 찾으십니다. 전능하신 하나님의 근본적인 목표는 악한 것을 멸망시키는 것이라기보다는 악한 것을 사용해서 인간을 구원자의 형상으로 변화시키시는 것입니다. 만약에 하나님의 공정한 진노의 위협을 깨달아 그리스도의 자비를 드러낼 한 사람이 있다면, 전능자에게는 악한 것을 멸망시키는 것보다 변화된 그 한 생명이 더 가치가 있는 것입니다.

의심할 여지 없이 하나님께서는 죄에 대하여 자신의 공의로운 심판을 드러내셔야만 합니다. 그렇지 않으면 자비는 아무런 의미도 가치도 없게 됩니다. 하나님은 성부 성자 성령의 삼위로 계시되었습니다. 성부 하나님은 자신을 권위와 공의로 드러내셨고, 성자 그리스도 하나님은 구속의 자비로 드러내셨고, 성령 하나님은 창조를 가능하게 하는 권능과 하나님의 뜻을 표현하는 심판의 권능으로 드러내셨습니다. 궁극적인 하나님의 계시는 완전한 사랑을 드러내는 것이며 하나님의 진노는 완전한 사랑을 위한 배경과 같은 것입니다. 이 구속적인 사랑을 나타내는 것은 인간의 존재 목적인 것입니다.

그래서 크리스천으로서 우리의 소명은 그리스도의 음성과 자비를 하나님께 드러내는 것입니다. 중보기도와 자비에 의한 행위로써 우리는 죄 때문에 하늘로부터 버림받은 자들과 동일시해야 하며 육체적인 고통과 고난과 박해 때문에 하나님으로부터 버림받음을 느끼는 자들과 연합해야 합니다. 하나님의 구속적인 자비를 드러냄으로 우리는 우리의 존재 이유를 깨달을 수 있고 그리스도의 형상으로 변화될 수 있습니다.

하나님은 인간이 변화되기를 절대적으로 원하시며 변화가 인간의 중보를 통해서만 일어날 수 있도록 직접 자비를 베푸시는 방법을 최소화하십니다. 그렇습니다. 하나님은 모든 인간에게 놀랍고도 다양한 인생의 선물을 주시며 비를 의로운 자와 불의한 자에게 내리십니다(마태복음5:45). 하지만 인간은 굶는 자를 먹이고 헐벗은 자를 입혀야 합니다. 우리 주변에서 벌어지고 있는 고통은 우리를 강퍅하거나 또는 동정하게 만들 것입니다. 이것이 바로 삶의 본성입니다. 하나님의 자비는 인간의 의지를 통해 이 세상에 들어오는 것입니다.

그래서 주님은 모세에게 다음과 같이 말씀하셨습니다.

> 이제 이스라엘 자손의 부르짖음이 내게 달하고 애굽 사람이 그들을 괴롭게 하는 학대도 내가 보았으니 이제 내가 너를 바로에게 보내어 너로 내 백성 이스라엘 자손을 애굽에서 인도하여 내게 하리라
>
> 출애굽기 3:9-10

주님은 '내가 학대를 보았으니… 너를 보낸다'라고 말씀하십니다. 하나님께서는 필요를 보셨지만 자신의 종을 통하여 자신의 자비를 드러내셨습니다. 이것은 우리에게도 동일합니다. 하나님은 사람들이 학대받는 것을 보시고 그 사람들의 절규를 들으시지만, 자비에 대한 하나님의 계획은 그리스도 안에 있는 우리에게 영감을 주시고 우리를 통해서 다른 사람에

게 역사하십니다. 우리가 모세와 같은 중보기도를 하든, 유대 제사장처럼 제물을 드리든, 그리스도의 성육신으로 말미암은 가장 완전한 중보를 하든, 하나님의 자비는 인간이 도구가 되어 가장 위대하게 드러납니다.

하나님의 영이 심판을 선포하는 것을 우리가 들을 때 두렵고 떨릴지라도 하나님은 우리가 그리스도의 영감을 받은 중보기도를 할 기회를 제공해 주시고 계십니다. 하나님은 실제로 우리가 하나님의 마음을 만져서 진노가 자비로 변하게 되기를 열망하십니다. 그러므로 하나님께서 경고하시는 근본적인 이유는 우리로 하여금 도망가거나 숨게 하려는 것이 아니고 우리로 일어서서 기도하게 하려는 것입니다. 하나님은 자신의 백성이 자비로 영감을 받기를 원하십니다. 그렇지 않다면 왜 하나님께서 우리의 기도에 의해 당신의 계획이 위협받는 세상을 만드셨겠습니까? 심지어 하나님께서는 진노하시고, 애통하시며, 심판하시겠다고 하셨음에도 불구하고 여전히 자비의 수단을 찾으신다고 말씀하고 계십니다. 하나님은 "이 땅을 위하여 성을 쌓으며 성 무너진 데를 막아서서 나로 멸하지 못하게 할 사람을 내가 그 가운데서 찾다가 얻지 못한 고로(에스겔22:30)"라고 말씀하시고 계십니다.

하나님은 우리가 구속의 목적을 이루기 위해 하나님 자신과 함께 능동적으로 행하도록 경고하십니다. 그러므로 우리는 우리의 자녀 또는 교회, 도시나 국가를 위해 울부짖을 때, 더욱 하나님의 자비 앞으로 나아가야 하는 것입니다. 왜냐하면 하나님의 자비를 구하는 중보기도는 우리로 하여금 그리스도의 본성을 붙잡고 소유할 수 있게 해 주기 때문입니다.

사람들에게 내려진 하나님의 진노를 되돌리려면 우리는 우리 자신을 통하여 계시하기를 열망하시는 하나님의 마음에 합당한 태도를 가져야 합니다. 진실로 우리가 육체의 정욕을 따라 심판할 때마다 예수님의 말씀대로 해야 하는 것이 있습니다. 예수님께서는 "너희의 비판하는 그 비판으로 너희가 비판을 받을 것이요 너희의 헤아리는 그 헤아림으로 너희가 헤아림을 받을 것이니라(마태복음7:2)"고 말씀하셨습니다. 우리의 태도가 누군가를 구원하려는 것이 아닐 때, 하나님께서는 우리가 심판하려는 자를 다루시는 것을 멈추고 먼저 우리를 다루십니다. 우리가 하나님의 심판을 선포하도록 부름받을 때가 있지만 그럴 때는 반드시 전제조건이 있습니다.

요한은 다음과 같이 기록하였습니다.

> 하나님이 우리를 사랑하시는 사랑을 우리가 알고 믿었노니 하나님은 사랑이시라 사랑 안에 거하는 자는 하나님 안에 거하고 하나님도 그 안에 거하시느니라 이로써 사랑이 우리에게 온전히 이룬 것은 우리로 심판 날에 담대함을 가지게 하려 함이니 주의 어떠하심과 같이 우리도 세상에서 그러하니라
>
> 요한일서4:16-17

마지막 때라는 개념뿐만 아니라 가까운 미래에도 하나님께서 세상을 심판하시는 때가 있을 수 있습니다. 요한일서 4장 17절의 '담대함'의 의미는 '자유롭게 말하다'입니다. 다른 말로 하면 '사랑이 우리에게 온전히 이룬 것', 즉 우리 안에 온전한 사랑이 있어야 우리가 하나님의 진노를 자유롭게 선포할 수 있는 자격을 가지게 된다는 것입니다. 하나님의 사랑을 소유하는 것이 하나님의 심판을 선포하기 전에 가져야 할 것이라는 말입

니다. 우리가 먼저 죽기를 간절히 바라지 않는다면 우리에게는 죄를 심판할 권세도 없는 것입니다. 에덴에서 있었던 아담의 실패와 그로 인해 생긴 일들은 모든 가능한 사건들 중 최악의 사건이었습니다. 하지만 전능자의 견해로 보면 낙원에서 인간에게 가르칠 수 없었던 하나님의 자비에 관해 인간에게 가르칠 수 있는 좋은 기회였습니다. 타락한 세상에서 인격은 완전하게 드러날 수 있고 또한 예배는 우리를 참으로 순전하고 가치 있게 합니다. 이곳에서 우리는 우리의 죄를 대신하여 죽기 위해 그리스도를 보내신 하나님의 사랑의 참된 깊이를 발견할 수 있습니다. 생명과 죽음의 삶이 공존하는 여기가 바로 우리가 그리스도처럼 될 수 있는 최적의 장소입니다.

주 예수님, 당신의 사랑, 당신의 희생이 제 삶의 행동 양식입니다. 제가 얼마나 당신처럼 되기를 원하는지 아시지요? 저는 세상과 아버지 하나님께 그 무엇보다도 당신의 자비를 드러내기를 원합니다. 저의 모든 권리와 특권을 포기하고, 당신에게 순종이라는 영광의 선물을 드릴 것입니다. 주님, 당신을 사랑합니다. 저를 사용해 주십시오. 저를 통하여 기도하시고, 저를 통하여 사랑하셔서 모든 것에서 저로 하여금 당신의 형상과 모양을 반영하게 하옵소서! 예수님 이름으로 기도합니다. 아멘.

Ⅳ.
연합

Unity

저희로 온전함을 이루어 하나가 되게 하려 함이라

요한복음 17:23

Intro

연세가 지긋하신 분 중에는 살아생전에 예수 그리스도의 재림을 볼 수 있을 거라고 믿는 분들도 있습니다. 제2차 세계대전이 종식되고 1948년 이스라엘이 국가로서 회복됨으로 인해 천국에 대한 예언의 말씀이 성취되리라는 기대감에 흠뻑 젖게 되었습니다. 1세기에 더 많은 예언이 이루어졌던 것은 아닙니다. 사랑하는 여러분, 우리가 바로 종말의 시작인 영적 시간, 즉 그리스도의 재림으로 이어지는 시대의 주역이라는 사실을 알아야만 합니다.

대부분의 크리스천들이 우리가 예언의 시대에 살고 있다는 것에는 동의합니다. 그리고 아직 성취되지 않은 두 가지 특수한 사명이 남아 있다는 것을 알고 있습니다. '열방을 전도하는 일'과 거듭난 교회의 '순결함과 연합의 회복'입니다(마태복음24:12, 요한계시록19장, 에베소서5장). 이 둘은 상호작용을 하는데 그 이유는 그리스도를 향한 사랑으로 충만하게 연합된 순결한 교회만이 열방을 하나님께로 돌아오게 할 수 있기 때문입니다.

우리는 앞서 다룬 세 권의 교재를 통해 스스로 순결하게 되는 방법을 배웠습니다. 이번 교재에서는 '연합'에 대해 생각해 보려 합니다. 많은 기독교인들이 진정한 연합이 이루어지기 전에 성령의 충만한 강림이 있어야 한다고 믿고 있습니다. 하지만 사랑하는 여러분, 남녀 제자들이 오순절 이전에 모두가 한마음이었다는 사실을 명심하십시오. 만약 오순절 직전에 제자들 사이의 연합이 없었더라면 오순절의 성령강림은 없었을 것입니다. 성령충만이 연합의 조건이 아니라 연합이 성령충만의 방법인 것입니다. 오늘날에도 놀라운 성령충만을 보기 원한다면 역시나 근본 조건은 연합입니다.

앞서 다룬 공부에서 우리의 목표는 각자가 그리스도의 성품을 가지는 것이었습니다. 우리는 예수님에 관한 종교를 얻는 것이 아니라, 그리스도의 삶을 따라 사는 것에 대하여 공부했습니다. 겸손하지 않으면 그리스도의 형상에 도달할 수 없다고 배웠습니다. 삶의 방식으로써 온유함을 드러내려면 무엇이 잘못되었는지를 알아야 할 뿐만 아니라 스스로 겸손해져서 자신의 죄를 고백할 수 있을 때 참된 영적 성장이 이루어지는 것입니다.

겸손이 우리의 필요를 아는 눈을 뜨게 해 주는 것이라면, 기도는 우리로 하여금 하나님의 응답을 적용하게 해 줍니다. 기도함으로 하나님을 바라보는 그 순간에 우리 생명 속에 있는 영적인 능력이 깨어나기 시작합니다. 하나님 스스로가 겸손하시기 때문에 실제로 우리의 기도를 들으시며 우리의 미래가 변화시킬 수 없게 고정된 것이 아니라 변화될 수 있음을 계시해 줍니다. 하나님의 간섭하심으로 무장된 중보자는 주변의 세계를 변화시킬 수 있습니다. 사실 우리는 불완전한 세계에 살기 때문에 완전함이 요구되는 것이며, 그렇기 때문에 그리스도의 형상을 가져야만 하는 것입니다. 진실로 불완전한 세계는 중보자에게 '완전한 일거리'가 됩니다.

초기 제자들의 모습을 살펴보면, 그들이 예수님과 예수님의 가르침에 전념했으며 겸손했고 중보기도에 헌신했던 사실을 발견할 수 있습니다. 이처럼 그리스도 중심의 연합은 성령충만을 받는 발판이 되었던 것입니다.

연합의 가치를 하나만 더 생각해 봅시다. 시편 133장에는 형제가 연합하여 함께 거하는 곳에 하나님은 영원한 축복을 명하신다고 기록되어 있습니다. 하나님은 깊은 연합을 찾으시지만 사단은 우리의 서로 다른 차이점을 악용하려고 합니다. 하나님은 우리가 합력하여 그리스도를 나타내게 될 때까지 우리 각자의 서로 다른 부분을 조율하고 조화를 이루어 연합하는 모습을 찾으십니다. 그러므로 우리에게는 서로 다른 기질을 가지고 전문화된 소명을 받은 형제자매들이 필요합니다. 우리의 연합은 인종과 부의 문화적인 벽을 넘어 서로를 진정으로 사랑하고 존경하며 기뻐할 수 있어야 합니다. 이러한 삶의 결과로 인하여 하나님께서는 우리를 사용하여 세상에 있는 다양한 사람들에게 다가가시는 것입니다.

시편 133편은 영적인 연합의 효과를 아론의 머리에 바른 관유에 비유하는데, 그 기름은 아론의 머리에서부터 흘러 내려 턱수염을 통과하고 마침내는 아론의 옷자락에 다다릅니다. 그것은 제사장들이 살아 계신 하나님께서 임재하시는 장소에 들어가기 전에 바르는 귀하고 성스러운 기름과 동일시되는 것입니다. 지성소 밖에 있는 모든 사람들은 규칙과 의식에 따라 전능하신 하나님을 섬깁니다. 대제사장은 온몸에 관유를 바르고 실제로 하나님의 실존 앞에 나갑니다. 진정한 영적인 연합은 문자 그대로 우리에게 하늘의 문을 열어 줍니다. 하지만 우리가 먼저 논의한 가치들을 우리의 삶에서 실천하지 않는다면 어떠한 노력으로도 진정한 연합에 이를 수 없습니다. 연합은 겸손과 기도와 그리스도 중심인 사람으로부터 풍기는 향기입니다. 연합은 우리로 하여금 하나님의 거처가 되게 해 줍니다.

35장
대분열

　루시퍼는 끔찍한 범죄를 통해 자신이 하나님을 배반했다는 것과 더 이상 악할 수 없을 만큼 악하다는 것을 보여 주었습니다. 루시퍼는 천국에서 지옥으로 추방당했음에도 여전히 전능하신 하나님께 대항하여 전쟁을 하고 있습니다. 실제로 루시퍼는 시시때때로 교회를 분열시키고 있으며 그의 목표 중의 하나는 다시금 하나님의 심장을 공격하는 것입니다.

　만약 여러분이 교회의 분열을 경험해 본 적이 있다면 지옥으로 떨어지는 듯한 절망감과 끔찍한 감정을 아주 잘 이해할 것입니다. 만약 그러한 경험이 없다면 서로 다른 훌륭한 크리스천들의 무리가 맞붙어서 싸우는 장면을 상상해 보십시오. 분열이 일어난 곳에는 크리스천들이 서로 비난하고 화내고 속이고 무서워하며, 빈정대고 증오하며, 험담하고 용서하지 않으며, 투쟁하고 반역하고 자만하는 일에 동참할 것입니다.

　이러한 행동 가운데 하나를 한 단체에서 분리된 개인이 행한다면 그것이 죄라는 것이 인식되고 드러나게 될 것입니다. 그러나 이러한 것들이 교회의 분열로 인해 군중에게 나타날 때는 오히려 정의로 간주되기도 합니다. 분노는 '원리원칙을 지키기 위한 아름다운 것'으로 포장되어 새롭게 정의되기도 합니다. 비난과 험담은 이제 '진실을 추구하는 것'과 동일 선상에 있게 됩니다.

분열의 진원지는 지역에 있는 한 교회일 수도 있으나 분열에 의한 충격은 그리스도의 몸인 전체 교회들에게까지 영향을 미칩니다. 어떤 분쟁에 대한 소식은 마치 심각한 암에 걸린 가족의 이야기가 귓속말로 소문이 퍼져 가듯 삽시간에 광범위하게 전파됩니다. 그것은 암과 같은 사악한 삶의 방식이며 그리스도의 온유함과 인내심을 대신해서 분노와 자만과 야심에 힘입어 생겨난 거짓입니다.

교회 지도자들은 머리를 흔들며 한숨을 쉬고 있습니다. 그들은 문제가 있는 교회에 대해 전혀 알지도 못하는데도 심각한 문제에 대한 고통을 느낍니다. 그들은 서로 연결되어 있습니다. 교회 분열의 엄청난 고통을 경험한 사람들은 아직도 그 문제를 완전하게 해결하지 못한 채 신앙생활을 하고 있습니다. 그들은 교회를 분열시킨 사람들에 대한 나쁜 기억을 마음속에 품고 있습니다. 한편으로 다른 교회의 목회자들은 혹시라도 그런 사람들의 적대감정이 자신의 교회에 깊이 침투할까 봐 불안해하며 양무리를 단속하는 데에 혈안이 되어 있습니다. 또한 그 도시의 전도자들은 한동안 그러한 사실 때문에 실족한 사람들을 구원하기가 더 어렵게 됩니다. 사실 교회의 분열에 관한 자세한 내용이 소문을 타고 믿지 않는 사람들의 귀에 흘러 들어가게 되면 분열에 수반되는 사소한 것들이나 정치적인 것들로 인해 불신자들은 더욱 교회와 거리를 두게 됩니다.

저는 거의 전 세계를 여행하며 기독교계의 목회자들과 교회의 지도자들에게 강연을 해 왔습니다. 경험에 비추어 볼 때 분쟁은 어디서든지 일어나지만 특히 미국에서 비열한 분쟁이 더 자주 일어납니다. 독립과 자유를 향한 열정적인 사랑 때문일까요? 아니면 보다 공격적인 미국의 문화적 본성 때문일까요? 그것은 두말할 것도 없이 미국 교회가 최소한의 예의밖에 갖추지 못했기 때문입니다.

   교회 분열에 대한 이유는 아주 많습니다. 분쟁은 교회의 구성에 대한 이해가 혼란스러워서 생기는 경우도 있습니다. 하나님께서 누구에게 권위를 주셨는가에 관한 논란과 더불어 지도자 한 사람 또는 그와 가까운 몇몇 사람들의 잘못된 야망이 분쟁의 원인이 되기도 합니다. 종종 교회가 출석률이나 영적 성장이 수직적으로 급상승할 때 마귀의 조작에 의한 분쟁이 일어나기도 합니다. 그래서 우리는 교회에서 심각한 분쟁을 보게 될 때 압살롬이나 고라, 또는 이세벨을 움직였던 것과 동일한 영이 활동하는 것인지 스스로에게 질문하고 분별해야 합니다.

   아마도 분열은 위에서 언급한 모든 것들이 어느 정도 서로 얽히고설켜서 일어났을 것입니다. 중요한 것은 각각의 분쟁이 특별한 이유가 있든지 없든지 간에 예수님께서는 "스스로 분쟁하는 동네나 집마다 서지 못하리라(마태복음12:25)"고 말씀하셨다는 것입니다. 분명히 말하지만 한 교회에서 분열이 일어나면 그것은 지역 교회에 반드시 영향을 미칩니다. 이는 오직 마귀가 승리하는 전쟁일 뿐입니다.

   주님은 교회 분열로 생기는 아픔을 너무도 잘 알고 계십니다. 온전하신 하나님께서도 분열과 비슷한 종류의 아픔을 감당하셨다는 사실은 교회 지도자들에게 어느 정도 위로가 됩니다. 인간을 창조하시기 전에 하늘에서 엄청난 반역을 겪어야 했던 것을 되새겨 보시기 바랍니다.

당시에 사단은 루시퍼 혹은 히브리말로 '힐렐 벤 샤하르'라고 알려져 있었습니다. '힐렐'이라는 이름의 어원은 '할렐'인데, 그 뜻은 '찬양하다, 예배하다, 경배하다'입니다. '벤 샤 하르'란 뜻은 '새벽의 아들'입니다. 이것으로 미루어 볼 때 루시퍼는 창조의 새벽 당시 예배 인도자 중의 우두머리였다는 것을 알 수 있습니다. 루시퍼는 자신의 지위, 즉 지도자로서의 재능과 자신에게 있는 음악적인 창의력만으로는 만족할 수 없었습니다. 질투심과 야망의 화신이 되어 천사의 일부를 이끌면서 하나님의 권위에 반역하였습니다.

루시퍼의 교활함을 생각해 보십시오. 루시퍼에게는 천사들로 하여금 자신의 창조주에 대항하여 이길 수 있다는 그릇된 확신을 갖도록 하는 특별한 능력이 있었습니다! 그 천사들은 다름 아닌 찬란한 하나님의 영광을 바라보고 있었던 천사들이었습니다. 그들은 하나님의 입으로부터 나오는 말씀으로 별들이 창조되는 것을 보았습니다. 하지만 어찌 되었는지 천사들은 루시퍼의 인도 아래 있게 되면서 자신들이 전능하신 하나님을 이길 수 있다는 터무니없는 사실을 믿게 되었습니다.

루시퍼에게 미혹된 천사들은 하나님께서 온전히 자신들의 모든 생각을 주관하신다는 것을 알면서도 여전히 하나님을 제압할 수 있다고 믿었습니다. 은밀함과 비난과 유혹을 사용하여 루시퍼는 천사들에게 하늘에서의 즐거움만으로 만족해서는 안 된다고 미혹하였습니다. 그런 연후에 상상할 수 없을 만큼 위엄이 넘치는 하나님의 임재로부터 떨어져 나와 측량할 수조차 없는 깊은 흑암에 거하는 것이 그들에게 더 어울린다는 확신을 갖도록 유혹했습니다. 그렇습니다! 우리의 옛 원수인 사단의 속임수를 생각해 보면 사단이 오늘날 교회의 믿음 좋은 친구들을 떼어내어 이 땅에 흩어 버릴 수 있다는 사실은 전혀 이상한 일이 아닙니다.

하늘나라에서의 반역이 얼마나 오랫동안 지속되었는지 우리는 알 수가 없습니다. 또는 어떤 속임수를 썼는지에 관해서는 기록되어 있지 않습니다. 성경에는 단지 무시무시하고 엄청난 재앙, 즉 분쟁만이 반영되어 있습니다. 그 분열로 인해 주님께서 어떤 영향을 받으셨는지 여전히 궁금해 하는 사람들도 있습니다. 하나님 아버지께서는 그 분열에 대한 고통에서 무관심하게 멀리 떨어져 계셨을까요? 아니면 당신께서 생명의 선물을 준 존재들이 당신에게 반역할 때 가슴이 아프셨을까요? 우리가 알아야 할 것은 하나님께서는 엄청난 거짓말이 한 천사에게서 다른 천사에게로 전염되어 마침내 수많은 천사들이 연합하여 폭동을 일으킬 때까지 주목하여 바라보고 계셨다는 사실입니다.

사랑하는 여러분, 경외하는 마음으로 묵상해 보십시오. 루시퍼가 하나님께 대항하여 폭동을 일으키기 전까지 우리가 아는 지옥은 존재하지 않았습니다. 지옥은 분열의 결과물로 실존하게 된 것입니다. 앞으로 우리는 분열과 분쟁의 몇 가지 원인과 치료 방법에 대하여 살펴보려고 합니다. 하나님의 나라에 대해 논의해 보고 원수가 어떻게 우리의 종교적인 야망을 조장하는지를 드러내 보려고 합니다. 지금으로서는 우리가 분열과 분쟁이 심각한 죄라는 사실을 인지하는 것만으로도 충분합니다.

주님, 이러한 끔찍한 죄를 묵인한 저희를 용서해 주십시오. 주님, 우리는 분열이 당신의 백성을 말라 죽게 하는 것임을 압니다. 우리를 분열의 영향력으로부터 벗어나 깨끗하게 하옵소서. 주님의 교회를 연합하게 하는 권능으로 우리를 무장시켜 주옵소서. 예수님 이름으로 기도합니다. 아멘.

36장

루시퍼의 본성

우리 삶 속에서 선(善)이 분명하게 드러나는 것은 사단이 선에 상응하는 악(惡)을 일으키기 때문입니다. 순종으로 나아가는 데 자만이 발견되고 믿음의 뒤에는 조건이 따라붙습니다. 경건한 비전의 그늘로 걸어가는가 싶더니 어느새 야망이 곧바로 그 뒤를 따릅니다.

분리 또는 분열로 이끄는 다툼에는 아마도 많은 원인이 있을 것입니다. 그중에서도 종교적인 야심보다 더 간교하고 강력한 것은 없습니다. 특별히 아래에 있는 지도자가 하나님의 부르심을 입었다고 하면서 자신보다 높은 지위에 있는 지도자의 자리를 탐하고 있다면 더더욱 그렇습니다.

성경에 기록된 첫 번째 대분열을 살펴봅시다. 선지자 이사야를 통해서 성령님은 하나님의 절대 권위에 대하여 루시퍼가 저지른 반역의 동기가 무엇인지 알려 줍니다. 그것은 이기적인 야망이었습니다. 루시퍼의 반역에 대한 계시는 이사야 14장에서 바빌로니아 왕의 목소리로 명백하게 드러나 있습니다(KJV은 Lucifer로 번역). 하나님께 대적한 어둠의 왕자에 대한 말씀을 들어 보십시오.

너 아침의 아들 계명성이여 어찌 그리 하늘에서 떨어졌으며

> 너 열국을 엎은 자여 어찌 그리 땅에 찍혔는고 네가 네 마음에 이르기를 내가 하늘에 올라 하나님의 뭇 별 위에 나의 보좌를 높이리라 내가 북극 집회의 산 위에 좌정하리라 가장 높은 구름에 올라 지극히 높은 자와 비기리라 하도다
>
> 이사야14:12-14

많은 성경 주석가들은 이 인용구가 특정 사람에 대하여 기술하고 있지만 실제로는 하나님의 지위와 자리에 대한 루시퍼의 무한한 욕망이 구체화된 것이라는 데 동의합니다. 루시퍼의 교만은 다섯 번이나 기록된 "나는… 할 것이다(I will)"라는 말을 통하여 드러난 엄청난 야망에 초점이 있습니다. 루시퍼의 사악한 야망의 목표는 최고의 존재로 이 세상에서 경배 받으시는 하나님을 몰아내고 그 자리를 대신하여 차지하려는 것입니다.

루시퍼는 하나님과 같이 되기를 갈망했을 뿐 아니라, "하늘에 올라" 전능하신 주님의 보좌보다 더 높은 자리와 왕좌를 만들려고 했습니다. 요한계시록은 책 전체를 통해서 이러한 목표, 즉 사단이 경배받기를 원한다는 사실을 반복해서 증거하고 있습니다. 사단은 하늘에 있는 하나님의 자리를 원할 뿐 아니라 우리의 마음속에 있는 하나님의 자리도 원하고 있습니다.

우리의 분별력을 위해 알아야 두어야 할 아주 중요한 요소가 있는데 그것은 사단이 근본적으로 '종교적인 영'이었다는 사실입니다. 사단은 세상을 파멸시키기를 원하는 것이 아니라 세상을 다스리기를 원합니다. 사단은 하늘에서 하나님의 권세에 반대하는 천사들을 이끌고 자신에게 종속된 지도자들의 종교적인 야망을 조종하여 이 땅에 있는 주님의 교회 안에 부여하신 하나님의 권세를 빼앗으려 합니다.

물론 사단이 인간의 종교에 간섭하는 방법은 광범위하고 다양하지만 그중에서도 선한 크리스천들로 하여금 자신들의 교회 지도자들에게 등을 돌리게 만드는 것은 가장 간교하고 사악한 방법입니다. 예수님은 이 점에 대해 "스스로 분쟁하는 집마다 서지 못하리라(마태복음12:25)"고 날카롭게 경고하셨습니다.

잘 들어 보십시오. 교회를 섬기기 위해 장로나 집사가 되고자 하는 것은 올바른 일이지만 여러분이 협력하는 직분의 자리를 탐내는 야망은 잘못된 것입니다. 교회에서 목자로 봉사하고 싶은 열망은 명예로운 것입니다. 목자로서 교회를 섬기려고 하는 것은 좋은 일이지만, 현재 여러분 교회의 목회자의 자리를 차지하기 위해 욕심을 내는 것은 섬뜩한 일입니다. 왜냐하면 부교역자가 단순히 물리적인 힘을 사용하여 담임 목회자의 자리를 차지할 수 없으며, 만약 그랬다면 은밀하게 일을 꾸몄을 것이기 때문입니다. 그런 자는 자기 자신을 의롭게 보이도록 포장했을 것이며 담임 목회자를 불의하게 보이도록 조장했거나, 아니면 최소한 담임 목회자보다 자신이 더 의롭거나 현명한 것처럼 꾸몄을 것입니다. 반역을 하는 사람이 항상 들고나오는 이슈가 있는데 그 이슈는 '무엇인가 문제가 있다'는 문제 제기입니다. 그러면서 그 이슈에 대하여 자신이 하면 모든 걸 잘 할 수 있다고 사탕발림을 합니다. 그런 사람은 문젯거리가 심각한 죄가 아닌 것에도 불구하고 문제에 대한 합당한 의사소통이나 타협은 결코 용납하지 않습니다. 왜냐하면 자신이 그 자리에 앉으려 하기 때문입니다. 언제든지 우리가 하나님께서 권위를 주셔서 세우신 사람의 자리를 빼앗으려 한다면, 그것은 우리가 그리스도의 형상이 아닌 루시퍼의 형상을 닮아 가고 있는 것입니다.

특별히 야망을 둘러싼 속임수는 누군가가 실제로 하나님으로부터 비전을 받았으나 그 비전을 육적으로 성취하려고 할 때 더 강력하게 역사합니다. 저의 영적 순례의 초기 단계에 주님은 제게 미래에 대한 비전을 주셨습니다. 그것은 하나님의 영광과 권능으로 살아 숨 쉬는 것이었고 그리스도를 열방에 전하는 소망으로 가득 차고 넘치는 약속이었습니다. 하지만 주님의 임재에도 불구하고 제 자신에게 초점을 맞추다 보니 그 비전이 언제 어떻게 성취될지에 대하여는 불분명해지고 말았습니다.

그 당시에 저는 주님의 약속은 그분의 명령과 같은 것으로서 제가 할 수 있는 모든 것을 동원하여 성취해야 하는 것으로 생각했었습니다. 영적으로 미성숙했던 저는 주님의 약속이 왜 빨리 이루어지지 않는지에 대한 이유를 도무지 알 수가 없었습니다(성숙하지 못한 자는 자신의 미성숙함으로 인하여 자신이 성숙하지 못하다는 사실을 알 수 없습니다).

그때 저의 상상은 하나님께서 그분의 약속을 지키는 것은 아주 쉬울 것이라고 생각했고, 저는 그분을 돕기 위한 수많은 기발한 아이디어들을 가지고 있었습니다. 저는 영적으로도 어릴 뿐만 아니라 나이도 어렸기 때문에 성령께서 준비하시는 일에 익숙하지 못했습니다. 즉, 전능하신 주님으로부터 온 비전은 자아에 대하여 죽고, 인내를 가지고 여러 해를 준비하고, 시험을 통하여 잘 다듬어져야만 성취된다는 사실을 몰랐던 것입니다.

하나님께로부터 온 참된 말씀은 그것이 성취되기 전에 여러분을 시험합니다. 성경은 "곧 여호와의 말씀이 응할 때까지라. 그의 말씀이 그를 단련하였도다(시편105:19)"라고 말씀합니다. 저의 영적 완성이 더딜수록 인격은 강제로 변화될 수밖에 없었습니다. 대단한 열정을 가지고 저의 사명의 장이 펼쳐지기를 원했지만 저는 하나님께서 시키시는 훈련을 받는 것은 달가워하지 않았습니다. 변함없는 강렬한 희망 속에서 저는 왕이신 하나님께서 제 앞에 놓아주신 왕관을 열망했습니다. 쉽게 말해서 저는 하나님 아버지의 첫 번째 약속과 저의 영적 완성 사이에 우뚝 서 있는 십자가를 보지 못했던 것입니다.

저는 우리 안에 일어나고 있는 야망이 없이는 영적인 진보를 얻는 것은 아마도 불가능하다고까지 생각하게 되었었습니다. 당시 저는 우리의 열심이 겸손과 순종의 모습으로 드러나는 한 야망도 나쁜 것이 아니라고 생각하였습니다. 야망과 교만이 결합될 때 우리는 영적으로 위험해지게 됩니다. 야망을 가지려면 기다릴 수 있어야 하고, 하나님을 신뢰해야 하며, 다른 사람을 먼저 생각해야 합니다. 그것이 바로 성령이 우리의 삶을 지배하게 하는 것이고 그렇게 함으로써 야망이 인내의 순종 안에서 변화를 받습니다.

그렇지만 심지어 우리의 동기가 완벽하지 않다 하더라도 우리의 사명을 지속해야 할 필요가 있다고 말하고 싶습니다. 여러분이 앞으로 전진하는 것을 멈추었다고 해서 안으로 움츠러들지 마십시오. 앞으로 전진할 때 하나님께 자신을 바로잡아 달라고 요청하십시오. 믿음을 가지고 앞으로 나아가는 것을 두려워하지 마십시오. 하지만 우리의 욕망이 우리 주변의 분쟁과 혼란을 가져올 때가 있다는 것을 명심합시다. 우리가 분쟁의 원인이 된다면 사명을 향해 나아가는 것이 아니라 오히려 더 멀어지는 것이 되기 때문입니다.

야망은 성령의 약속을 성취하려는 육적인 시도입니다. 제 속사람은 야망이 미덕이라고 실제로 그것을 자랑하기까지 합니다. 아브라함이 야망을 가졌을 때 인내심이 부족하여 하갈을 취하게 되었고, 그 결과 이스마엘을 낳게 되었습니다. 궁극적으로 주님께서는 이스마엘에 대하여 다음과 같이 말씀하셨습니다. "그가 사람 중에 들나귀같이 되리니 그의 손이 모든 사람을 치겠고 모든 사람이 그를 칠지며 그가 모든 형제와 대항해서 살리라(창세기16:12)." 다시 말해서 이스마엘은 계속해서 끊임없는 분쟁의 원인이 될 거라는 것입니다. 주님의 시간에 앞서 우리 자신의 힘으로 무엇인가 하려 할 때 야망은 거의 항상 우리 주변에서 분쟁의 원인이 됩니다.

하지만 참된 믿음은 하나님의 성실하심과 신실하심에 안주하는 것입니다. 믿음의 사람은 자신의 소명과 은사를 하나님의 시간과 지혜에 철저하게 의탁합니다. 그래서 참된 믿음은 심지어 하나님께서 약속하신 것이 아직은 보이지 않을지라도 철저하게 하나님 안에서 쉴 수 있습니다. 참된 믿음은 자신의 노력으로 애쓰지 않으며 온전히 신뢰합니다. 아브라함의 믿음은 그의 야망을 뚫고 야망보다 더 크게 자랐는데, 그 이유는 아브라함이 주님을 신실하신 분으로 신뢰하였기 때문입니다(히브리서10:23). 아브라함은 "약속하신 그것(하나님의 약속)을 또한 능히 이루실 줄을" 확신하였습니다(로마서4:21).

그러나 야망을 가진 영혼은 하나님께서 적절한 문을 하나님의 시간에 하나님께서 여시는 것을 신뢰하지 못합니다. 인내하지 못하고 자신의 사명을 스스로 완성하려고 노력합니다. 존재하지도 않는 문을 만들어 내려고 시도하기까지 합니다.

성경은 우리에게 하나님께 쓰임 받았던 사람은 누구나, 피할 수 없는 기나긴 준비기간이 있었다는 것을 분명하게 말해 주고 있습니다. 하나님의 부르심과 하나님의 시간은 하나님의 손에 달려 있습니다. 우리가 할 일은 하나님께서 부르신 장소에서 기다리는 것이고 성실하게 다른 사람을 후원하는 것입니다.

야망은 분쟁을 일으킵니다. 야망은 두려움에 뿌리를 두고 있기 때문입니다. 이러한 두려움이 크리스천의 영혼으로 하여금 애써 노력하게 하고 질투하게 하는데, 특별히 자신의 성취를 위해서 다른 사람의 지위를 강탈해야 할 필요가 있다고 생각할 때 더더욱 그렇습니다. 그것은 인내와 신뢰로 성숙해 가는 과정에서 우리가 정확하게 주님을 모르기 때문이며, 그 과정에서 때때로 하나님의 음성이 아닌 절박한 자신의 야망의 소리에 굴복해 버리기 때문입니다.

따라서 야고보는 "시기와 다툼이 있는 곳"에는 "요란과 모든 악한 일"이 있다고 말씀하고 있습니다(야고보서3:16). 무질서는 사람들이 영적 진보를 위해 정당한 절차를 어기고 자기보다 높은 지위 또는 주변에 있는 사람을 비난하는 데서부터 시작됩니다. 무질서는 '모든 악한 일'로 들어가는 문을 여는 것입니다.

우리는 이루지 못한 야망 때문에 괴로워합니다. 꾸짖음을 받을 때는 인내하는 모습을 보이는 척하지만 속에서는 야망으로 이루려는 것이 지체되니까 더욱더 화를 냅니다. 종교적인 야망에 대한 유일한 치료약은 그 자체가 죽어서 없어지는 것입니다.

시편 37편에서 다윗은 결국 그가 어떻게 왕이 되었는지를 드러내고 있습니다. 다윗이 사울 왕의 신하였다는 것을 기억하십시오. 사울은 미쳐 버린 부정한 왕이었지만 그럼에도 다윗은 다음과 같이 썼습니다.

> 여호와를 의뢰하여 선을 행하라 땅에 거하여 그의 성실로 식물을 삼을지어다
> 또 여호와를 기뻐하라 저가 네 마음의 소원을 이루어 주시리로다
> 너의 길을 여호와께 맡기라 저를 의지하면 저가 이루시고
> 네 의를 빛같이 나타내시며 네 공의를 정오의 빛같이 하시리로다
> 여호와 앞에 잠잠하고 참아 기다리라 자기 길이 형통하며 악한 꾀를 이루는 자를 인하여 불평하여 말지어다
> 분을 그치고 노를 버리라 불평하여 말라 행악에 치우칠 뿐이라
>
> 시편37:3-8

저는 인생의 초기부터 영적 성취를 위해 제 자신의 야망과 씨름하기는 했지만 다른 지도자의 자리를 넘본 적은 없었습니다. 저는 주님을 신뢰하는 것을 배웠고 선을 행하였습니다. 주변의 잘못된 것들이 저로 하여금 악한 짓을 하게 한다는 것을 알고 초조해하는 자신을 보았습니다. 그러므로 우리는 분노를 멈추어 버립시다. 주님 안에서 기뻐합시다. 그리하면 주님께서 적절한 시기에 우리에게 마음의 열정을 주실 것입니다.

주 예수님, 저의 이기적인 동기와 꺾이지 않는 이기심을 용서하여 주옵소서. 저의 자만과 야망이 분쟁을 일으킨 적도 있음을 고백합니다. 제가

그러했다는 것을 전혀 알지도 못했습니다. 전심을 다하여 당신을 섬기도록 도와주옵소서. 당신의 시간에 저를 높여 주옵소서. 주님의 영광을 위하여 기도드립니다. 예수님 이름으로 기도합니다. 아멘.

37장

영광의 집

"주여, 우리 자신을 당신께 제사장으로 봉헌합니다. 분열과 상관없이 우리 자신을 제물로 드립니다. 우리가 당신을 사랑하듯 당신을 사랑하는 사람들과 함께 우리를 세우소서. 우리를 살아있는 성전이 되게 하옵시며 모든 민족들과 모든 열방들을 당신에게로 이끌게 하옵소서."

솔로몬의 성전 봉헌을 통하여 하나님께서 교회에 원하시는 것이 무엇인가를 생각해 볼 수 있습니다. 솔로몬은 성전이 건축되었을 때 대단한 축제를 열며 주님께 봉헌하였습니다. 22,000마리의 황소와 120,000마리의 양을 제물로 바쳤습니다. 왕이 기도를 드리자마자 하나님의 영광이 모든 사람들이 분명히 볼 수 있게 드러났습니다. 우리는 "불이 하늘에서부터 내려와서 그 번제물과 제물들을 사르고 여호와의 영광이 성전에 가득하니(역대하7:1)"라고 기록된 말씀을 읽을 수 있습니다. 만약 하나님께서 눈에 보이는 물질적인 성전이 봉헌될 때 자신의 영광을 드러내셨다면, 하나님의 살아 있는 성전인 교회에는 얼마나 더 많은 임재를 나타내시겠습니까?

하지만 이러한 주님의 임재가 나타나기 전에 반드시 일어나야 할 필수

조건이 있습니다. 첫째로 모든 분리되어 있던 조각들이 함께 연결되고 금으로 입혀지기 전까지 솔로몬의 성전은 완성된 것이 아니었으며 그런 일이 다 이루어진 후에야 주님의 영광이 나타났습니다.

마찬가지로 주님의 완전하심이 우리 안에 나타나고 세상이 그리스도를 믿게 되기를 원한다면 우리 역시 함께 지어져서 '완전한 연합'을 이루어야만 합니다(요한복음17:23). 인생의 그 어떤 것도 이보다 더 영광스럽고 놀라운 일은 없을 것입니다. 두 번째 필수조건은 예배와 관련이 있습니다. 주님께서는 노래하는 자들과 나팔수들과 제사장들이 큰 소리로 찬양하며 예배드리기 전까지는 모습을 드러내지 않으셨습니다. 하나님께 예배를 드리는 것은 아무리 강조해도 지나치지 않습니다. 심지어 지금도 많은 교회가 연합으로 예배를 드릴 때면 은은한 광채의 영광이 마치 살아 있는 구름처럼 순전한 예배자들 위에 임재합니다.

그러나 주님의 영광스러운 계시가 임하기 전 지도자의 위치에 있는 사람들이 예비해야 할 또 다른 부분이 있습니다.

> 이때에는 제사장들이 그 반차대로 하지 아니하고 스스로 정결케 하고 성소에 있다가 나오매 노래하는 레위 사람 아삽과 헤만과 여두둔과 그 아들들과 형제들이 다 세마포를 입고 단 동편에 서서 제금과 비파와 수금을 잡고 또 나팔 부는 제사장 일백이십 인이 함께 서 있다가 나팔 부는 자와 노래하는 자가 일제히 소리를 발하여 여호와를 찬송하며 감사하는데 나팔 불고 제금 치고 모든 악기를 울리며 소리를 높여 여호와를 찬송하여 가로되 선하시도다 그 자비하심이 영원히 있도다 하

> 매 그때에 여호와의 전에 구름이 가득한지라 제사장이 그 구
> 름으로 인하여 능히 서서 섬기지 못하였으니 이는 여호와의
> 영광이 하나님의 전에 가득함이었더라
>
> 역대하 5:11-14

제사장들은 각자의 가문과 독특한 목적에 따라 제사의 직임을 위해 반차(반열)로 나뉘어 하나님으로부터 기름부음을 받습니다. 하지만 역대기는 "그 반차대로 하지 아니하고 스스로 정결케 하고"라고 기록하고 있습니다. 더 위대한 하나님의 임재의 장소에 들어가 섬기기 위하여 섬김의 반열을 초월하는 일이 있었던 것입니다.

오늘날도 마찬가지로 교회는 그리스도가 임재하시는 거룩한 곳에 '반차대로 하지 않고' 들어가야 합니다. 전 세계적으로 교단과 인종을 초월한 교회들에서 수천 명의 교회 지도자들이 기능적으로 서로 연합되고 있습니다. 그들은 그리스도의 거룩한 몸이 되는 것입니다. 그 결과는 무엇입니까? 우리가 "그의 안에서 건물마다 서로 연결하여 주 안에서 성전이 되어 가고 너희도 성령 안에서 하나님의 거하실 처소가 되기 위하여 예수 안에서 함께 지어져 가는 것"입니다(에베소서 2:21-22).

"서로 연결하여… 함께 지어져 가는"에 주목하십시오. 진정한 주님의 집은 교회가 두려움과 분열을 몰아낼 때 드러나는 것입니다. 두려움과 분열을 몰아낸 후에만 참된 주님의 집인 "성령 안에서 하나님의 거하시는 장소"가 되는 것입니다.

예수께서는 "곧 내가 저희 안에, 아버지께서 내 안에 계셔 저희로 온전

함을 이루어 하나가 되게 하려 함은 아버지께서 나를 보내신 것과 또 나를 사랑하심같이 저희도 사랑하신 것을 세상으로 알게 하려 함이로소이다 아버지여 내게 주신 자도 나 있는 곳에 나와 함께 있어 아버지께서 창세 전부터 나를 사랑하시므로 내게 주신 나의 영광을 저희로 보게 하시기를 원하옵나이다(요한복음17:22-23)"라고 기도하셨습니다. 예수님은 우리에게 교회의 새로운 치리 형태나 새로운 교리 또는 프로그램을 주려고 오신 것이 아닙니다. 예수님은 "그의 성도들에게서 영광을 얻으시고 모든 믿는 자에게서 기이히 여김을 얻으시려고" 다시 오십니다(데살로니가후서 1:10). 우리도 예수님의 영광을 얻기 위하여 부름을 받은 것입니다(데살로니가후서2:14).

우리는 하나님께서 지금 우리가 가지고 있는 교회의 정의를 능가하는 무엇인가를 건축하고 계시는지 살펴보아야 합니다. 하나님께서는 자신의 영광을 드러낼 장소, 즉 "주님의 거룩한 성전"에 연결되도록 우리를 건축하고 계십니다.

아래 기도는 아마도 이 책에서 가장 중요한 기도일 것입니다. 이 기도는 주님의 성전을 지으라는 하나님의 부르심에 응답하는 것입니다. 이 기도는 교회 지도자들과 중보자들에게 '분열하지 말라'는 특별한 안내입니다. 당신이 지도자이며 주님의 집의 계시를 보았다면 우리와 함께 기도합시다.

주 예수님, 당신을 새롭게 섬길 기회를 주심을 감사드립니다. 저의 마음 가운데 한 부분을 분리와 이기심이 주장하게 한 것에 대해 회개합니다. 예수님 저는 모세의 경우처럼 당신의 거룩한 임재 안에서 당신의 영광을 보기를 원하며 당신의 내주하심을 원합니다. 주님, 저는 당신의 거룩하심을 섬기기 위해 분열하는 일이 없도록 온 마음을 드립니다. 당신 앞에서 제 삶을 성결하게 하고 교회를 통해 제가 사는 지역에서 주님의 집을 건축하겠습니다. 예수님 이름으로 기도합니다. 아멘.

38장
도시의 모든 교회가 참여해야 합니다

모든 이스라엘 사람들은 여러 축제 기간 중 일 년에 세 번은 예루살렘에 가야만 했습니다. 만약에 그들이 자신들의 지역에서 미혹되어 이방신을 섬기기 시작하게 되면 그들은 여지없이 전쟁에서 패배하였습니다.

이스라엘 사람들은 예배의 연합 외에 전쟁을 할 때도 함께해야 했습니다. 이스라엘 사람들이 하나로 연합하여 전쟁을 하지 않는다면 그들은 좀처럼 전쟁에서 승리할 수 없었습니다(사무엘상11:7, 에스라3:1, 느헤미야8:1). 태초로부터 주님은 우리가 우리 형제를 '지키는 자'가 되어야 한다고 말씀하셨습니다. 오늘날도 하나님은 우리가 서로 싸움을 그치고 한 가족으로서 서로를 위해서 싸우는 자가 되게 하기 위하여 우리를 부르셨습니다.

놀라운 사실은 수많은 크리스천들이 마지막 때에 있을 연합이 배교한 교회들만의 것이라고 믿는다는 것입니다. 도시 전역에 있는 예수 그리스도의 교회가 성령의 연합을 유지하지 못하는 것은 성경적이지도 않을 뿐만 아니라 그렇게 믿는 것은 죄악입니다.

우리의 마음을 사로잡는 구약의 이야기가 하나 있습니다. 이스라엘 사람들이 요단강을 건너기 직전에 길르앗 땅에서 있었던 일입니다. 그때 많은 가축을 소유한 르우벤과 갓 족속은 이 땅이 가축을 키우는 데 적합하다며 가장 먼저 땅을 분배해 줄 것을 요구했습니다. 르우벤과 갓 족속의 요구는 모세를 화나게 했는데 그 이유는 그들이 자기들의 상속을 위하여 공동체를 분열시키고 있다고 생각했기 때문입니다(민수기32장).

하지만 르우벤과 갓 족속은 모세가 생각하고 있었던 것보다 더 크고 위대한 비전을 가지고 있었습니다. 그들이 모세에게 한 맹세가 바로 우리 도시 전역에 있는 모든 교회들에 대하여 우리가 취해야 할 태도입니다. "그들이 모세에게 가까이 나아와 가로되 우리가 이곳에 우리 가축을 위하여 우리를 짓고 우리 유아들을 위하여 성읍을 건축하고 이 땅 거민의 연고로 우리 유아들로 그 견고한 성읍에 거하게 한 후에 우리는 무장하고 이스라엘 자손을 그곳으로 인도하기까지 그들의 앞에 행하고"라고 말하였습니다(민수기32:16-17). 그들은 이스라엘 백성 모두에게 평화와 번영이 올 때까지 검을 내려놓지 않았습니다.

그러므로 우리들 역시 한 몸의 일부분이라는 점을 철저히 인식해야 합니다. 한 회중이 전투 중이면 우리 모두는 전투 중인 것입니다. 그러므로 보다 더 많은 성숙한 교회들이 전쟁을 위해 성도들을 무장시켜야 합니다. 각 개인들은 자신이 속해 있는 도시의 '그리스도의 몸' 전체를 보호하고 방어하기 위해 훈련받아야 합니다.

모든 회중은 가족의식과 연대를 위하여 '울타리'를 지켜야 하며 마찬가지로 영적 안식처로서 '어린아이를 위한 마을'을 마련해 주어야 합니다. 그렇게 하는 동시에 우리는 칼을 내려놓지 말고 우리의 형제자매를 위해 싸울 준비를 해야 합니다.

우리가 극복해야 할 한 가지 장애물은 잔뜩 부풀려진 자만심인데 이것은 우리 자신이 모든 면에서 다른 교회에 있는 성도들보다 더 영적이라고 생각하도록 만드는 원인이 됩니다. 이러한 속임수는 회중 전체를 급속하게 감염시킵니다. 더 나쁜 것은 이것이 우리로 하여금 분열된 상태로 남아 있게 하고 영적 자만에 빠져 고립된 상태를 지속시키게 합니다.

하지만 우리가 진정으로 보다 더 영적인 상태가 되면 하나님께서는 우리의 모든 교만을 깨닫게 하시고 구속해 주시며 우리의 태도를 변화시켜 주십니다. 우리는 다른 교회를 판단하기 위해 부름을 받은 것이 아니라 목숨을 바쳐 그들을 섬겨야 한다는 것을 볼 수 있어야 합니다. 오늘날 하나님께서 하시는 일은 유대 민족이 바벨론 포로 생활에서 돌아와서 회복을 추구했던 시기와 참으로 비슷합니다. 그 당시 예루살렘 주위의 성벽을 건축할 때 느헤미야가 감독을 맡았습니다. 느헤미야는 성벽 건축을 하는 일꾼들에게 한 손에는 일하는 도구를, 다른 한 손에는 검을 들고 일하라고 지시했습니다(느헤미야4:17). 만약 한 쪽 성벽이 적의 공격을 받으면 나팔을 불어서 알렸고 모든 유대인들이 그 지역을 지키는 데 동참하였습니다.

이러한 연합이 지금 우리에게 있어야만 합니다. 원수가 수도 없이 특정한 교회를 공격하여 승리할 수 있었던 것은 그 지역에 있는 그리스도의 몸 된 다른 교회들이 전투가 벌어지고 있다는 사실조차 알지 못했기 때문입니다. 이러한 특별한 상황에 있을 때 우리가 영적 전쟁에서 이기려면 도시의 모든 교회들이 함께 해야만 한다는 것을 인식해야 합니다.

가끔 "우리 도시에 있는 교회들이 죽어 있고 우리는 홀로 남겨져 있습니다"라는 말을 듣습니다. 그것은 엘리야의 탄식과도 같습니다. 그러나 하나님께서는 아직도 하나님께 신실한 사람들이 7,000명이나 남아 있다고 엘리야를 확신시켜 주셨습니다. 에스겔 역시 자신이 홀로 서 있다고 생각했는데, 하나님은 그를 마른 뼈들이 있는 골짜기로 데리고 가서 그 마른 뼈들에게 예언하라고 명령하셨습니다. "뼈들이 서로 연결된 후에 생기가 (성령이) 그들에게 들어가매 그들이 살아나서 일어나 서는데 보니 극히 큰 군대더라(에스겔37:10)."

오늘도 하나님께서는 '지극히 큰 군대'를 가지고 계시며 하나님 스스로 예비하시고 계십니다. 하나님은 그 군대를 동원하여 도시에 있는 원수의 본거지를 허물어뜨리십니다. 효과적인 영적 전쟁을 위하여 성령님께 기름 부음을 받기 전에 우리는 먼저 그리스도 안에서 서로 연결되어 있어야만 합니다. 우리는 주변의 지역 교회가 죽어 있다는 것을 볼 수 있어야만 합니다. 지금 이 시간에도 하나님께서 군대를 일으키신다는 것을 인식해야 하며 그러한 비전으로 기름부음이 있는 중보를 시작할 수 있어야 합니다.

제발 잘 들어 보십시오. 우리는 국가적인 차원에서 기도의 날을 가질 수 있고 지역의 필요한 것을 공급해 달라고 기도할 수도 있습니다. 또한 우리는 특정한 변화를 위하여 기도해 달라고 수많은 사람들에게 부탁할 수도 있습니다. 하지만 그 지역에 사는 교회가 분쟁으로 나뉘어 있거나 속박당해 있다면 절대로 원수를 무찔러 이길 수 없습니다. 한 지역의 사악한 영적 힘에 반대하여 기도할 때 우리의 첫 번째 법칙은 그 지역에 있는 교회들이 예배와 전쟁을 위하여 연합되어 기도하는 것입니다. 왜 교회들을 위하여 기도해야 합니까? 만약 교회 안에 '질투나 이기적인 야망'이 있다면 필연적으로 그 지역에는 '요란과 모든 악한 일'이 있게 마련입니다(야고보서3:16).

그러므로 도시 전역의 영적 전쟁에서 승리하려면 도시의 모든 교회가 연합해야 한다는 결론을 내릴 수 있습니다. 만약 우리가 특정 교단이나 인종에 대한 차별을 버리지 못한다면, 우리가 하고 있는 모든 전도 프로그램이나 주일학교 교육이나 영적 전쟁을 위한 공격적인 시도들은 단지 제한된 가치일 뿐입니다. 하지만 한 사람이 육적인 욕망으로 살다가 변화하여 그리스도의 형상으로까지 변화된다면 그것은 교회에 변혁을 줄 수 있습니다. 또한 그리스도의 형상으로 변화된 교회의 연합은 한 도시를 혁신적으로 변화시킬 수 있습니다.

주 예수님, 주님께서는 우리에게 스스로 나뉘는 자는 결코 서지 못할 것이라고 가르치셨습니다. 하지만 우리는 말도 안 되는 이론으로 우리의 교만과 야망을 감추기 위해 우리의 분열을 정당화해 왔습니다. 우리가 행해야 할 것보다 우리 자신을 더 높게 생각한 것에 대하여 회개합니다. 주여, 허물어진 영적인 성벽을 다시 세우고 다른 교인과 나 사이의 분열된 것을 회복할 수 있는 창조적인 방법을 보여 주옵소서. 예수님 이름으로 기도합니다. 아멘.

39장
연합의 세 가지 영적 원수

혈과 육의 약함에 대해 다룰 때 우리의 진짜 싸움은 사람들에 대항하여 싸우는 것이 아니라 "하늘에 있는 악한 세력의 영들"에 대한 싸움이라는 것을 인식하는 것이 매우 중요합니다(에베소서6:12).

눈에 보이는 문제가 진짜 문제가 아니듯이 뚜렷하게 보이는 원수는 진짜 적이 아닙니다. 우리는 사람과 싸우는 것이 아니라 사람들의 마음속에 들어가 사람들로 하여금 성숙하지 못하고 죄악된 마음의 태도를 가지게 하는 악한 영과 싸우는 것입니다. 이러한 악한 영들은 교회와 가정 속에 스며들고자 별의 별짓을 다하고 있습니다. 이 악한 영들을 분별할 수 있어야만 합니다! 우리가 싸워야 하는 악한 영은 인간의 마음속에 있는 종교적인 야망이라는 통로를 통해 침입합니다. 이것은 분열과 분쟁의 영들입니다.

이러한 영들의 본성과 목표는 동일합니다. 비신앙적인 방법으로 사람에게 임해서 다른 사람들의 권위의 자리를 탐내게 하고 분열의 원인이 됩니다. 이것은 혈과 육을 통해 옛날 전투에서부터 현 시대로까지 전해 내려온 것입니다. 유다의 경고를 생각해 보십시오.

> 또 자기 지위를 지키지 아니하고 자기 처소를 떠난 천사들을
> 큰 날의 심판까지 영원한 결박으로 흑암에 가두셨으며
>
> 유다서1:6

우리가 '적절한 자신의 자리'를 내 버리고 비윤리적으로 다른 사람의 역할을 원한다면, 우리는 루시퍼와 그의 천사들이 저지른 바로 그 죄를 범하는 꼴이 됩니다. 루시퍼와 그 추종 천사들의 죄가 자신들을 지옥으로 내몰았듯이 그들의 야망은 지구상에 있는 남성과 여성들의 삶 속으로 지옥을 확장하려는 것입니다.

분열을 만들어 내려는 동일한 목표가 있기 때문에 그들은 아주 독특한 방법으로 사람들을 분리시키기 위해 접근합니다. 구약성경에서는 하나님의 백성의 권위를 훼방하고 분리하려는 세 사람의 예를 보여 주고 있습니다. 그 세 사람은 고라, 압살롬, 그리고 이세벨입니다. 이 사람들은 실제로 역사 속에 살았던 인물들입니다. 우리는 그들을 조종한 영적 존재를 그들의 이름을 따서 부르려고 합니다. 이러한 원수들에 대하여 논하면서 우리는 오늘날 하나님의 백성들 사이에서도 분쟁을 일으켜 개개인이 그와 같은 악한 일들을 하게 만드는 영에 대하여 자세히 살펴보려고 합니다.

고라는 모든 것을 가지기를 원하는 지도자였습니다. 유다서에서는 특별하게 '고라의 반역'에 대하여 언급하고 있습니다. 고라는 옛 이스라엘의 지도자였습니다. 고라의 권위는 아론과 동등하였고 모세와 아론의 사촌이었습니다. 고라는 자신의 영향력을 동원하여 250명의 이스라엘 지도자들이 모세에게 대항하도록 연합시키는 일에 미혹된 사람이었습니다.

하나님의 백성 가운데 일어나는 가장 최악의 분열은 부(second) 지도자가 많은 사람들로 하여금 자신을 따르도록 만드는 것입니다. 매튜 헨리(Matthew Henry)는 주석에서, 고라와 다른 반역자들에 대해 다음과 같이 평하였습니다. "위대한 사람들의 교만, 야심, 경쟁심은 항상 교회나 나라에 엄청난 해악을 가져왔다는 사실을 주목해 보십시오. 그들이 얻은 명예와 명성은 자신을 만족시키지 못했고, 더 높아지고 유명해질 수 있었음에도 결국 그런 것들로 인하여 유명세를 잃게 되었습니다." 혹시 여러분은 바로 위에 있는 지도자의 지위를 갈망하고 있지는 않은지 생각해 보십시오.

고라가 모세와 아론을 비난하는 내용을 살펴봅시다. "그들이 모여서 모세와 아론을 거슬러 그들에게 이르되 너희가 분수에 지나도다. 회중이 각각 다 거룩하고 여호와께서도 그들 중에 계시거늘 너희가 어찌하여 여호와의 총회 위에 스스로 높이느뇨(민수기16:3)." 반역을 한 것은 고라 자신인데 그는 오히려 모세가 하나님을 배반하고 지도자로서의 권력을 남용했다고 책망합니다. 스스로 지위를 높이려고 하는 자는 고라 자신이면서 모세와 아론이 "여호와의 총회 위에" 자신들을 스스로 높이려 한다고 비난하고 있습니다.

영적인 상태를 파악하려면 목회자의 리더십을 비난하는 사람의 말을 주의 깊게 관찰하시기 바랍니다. 여러분의 목회자를 자세히 살펴보기 이전에 반드시 그 목회자를 비난하는 자를 먼저 살펴보아야만 합니다. 왜냐하면 목회자에게 있다고 손가락질하는 바로 그 약점이 종종 비난하는 자에게 있음을 발견하게 될 것이기 때문입니다.

계속 이어지는 언쟁에서 고라는 "모든 총회가 거룩하고… 하나님이 그들과 함께 계시거늘"이라고 말하고 있습니다(민수기16:3). 고라가 말하는 핵심은 실제로 자신이 이스라엘 사람들에 대하여 관심이 제일 많은 사람이고 이제 모세의 할 일은 끝났으며 지금은 새로운 지도자를 뽑을 때라는 것입니다. 물론 그 당시는 모든 이스라엘 백성이 거룩하지도 못했고 모세 역시 할 일이 완성되지도 않은 때였습니다. 그러나 그렇게 말하는 이유는 모세의 인격이 근본적으로 이스라엘 민족을 지배하려는 것이라고 비난하기 위함이었습니다.

여러분의 목회자(지도자)가 때때로 과도하게 통제하는 경우도 있겠지만 그럴지라도 우리를 협박하는 고라와 같은 사람을 용납해서는 안 됩니다. 한편으로는 실제로 지도자가 하나님께서 자신에게 주신 영적 책임을 성취하려고 최선을 다하고 있음에도 지도자의 권위에 대하여 잘못 판단하여서 지도자가 우리를 '지배'하고 있다는 태도를 가질 때가 있습니다. 하나님은 모세를 이스라엘의 지도자로 삼으셨습니다. 모세의 온유함을 보시고 하나님께서 모세를 택하셨는데 모세의 온유함을 존중하지 못하고 그를 지도자의 자리에서 넘어뜨리려고 하는 것은 아주 잘못된 것입니다. 하나님께서 주신 권위를 강제로 빼앗으려 하는 행위는 하나님께 죄를 짓는 것임을 명심하십시오!

> 모세가 또 고라에게 이르되 너희 레위 자손들아 들으라. 이스라엘의 하나님이 이스라엘 회중에서 너희를 구별하여 자기에게 가까이하게 하사 여호와의 성막에서 봉사하게 하시며 회중 앞에 서서 그들을 대신하여 섬기게 하심이 너희에게 작은 일이겠느냐 하나님이 너와 네 모든 형제 레위 자손으로 너

와 함께 가까이 오게 하셨거늘 너희가 오히려 제사장의 직분을 구하느냐

민수기16:8-10

모세는 고라의 마음속에 있는 질투와 야망의 죄를 드러내었습니다. 모세는 하나님께서 이미 주신 권위가 "네게 충분하지 않더냐?"라고 질문합니다. 야심은 질투와 교만이라는 두 개의 다리를 가지고 있습니다. 하나님께서 다른 사람에게 허락하신 지위를 탐할 때면 언제든지 주님의 진노가 임하게 됩니다. 실로 놀라운 사실은 고라의 반역 이야기는 땅이 고라와 그와 함께한 반역자들을 삼키는 것으로 막을 내렸다는 사실입니다.

고라와 모세의 장인 이드로가 둘 다 비슷한 말로 모세에게 다가갔었다는 점에 주목해 봅시다. 고라는 대립적이고 야심과 반역으로 가득했던 반면에 이드로는 겸손했고 진심 어린 관심으로 가득했습니다. 이드로는 모세가 하던 모든 일을 본 후에 "네가 이 백성에게 행하는 이 일이 어찌 됨이냐 어찌하여 네가 홀로 앉아 있고 백성은 아침부터 저녁까지 네 곁에 서 있느냐"고 말했습니다(출애굽기18:14). 겸손한 태도로 지도자에게 관심을 표하는 것은 교회에 유익한 것이 되지만 고라처럼 자만과 야심으로 지도자와 대치하면 스스로를 하나님의 진노에 노출하는 것이 됩니다. 이드로의 조언을 통해 이스라엘은 번영하게 됩니다. 지도자에 대하여 관찰한 것을 말하는 것을 주저하지 마십시오. 그런 다음에는 지도자 스스로가 그 문제를 바로잡고 혁신하도록 하십시오. 겸손과 관심이 담긴 조언은 공동체를 번영하게 하는 데 도움을 줍니다.

여기서 매우 흥미로운 점이 한 가지 있습니다. 고라의 아들들은 아버지

의 반역에도 죽지 않았다는 사실입니다. 고라의 아들들은 아버지의 반역에 동참하지 않고 대신에 모세와 아론에게 순종하기를 선택했습니다. 고라의 후손들은 다윗 왕 시대에 대단히 영광스러운 지위를 맡았는데, 실제로 그들은 오늘날 많은 사람들에게 사랑받고 있는 수많은 시편을 기록한 장본인들입니다.

고라의 영으로부터 벗어나려면 우리는 하나님께서 현재 우리에게 허락하신 자리에서 전심으로 하나님을 섬기고 만족해야 합니다. 그러다 보면 성령께서 우리에게 새로운 질서와 새로운 과업을 주실 때가 올 것입니다. 그러나 그때가 올 때까지 주님께서는 우리를 다스리는 권위에 도전하거나 교회를 분리해서 우리의 종교적 야심을 채우는 것을 원치 않으십니다.

넬슨성경사전에는 "압살롬은 그술 왕의 딸 마아가의 아들이며, 부모 양쪽이 모두 왕이거나 왕족으로 차기 왕이 될 가능성이 많았으며, 매력적인 용모와 멋진 매너로 당시 사람들에게 큰 인기가 있었고, 아버지 다윗은 그를 가장 사랑하는 아들 중에 하나로 여겼다"라고 기록하고 있습니다. 이처럼 아버지가 가장 사랑하는 아들 중 한 명이었던 압살롬은 자신의 여동생이 배다른 형제인 암논에게 강간당한 사건이 공평하게 처리되지 못한 것으로 인해 상처를 가지고 있었습니다. 그는 결국 자신의 하인을 시켜 암논을 암살해 버립니다. 암논을 죽인 후 압살롬은 아버지의 격노함을 두려워하여 도망치게 되고 3년간의 망명 생활을 하게 됩니다. 마침내 다윗은 자기 신하의 압력으로 탐탁지 않으면서도 압살롬을 불러들였습니다. 그러나 압살롬이 돌아왔을 때 다윗은 여전히 그를 멀리했습니다. 아버지의 기나긴 무관심이 계속되자 압살롬의 마음속에는 아버지의 왕좌를 탈취하려는 계획을 세울 만큼 못된 쓴 뿌리가 자라나고 있었습니다.

> 압살롬은 일찍 일어나 성문 길 곁에 서서 어떤 사람이든지 송사가 있어 왕에게 재판을 청하러 올 때에 그 사람을 불러서 이르되 너는 어느 성 사람이냐 그 사람의 대답이 좋은 이스라엘 아무 지파에 속하였나이다 하면 압살롬이 저에게 이르기를 네 일이 옳고 바르다마는 네 송사 들을 사람을 왕께서 세우지 아니하셨다 하고 또 이르기를 내가 이 땅에서 재판관이 되고 누구든지 송사나 재판할 일이 있어 내게로 오는 자에게 내가 공의 베풀기를 원하노라 하고 사람이 가까이 와서 절하려 하면 압살롬이 손을 펴서 그 사람을 붙들고 입을 맞추니 무릇 이스라엘 무리 중에 왕께 재판을 청하러 오는 자들에게 압살롬의 행함이 이 같아서 이스라엘 사람의 마음을 도적하니라
>
> 사무엘하15:2-6

마치 고라가 모세의 자리를 원하고 루시퍼가 하나님의 자리를 원했던 것같이 왕자인 압살롬은 다윗 왕의 자리를 원했습니다. 하지만 처음에 압살롬은 공개적으로 다윗 왕에게 대립하지도 않았고 왕의 권위에 도전하지도 않았습니다. 오히려 사람들의 마음을 훔쳐내기 위해 자신의 매력과 다윗에 대한 교묘한 비난 전략을 썼습니다. 유다서는 이렇게 조작하는 영이 오늘날에도 분명히 사람들 사이에서 역사하고 있다고 우리에게 말해주고 있습니다.

> 이 사람들은 원망하는 자며 불만을 토하는 자며 그 정욕대로 행하는 자라 그 입으로 자랑하는 말을 내며 이를 위하여 아첨하느니라, 이 사람들은 당을 짓는 자며 육에 속한 자며 성령은 없는 자니라
>
> 유다서1:16, 19

압살롬은 다윗 왕의 잘못을 들추어 내어 이스라엘 사람들이 다윗 왕에 대해 불만을 일으키게 하고, 다른 한편으로는 아첨과 매력적인 것으로 백성들의 마음을 사로잡았습니다. 유다서는 '이 사람들은 분열을 일으키는 자'라고 말합니다. 압살롬의 영을 가진 자들의 계획은 아주 단순한데, 어떤 일이 잘 진행되고 있지 않다고 하면서 지도자의 약점을 잡으며 만약에 자신이 그 책임을 맡으면 더 잘 할 것이라는 느낌을 갖도록 만듭니다. 그런 다음에 사람들의 마음을 사로잡고 아첨을 하고 그들을 자기편으로 만들어 버립니다. 바울 역시 '이리 떼'라고 하는 자들에 대하여 경고하고 있습니다.

> 내가 떠난 후에 사나운 이리 떼가 들어와서 그 양 떼를 아끼지 아니하며 또한 여러분 중에서도 제자들을 끌어 자기를 따르게 하려고 어그러진 말을 하는 사람들이 일어날 줄을 내가 아노라
>
> 사도행전20:29-30

'어그러진 말'이라는 의미는 진리를 비틀고 왜곡하는 것을 말합니다. 누

군가가 어떤 일을 하는 것에 대하여 계속 불평을 하거나 교회 지도자에 대해 험담을 하거나 자기 자신이 그런 문제를 해결할 사람이라고 드러내고 있다면 그 사람을 경계하십시오. 만약에 그런 사람에게 귀를 기울이고 있다면, 여러분은 하나님의 양 무리 속에서 이리의 음성을 듣고 계신 것입니다. 이러한 상황에 처하게 되면 그 사람에게 직접 잘못을 이야기하십시오. 그러면 주님께서 비난하던 그 사람의 마음을 바꾸어 주실지도 모릅니다.

만약에 지도자에 대한 의심이 사실인 것처럼 보일 때는 어떻게 해야 할까요? 마태복음 18장에 있는 대로 교회의 다른 사람에게 말하기 전에 지도자에게 먼저 찾아가십시오. 겸손함으로 꾸짖지 말고 권하되 '아버지'에게 하듯 하십시오(디모데전서5:1). 지도자의 입장을 들어 보고 만약 그가 중한 죄를 지었음에도 회개하지 않는다면 두세 사람을 데리고 가십시오. 그래도 그 지도자가 계속 죄 가운데 거한다면 최후의 방법은 그의 잘못을 모두에게 알리는 것입니다(마태복음18:15-17). 하지만 그렇게 하기 전에 여러분은 그 도시에 있는 다른 교회의 지도자나 교단에서 임명한 감독자에게 먼저 가서 의논해야만 합니다. 물론 그렇게 하기 전에 반드시 그 지도자가 중대한 죄를 지었음을 확증해야만 합니다. '분명히 무엇인가 잘못된 것이 있어'라는 식의 심증만으로는 충분하지 않습니다. 죄에 대한 정확한 사실을 가져야만 합니다. 여러분이 교회의 지도자가 되기를 꿈꾸면서 여러분을 지지하는 사람들을 만드는 것을 정당화하기 위해 영적인 현상들을 이용하고 있다면 여러분은 그리스도에게로 가는 것이 아니라 압살롬의 길을 걸어가고 있는 것입니다.

압살롬의 영으로부터 벗어나려면 교만을 회개하고 자신의 이득을 위하여 사람들에게 아부하는 것을 삼가십시오. 종교에 대한 이루지 못한 욕구들을 성취하기 위해 조작하는 행동 대신, 여러분 자신과 재능을 가지고 교회 지도자들에게 순종하십시오. 그들에게 여러분이 어떻게 도움이 될 수 있을지를 물으십시오. 교회의 필요를 어떻게 도울지 생각하십시오. 여러분이 주님에 의해 쓰임 받을 때, 사람들로 하여금 주님께 주목하게 하고 그들이 교회의 지도자의 보호 아래 안전히 거하게 하십시오.

구약성경 나타난 이세벨은 영적(예언자들)이든 세상적(왕)이든 위에 있는 권위에 대항하여 싸운 여성으로 나타납니다. 예수님은 계시록에서 두아디라교회의 여선지자를 통해 이러한 영에 대해 다시 언급하십니다. 두 경우 모두 권위를 무력화시키고 가정과 교회에 있는 사람들을 조종하려는 영이었습니다. 이세벨의 영이 교회의 지도자들을 공격할 때 그 영의 궁극적인 목표는 목회자의 권위를 무력화하는 것입니다. 그 공격은 성적 유혹의 형태나 혼란 또는 예언적으로 조종하는 모습으로 임할 수 있지만 목표는 오직 교회의 권위를 빼앗는 것입니다. 그래서 예수님은 이세벨을 이기는 교회에게는 "만국을 다스리는 권세를 주리니(요한계시록2:26)"라고 약속하셨습니다. 이세벨의 영은 하나님께서 교회 지도자들에게 주신 영적 권위를 분열시키고 축소시키고 몰아내려고 합니다.

고라와 압살롬의 영은 대부분 남성들에게 영향을 주는 문제를 사용하지만 이세벨은 여성들을 목표로 삼습니다. 예수님은 이세벨을 "자칭 여선지자라 하는 여자 이세벨(요한계시록2:20)"이라고 언급하셨습니다. '자칭 여선지자'라고 부르는 말에 주의하십시오. 다시 말하면 그 사람은 자기 스스로를 높이며 그 누구에게도 복종하지 않습니다. 예언적 통찰력과 감성을 이용하여 자신을 추종하게 만들고 진정한 권위의 근본으로부터 교회를 분열시킵니다.

혹시 여러분 중에 사람과의 관계에서 지배력을 얻으려는 습성을 가진 여성이 있다면 이에 대한 치료법은 오직 참된 겸손뿐입니다. 오직 주님만이 여러분을 높이도록 하십시오. 항상 순종하십시오. 지배하려는 이세벨의 욕망 뒤에 숨겨져 있는 것은 두려움입니다. 아마도 이세벨은 학대를 받았을 것이고, 다시는 그러한 학대를 받고 싶지 않기 때문에 자신이 가지고 있는 모든 것을 사용하여 자신이 속한 이 세상을 지배하려는 것입니다. 이세벨의 영향력에서 치유되려면 여성이건 남성이건 간에 진정으로 하나님을 신뢰하는 법을 배워야 합니다.

이세벨의 영은 교회의 권위에 대항하여 전쟁을 벌이기 때문에 목회자와 교회의 중보자들 사이에 분열의 틈을 만들려고 합니다. 목회자가 하나님이 주신 권위로 인도하지 못하면 교회는 제대로 기능할 수 없습니다. 그렇게 되면 혼란, 야심, 무질서가 교회를 지배하게 됩니다. 진정한 영적 권위는 가정과 교회를 보호해 주고 양육하는 살아있는 안식처인 것입니다. 사단은 크리스천 모임에 있는 지도자들을 무력화시키려고 하는데 그 이유는 목자 한 사람만 넘어지면 많은 양들을 쉽게 흩어지게 할 수 있기 때문입니다.

우리에게는 중보자들이 필요합니다. 왜냐하면 기도는 변화의 출발점이어서 기도 없는 교회가 절대로 앞으로 나아갈 수 없기 때문입니다. 그러나 중보자가 자신을 인도자로 생각하거나, 현재의 지도자가 제시하는 것과 다른 비전을 제시한다거나, 지도자들과 함께하지 못하고 다른 그룹을 만들게 되면, 그것은 이세벨의 영이 교회를 분열시키려는 또 다른 표시라고 보면 됩니다.

실제로 목회자가 제시하는 비전과 다른 비전을 제시하는데 그 비전이 하나님이 주신 것 같고 합리적이게 보이는 경우 교회 안의 혼란은 급속도로 빠르게 번져 버립니다. 그런 중에 지도자에게 자신의 예언적 시각대로 따라야 한다고 계속 고집하거나 그대로 가만히 지켜볼 시간이 없고 너무 급박하다고 하는 것은 이미 그곳에 원수가 침입했고 분열의 원인이 되고 있다는 증거입니다. 그러므로 교회 지도자에게 여러분의 예언적 증거를 맡기고 그저 순종하십시오. 하나님을 신뢰하고 그것이 어떻게 되어 가나 지켜보십시오. 만약 하나님께서 그 비전을 선택하셨다면 하나님의 시간에 하나님께서 이루실 것입니다.

중보자들이여, 목회자의 가르침대로 여러분의 자리를 지키도록 하십시오. 만약 목회자의 설교가 짜증 나고 생각하기조차 싫은 것이라면 이는 더욱더 기도해야 할 이유가 되는 것입니다. 다가오는 한 주간 그 설교를 주제로 해서 기도해 보십시오. 교회의 가르침과 교회의 중보자가 한마음이 될 때 그것보다 더 강력한 것은 없습니다(스가랴12:10, 베드로전서4:11). 이세벨의 영이 지도자로부터 중보자들을 분열시키려고 하는 것은 이상한 일이 아닙니다. 왜냐하면 중보자가 목회자의 설교대로 기도하면 성령과 말씀의 연합이 이루어져서 하늘문이 열리고 창조적인 권능이 임하게 되기 때문입니다!

주님, 저로 하여금 당신의 왕국에서 저의 역할을 알고 이해하도록 도와주십시오. 주여, 성령님의 온유함을 저에게 허락하셔서 야망이 없이 봉사하게 하여 주시고, 조종하지 않고 격려하게 해 주시며, 지배하지 않고 중재하게 해 주옵소서. 주여, 통찰력을 가지고 사역하게 하옵소서. 성령의 다스림이 아니라면 그 어떤 영향력에서라도 자유케 하옵소서. 예수님 이름으로 기도합니다. 아멘.

40장
질서의 하나님

 권위의 범위를 이해하기 위해 하나님 아버지의 본질에 대한 주목할 만한 요소와 이에 상응하는 우리의 필요에 대하여 말하고자 합니다. 어떤 사람들은 단순히 '권위'라는 말만 해도 두려움에 떨기 시작합니다. 그래서 저는 시작하기 전에 여러분을 위해 은혜를 먼저 구하겠습니다. 가능하다면 제가 전하는 것을 마치기까지 생각의 문을 활짝 열고 이야기에 귀를 기울여 보시기 바랍니다.

 하나님의 성령께서 변화의 일을 시작하실 때 각각의 사람들에게 임하십니다. 우리 모두는 하나님 아버지께 있으나마나 한 그런 자식이 아니라 당신의 가장 사랑하는 자녀들입니다. 주님께서는 자신의 양들은 자신의 음성을 알기 때문에 각각의 이름을 부르신다고 확실하게 말씀하셨습니다 (요한복음10:26-28).

 각각의 특성을 가진 존재로서 우리는 주님께 아주 소중한 존재들입니다. 주님은 우리가 기도할 때에 우리 각자의 부르짖음을 들으십니다. 주님은 우리 각자의 특별한 필요를 아십니다. 하나님 아버지의 본래의 목적은 우리를 당신의 형상으로 만드는 것이었습니다. 하나님의 신적인 본질의 핵심은 영적 자유입니다. 사도 바울은 이를 "그리스도께서 우리를 자유롭게 하시려고 자유를 주셨으니(갈라디아서5:1)"라고 했습니다.

영적으로 자유로운 사람으로서 이 말씀을 읽지 않으면 이번 장을 제대로 이해할 수 없습니다. 하나님은 우리가 겉으로만 의롭게 보이기를 원치 않으시고 내적으로 하나님께 속하기를 원하십니다. 하나님은 우리가 자유하기를 원하시며 어떤 사람이나 사물에 예속되지 않고 오직 하나님께만 속하기를 원하십니다. 단지 목회자나 다른 그리스도인들이 볼 때 의로운 것은 참으로 얕은 믿음이라는 사실을 알아야만 합니다. 예수님께서는 갇힌 자들에게 자유를 주시고 죄인들을 해방시키려고 오셨습니다. 하나님께서는 우리들 각자가 성령의 권능으로 우리의 마음과 의지와 감정을 조정할 수 있기를 원하십니다. 하나님께서는 우리가 사람들에 의해 굴복당하고 조종당하기를 원치 않으십니다.

아버지께서 우리를 완전하게 자유하게 하셨으며 참된 자유 안에서 우리는 하나님의 아들의 형상과 일치됨을 선택할 수 있는 것입니다. 그리스도 형상 닮기는 우리의 선택이며, 우리 자신의 해방이며, 우리의 숙명입니다. 그러므로 우리가 질서, 권위, 순종에 관한 문제를 논의할 때 저는 여러분들이 그리스도의 형상을 닮기 위한 분명한 비전을 가진 사람들로서 이 이야기를 경청하기를 기도드립니다. 이는 여러분들이 아무 교회나 갈 수 있고 심지어 교회를 안 갈 수도 있다는 것이며 이 책을 던져 버릴 자유도 있고 읽을 자유도 있다는 뜻입니다. 어느 누구도 여러분을 그들의 교회로부터 배제시킬 수 없는데 그 이유는 여러분이 거듭난 순간부터 하나님께서는 여러분을 하늘나라에 있는 "장자들의 총회와 교회"에 등록하셨기 때문입니다(히브리서12:22-23).

하지만 한 가지 분명하게 해 두어야 할 점은 구원의 확신을 가지는 것과 그리스도의 형상을 닮는 것은 별개의 문제라는 것입니다. 우리가 진심으로 그리스도의 형상을 닮기를 원한다면 하나님께서 우리를 훈련하시는 이유가 그리스도의 형상을 닮은 순종과 복종에 이르게 하기 위함임을 깨달아야 합니다.

그리스도 안에서 우리에게 주신 자유를 확신하면서 이제 우리의 눈을 아버지 하나님께로 돌려 봅시다. 하나님의 세계인 우주의 질서정연함에 대해 경외심을 가지지 않고는 그 누구도 절대로 하나님을 알 수도 없고 하나님이 어떤 분이신지 느낄 수도 없습니다. 하나님의 위엄과 다양함 속에서 우리가 즐기는 삶은 확실히 변치 않는 질서 가운데 건설되어 있습니다. 동물과 식물과 사람을 창조하신 하나님께서는 불변의 물리적인 법칙 또한 창조하셨습니다.

'질서'가 있다는 것은 누군가 권위 있는 존재가 있다는 것입니다. 하늘에도 권위가 있습니다. 하늘나라 자체는 천사들의 서열로 질서가 정연한데, 천사장, 세라핌, 체르빔, 일반 천사 등 그곳만의 질서가 있습니다. 이들 각각의 영적 존재들은 하나님 나라의 권위의 등급을 나타내고 있습니다. 하늘나라는 이 땅과 같지 않다는 사실을 명심하십시오. 세상에 있는 대부분의 사람들은 스스로 선택하여 결정한 인생에 따라 자신의 뜻대로 살지만 하늘나라에서는 오직 한 가지 뜻만 있습니다. 그 뜻은 바로 하나님의 뜻입니다. 만약 이러한 실제를 받아들일 수 없다면 여러분은 하늘나라에 들어갈 수 없습니다. 왜냐하면 하늘나라에 들어갈 수 있는 조건은 바로 하늘에 계신 아버지의 뜻을 따르는 자여야 하기 때문입니다(마태복음

7:21).

하나님의 뜻을 실행하는 것과 우리가 기쁨으로 창조주를 섬기기 위해 만들어졌다는 것은 일맥상통하는 것입니다. 하나님께서는 우리의 재능과 기술로 위의 두 가지를 성취할 수 있도록 예비하셨습니다. 우리가 성취하기 위해 창조된 일을 수행해 가는 과정에서 우리 자신의 의를 세우는 것이 아니라 하나님을 경배해야 합니다. 하지만 여전히 가장 중요한 한 가지는 하나님의 뜻입니다.

제가 이렇게 말하는 이유는 우주의 질서와 하늘나라의 위계질서를 만드신 하나님께서 또한 교회를 설계하시고 세우셨다는 것을 여러분께 알려 드리기 위함입니다. 사실 '교회'는 질서정연한 하나님의 왕권의 확장인 것입니다. 우리가 사도행전을 읽을 때 초대 교회의 성도들이 이 질서정연한 하나님 나라 왕권의 일부분이었다는 사실을 알 수 있습니다. 그래서 초대 교회 성도들은 '한마음'과 '한뜻'이 될 수 있었던 것입니다(**사도행전 1:14, 4:24, 32**). 초대 교회는 하늘에서 이루어진 것처럼 이 땅에서도 권위와 순복이 자연스럽게 이루어지는 질서의 사회였습니다.

아마 누군가는 '우리도 초대 교회 성도들과 같은 능력을 가졌다면 제대로 연합할 수 있을 것'이라고 논쟁할 수도 있을 것입니다. 저는 초대 교회 성도들이 오순절 이전에도 '한마음'이었다는 것을 강조하고 싶습니다. 만약에 오순절 이전에 제자들에게 연합이 없었다면 오순절 날에 성령의 충만한 임재는 없었을 것입니다. 충만한 임재가 연합을 창조하는 것이 아니라, 연합이 성령 충만의 임재로 가는 길입니다. 초대 교회 제자들에게는 질서가 먼저였고 그다음에 성령의 권능이 임했습니다. 일을 성취하기 위하여 사람들에게 권능을 부여하시는 가장 중요한 핵심은 먼저 하나님이 세우신 지도자에게 순복하는 것이었습니다. 권위와 순복이 없는 무의미한 연합은 절대로 지속되지 않습니다.

주님께서는 하늘 보좌에 앉아 계시며 주님께서 좋아하시는 것은 무엇이든지 하실 수 있지만, 그럼에도 성경은 반복적으로 하나님은 당신께서 만드시고 시작하신 질서를 존중하신다고 말하고 있습니다. 주님께서 바울에게 나타나셨던 사건을 생각해 보십시오. 주님은 바울에게 나타나셔서 말씀하셨고 주님의 영광으로 인해 바울은 실제로 눈이 멀어 앞을 볼 수 없게 되었습니다. 그때 주님은 "너는 일어나 시내로 들어가라 네가 행할 것을 이를 자가 있느니라(사도행전9:6)"라고 말씀하셨습니다.

왜 주님께서는 바울에게 직접 해야 할 일을 말씀하시지 않았을까요? 적어도 처음에는 바울이 다른 교회 지도자들에게 순복함으로써 하나님에 대해서 배워야만 했기 때문입니다. 이것이 하나님의 질서이고 주님은 스스로도 그 질서를 존중하셨습니다. 바울은 자기보다 먼저 신자가 된 아나니아로부터 예수님에 대해 들어야만 했습니다.

또 한 사람! 고넬료에 대해서도 생각해 보십시오. 한 천사가 로마의 백부장인 고넬료의 꿈속에 나타나서 시몬 베드로라는 사람이 구원의 길에 대해 그에게 설명할 것이라고 말해 주었습니다. 왜 그 천사는 직접 예수님에 대하여 고넬료에게 말하지 않았을까요? 고넬료는 첫 번째 유럽인 개종자가 될 사람이었지만 이방인들이 하나님의 왕국에 들어가기 전에 먼저 구세주를 영접한 유대인들로부터 그리스도에 관해서 들어야 했던 것입니다. 하나님은 본인이 만드신 질서를 존중하시는데 이 사실은 '복음은 먼저 유대인에게'라는 말씀으로 명시되어 있습니다(로마서1:16).

같은 측면으로 예수님의 가족에 대해서도 생각해 봅시다. 천사 가브리엘이 마리아에게 성령으로 말미암아 하나님의 아들을 잉태할 것이라고 말해 주었습니다. 하지만 마리아가 요셉과 결혼한 후에는 하나님께서 그 가족에 관한 지시를 오직 요셉에게만 말씀하셨습니다. 천사는 요셉에게 마리아의 잉태는 성령으로 된 것이라고 확신시켜 줍니다. 요셉은 꿈속에서 천사의 경고를 받았고 천사는 요셉에게 언제 이스라엘을 떠나고 언제 돌아올지도 알려 주었습니다.

예수 그리스도의 일생 그 자체에 대해 생각해 보십시오. 어린이였을 때 주님은 부모님께 '순종하며' 자랐습니다(누가복음2:51). 예수님은 유대인의 관습대로 율법학자들인 랍비의 교훈에 따랐으며 안식일에는 회당에서 신실하게 성경 읽기에 참여하셨습니다(누가복음4:16). 단순하게 말해서 예수님은 반역자가 아니셨습니다. 요단강에서 예수님은 자신이 영적으로 위에 있었지만 '모든 의를 이룬다'고 하시면서 세례요한의 사역에 순복하셨습니다. 예수님께서 자신을 세례요한보다 더 낮은 자인 것처럼 겸손의 자세를 취하였을 때 넘쳐흐르는 하나님의 기쁨이 성령님과 함께 예수님 위에 임하셨던 것입니다(마태복음3:13-17).

놀랍게도 예수께서는 제자들과 많은 대중에게 바리새인들이 가르치는 것을 다 '행하고 관찰하라'고 가르치셨습니다. 저는 주님께서 제자들과 대중들에게 바리새인들의 제자로 남아 있으라고 하시지 않았다는 것을 알고 있습니다. 예수님께서는 이 말씀을 통해 유대인이였기에 바리새인들이 주관하는 예배에 참석할 수밖에 없었던 사람들이 바리새인들의 가르침과 예수님의 가르침을 어떻게 연관 지을 것인지에 관하여 정리해 주신 것입니다. 바리새인들의 교리적 가르침에는 순복하되 그 사람들처럼 행하지는 말라는 것입니다. 심지어 바리새인들의 권위가 의문스럽고 그들의 행위가 위선적이긴 했지만 주님은 바리새인들을 존경하지 말라고 말씀하신 것이 아니라 단지 그들이 행하는 대로는 하지 말라고 말씀하신 것입니다. 예수님은 바리새인들과 아주 거칠게 대립하셨지만 바리새인들의 대적하는 태도를 알리려고 사람들을 세우신 것이 아닙니다.

예수님께서 빌라도 앞에 섰을 때 예수님은 자신을 온순한 양과 같이 드러내셨습니다. 빌라도는 "내가 너를 놓을 권한도 있고 또한 십자가에 못 박을 권한도 있는 줄 알지 못하느냐?"라고 도전했고, 예수님은 그에 대하여 "위에서 주지 아니하셨더라면 나를 해할 권한이 없었으리니"라고 대답하셨습니다(**요한복음 19:10-11**).

예수님께서는 권위의 모든 영역 즉 우주에 있는 모든 권위가 하나님께서 주목하고 다스리시는 하나님의 영역 안에 있다는 것을 알고 계셨습니다(**로마서 13:1**). 권위는 잘못 사용될 수 있으며 반대로 하나님의 엄청난 권위가 인간의 불완전한 권위를 바꿀 수도 있습니다. 그래서 예수님께서는 영적으로 자기보다 낮은 사람에게 순복하기를 두려워하지 않으셨습니다. 왜냐하면 주님께서는 하나님의 위대한 권위는 정의롭지 못한 것을 정의롭게 변화시킬 수 있다는 것을 아셨기 때문입니다.

삼위일체 하나님 중에서 성부 하나님은 권위의 하나님이십니다. 성자는 순복하시는 하나님으로 존재합니다. 우리가 알다시피 예수님께서는 자신이 본대로 아버지께서 행하시는 것만 행하셨으며, 그리스도께서 행하신 모든 것은 오직 순종과 복종으로 한 행동뿐이었습니다. 그리스도께서는 어떻게 하나님께 순종하는지를 보여 주셨습니다. 이 순종은 평화입니다. 예수님께서는 아버지 하나님께서 지켜 주시는 눈빛 안에서 안식하셨습니다. 예수님께는 자신과 다른 사람에 관한 문제가 중요했던 것이 아니라 예수님 자신과 하나님과의 관계만이 중요했던 것입니다.

예수님께서는 고난당하실 때에도 빌라도나 바리새인이나 제자들이나 군중들을 비난하지 않으셨습니다. 심지어 예수님께서는 마귀조차도 비난하지 않으셨습니다. 베드로가 기록하고 있는 것처럼 예수님은 오히려 "욕을 당하시되 맞대어 욕하지 아니하시고 고난을 당하시되 위협하지 아니하시고 오직 공의로 심판하시는 이에게 부탁하시며" 하나님의 공의를 구하셨습니다(베드로전서2:23).

베드로는 그리스도께서 순복하시는 것을 예로 들며 교회에 말했습니다.

"너희가 이방인 중에서 행실을 선하게 가져… 인간에 세운 모든 제도를 주를 위하여 순복하되 혹은 위에 있는 왕이나 혹은 악행하는 자를 징벌하고 선행하는 자를 포장하기 위하여 그의 보낸 방백에게 하라(베드로전서2:12-14)."

계속해서 베드로는 말합니다.

"자유하나 그 자유로 악을 가리우는 데 쓰지 말고 오직 하나님의 종과 같이 하라. 뭇사람을 공경하며 형제를 사랑하며 하나님을 두려워하며 왕을 공경하라. 사환들아 범사에 두려워함으로 주인들에게 순복하되 선하고 관용하는 자들에게만 아니라 또한 까다로운 자들에게도 그리하라(베드로전서2:16-18)."

그리스도의 믿음이 역사했습니까? 물론입니다! 1세기의 십자가는 고통과 죽음의 상징이었고 절망을 의미하는 것이었습니다. 하지만 예수님께서 십자가의 의미를 부활과 희망의 상징으로 바꾸셨습니다.

사랑하는 여러분, 하나님은 질서의 하나님이시며 하나님의 목적과 요구는 다름 아니라 세상이든 가정이든 교회이든지 간에 권위와 질서에 순종하라는 것입니다. 잘 들어 보십시오. 반역은 미덕이 아닙니다. 순복은 분명히 예수님의 삶의 방식이었습니다. 예수님은 하나님께서 어떻게 하나님께 순종하는지를 보여 주셨으며 그렇게 하심으로 하나님의 형상대로 창조된 우리를 위하여 참된 모범을 보여 주셨습니다.

주님, 권위자에 대한 저의 오만함을 용서하여 주옵소서. 저는 권위자의 영역에 대해 믿지도 이해하지도 못했음을 고백합니다. 용서하여 주옵소서. 저의 눈이 당신만 바라볼 수 있게 해 주옵소서. 당신의 능력을 힘입어 순복하는 믿음을 가지게 하옵시고, 정의롭지 못한 것을 이기고 그곳에 자유와 권능이 있게 하옵소서. 예수님 이름으로 기도합니다. 아멘.

41장
그리스도의 형상을 닮은 순복

우리는 두려움이나 위협으로 인해 권위에 순복하는 것이 아닙니다. 진정한 순종과 복종은 계시와 예수 그리스도의 인격을 이해하는 데서 오는 것입니다. 이는 빨리 성장하는 데 도움을 주고 은혜를 나누는 수단이 됩니다.

예수님께서는 완전하신 분이십니다. 예수님은 사람에게 저항하지 않으셨고 하나님만 신뢰하셨습니다. 그랬기에 예수님께서는 인간의 연약한 제도와 잘못 사용된 권위에도 순복하셨으며 아버지께서 궁극적으로 공의로 판단하시고 정의롭지 못한 것을 정의로 변화시키실 것을 아셨습니다. 루시퍼는 하나님의 권위로부터 완전히 독립할 것을 요구했지만 예수님께서는 완전하게 하나님의 권위에 순복하셨습니다(고린도후서13:4).

어떤 사람들은 마음으로 순복하는 태도를 가지는 것에 대하여 두려워한다는 것을 알고 있습니다. 그 사람들은 자기들이 적그리스도에게 맹목적으로 순복하게 될까 봐 두려워하거나, 암흑의 힘이나 사교에 의해 모든 죄스런 행동을 강요당하지 않을까 걱정하고 있습니다. 가톨릭에서 일어난 성추문과 성직자들 사이에서 권위를 잘못 사용한 사례들은 생각만 해도 끔찍한 일입니다.

그래서 다음과 같은 진리를 더 생각해 보려고 합니다. 예수님께서는 죄악의 원인이 되는 권위에는 절대로 순복하지 않으셨으며 제자들에게도 권위를 가진 자가 명령한다 할지라도 죄의 원인이 되는 것은 하지 말라고 말씀하셨습니다. 여러분도 권위에 순복할 것을 선택해야 하며 죄로 이끄는 권위에는 절대로 그렇게 해서는 안 됩니다. 만일 여러분의 고용주가 자신을 위해 거짓말을 요구하면 "아닙니다. 저는 거짓말을 할 수 없습니다"라고 말하되, 그렇게 말할 때조차도 순복하는 태도를 유지하시기 바랍니다. 우리의 동기는 사람을 배반하는 데 있는 것이 아니라 더 높은 단계인 하나님께 순종하는 것에 있습니다.

다른 사람에게 순복할 때 생기는 또 하나의 두려움은 '우리 자신을 잃어버리고 그 사람처럼 되는 것'입니다. 실제로는 우리가 기름부음 받은 사람에게 순복하게 되면 우리가 상상한 것보다 더 많은 것들을 얻을 수 있습니다. 엘리사는 엘리야의 기름부음보다 갑절의 영력을 받았는데 그 이유는 엘리사가 열정적이고 신실하게 자신의 멘토의 기름부음에 순복했기 때문입니다. 엘리사는 엘리야와 반대의 성격을 가진 사람이었다는 사실을 명심하기 바랍니다. 그러나 이에 비난이나 불평하지 않고 온전히 엘리야에게 순종함으로써 갑절의 업적을 이룰 수 있었습니다.

우리에게 영적인 능력이 있다 하더라도 그 능력에는 한계가 있습니다. 우리 자신을 남에게 순복시킴으로 우리는 어느 정도 다른 사람의 기름부음을 우리의 것으로 만들 수 있는 것입니다. 엘리사는 순복하면서도 자신의 독자적인 개성을 잃지 않았고 '작은 엘리야'가 되지도 않았습니다. 엘리사는 자신의 성격을 가지고 사역했고 다른 점이 있다면 엘리야보다 갑절이나 큰 능력으로 사역을 시작할 수 있었습니다.

우리는 순복함으로써 우리가 받는 것보다 더 많은 것을 요구받을까 두려워합니다. 다시 말하거니와 실상은 그와 정반대입니다. 예수님께서는 "선지자의 이름으로 선지자를 영접하는 자는 선지자의 상을 받을 것이요(마태복음10:41)"라고 가르치셨습니다. 순복은 축복을 받는 매개체가 됩니다. '선지자의 상급'이란 남성이든 여성이든 하나님의 사람이 그들의 희생과 수고의 대가로 얻게 되는 특별한 권능의 차원을 의미합니다. 이처럼 스스로가 순복함으로써 선지자들로부터 겸손하게 축복을 받게 될 때, 우리는 어떠한 대가를 치르지 않고도 선지자의 상급을 받을 수 있는 것입니다.

예수님 당시의 일반 대중들은 그분이 하나님의 아들이라는 사실을 몰랐다는 것을 기억하십시오. 그들은 "그가 채찍을 맞으므로 우리는 나음을 받았도다(이사야53:5)"라는 말씀을 이해하지 못했습니다. 대중은 오직 한 가지, 치유받기 위해 그리스도에게 순복했고 그렇게 함으로써 '선지자의 상급'을 받았습니다. 반면에 바리새인들은 그리스도를 받아들이지 않았고, 그래서 그들의 순복하지 않는 태도 때문에 예수님의 능력의 혜택을 받을 자격이 없었던 것입니다.

어떤 사람이 저에게 순복할 때 제게는 더 많은 책임감이 생길 것입니다. 그것은 제가 지도자로서 그분들의 생활을 통제한다는 뜻이 아닙니다. 오히려 그 반대입니다! 제 권위에 순복한 사람을 위해 더 많이, 더 자주 기도합니다. 그분들이 아프다면 찾아갑니다. 그분들이 울면 저도 그들과 함께 웁니다. 그들이 성숙하지 못하다면 저는 직접 그들을 훈련시키고 삶의 신비에 대하여 가르쳐 드립니다. 순복하는 사람은 권위를 가지고 있는 사람보다 교제 가운데 훨씬 더 큰 혜택을 받습니다.

우리는 권위가 잘못 사용되는 것을 보아 왔고 그로 인해 우리 중 많은 사람들이 '순복과 전수'의 참된 유익들을 조심스러워하게 되고 나아가 거부함으로써 그 혜택을 받지 못하게 되었습니다. 하지만 이제 한 걸음 더 나아가 봅시다. 기름부음 받은 하나님의 사람이 여러분 눈앞에 있을 때에만 순복하라는 것이 아닙니다. 청년 시절, 초신자였던 저는 '앤드류 머레이'나 '워치만 니'의 책들을 침대 발치에서 무릎을 꿇고 읽었습니다. 그럴 때면 저는 마치 성령에 의해 취한 것 같은 느낌을 받았고, '앤드류 머레이'나 '워치만 니'에게 임했던 기름부음이 제게도 임하는 것을 느꼈습니다. 그때 저는 두 분의 책을 그저 눈으로만 읽은 것이 아니라 두 분의 가르침에 깊이 빠져들어 인격적으로 순복하게 되었습니다.

그러므로 순복이란 다른 사람들의 삶 속에서 그리스도의 형상을 닮은 그 어떤 부분을 발견하고 그것을 자신도 얻기를 구하는 현명한 사람이 취할 수 있는 자유로운 선택이라는 점을 명심하십시오. 순복은 우리를 축소시키는 것이 아니라 오히려 배가시키는 것입니다. 순복은 우리의 영적 영역을 그리스도에 의해 변화된 다른 사람들의 삶 속으로 확장시키는 것이며, 또한 그리스도로부터 온 것을 우리도 받게 하고 우리에게 전수해 주는 것입니다.

주님, 당신의 교회가 얼마나 풍성한 보물창고인지요! 주님께서는 순복함으로 영적 성장을 이루어 나가도록 영적 지도자들과 도와주는 사람들을 저에게 주셨습니다. 주님, 저의 시선이 항상 당신께 머물러 있게 하시고 당신만을 따르는 사람들을 제가 따르게 하옵소서. 예수님 이름으로 기도합니다. 아멘.

42장

분열을 둘러싼 속임수

성경은 연합에 대해 엄청나게 많은 언급을 하고 있습니다. 하지만 저는 아직 신약성경에서 거듭난 성도가 서로 분열되는 것을 지지하는 어떠한 성구도 찾지 못하였습니다. 30년이 넘게 사역하면서 저는 많은 사람들이 분리하려는 목적을 가지고 성경을 짜맞추는 것을 목격했습니다. 그러나 별별 수단을 다 써 보아도 하나님의 영이 교회 내에 파벌을 만들어서 교회를 분리할 것을 격려하고 고무하는 구절은 한 곳도 없다는 것을 알게 될 것입니다.

교회를 분열시켜 분리하는 것은 성경에 전례가 없습니다. 사람들이 교회를 분리시킬 때 자신들의 잘못된 동기에 속는 것처럼 사람들이 성경을 읽을 때 성령의 인도하심대로 읽지 못하고 자신들의 생각을 정당화하면서 결국 스스로 속아 버리고 마는 것입니다.

예를 들어 바울 사도의 "그들 중에서 나와서 따로 있고"라는 말이 잘못 인용되는 것을 보았습니다(고린도후서6:17). 하지만 바울이 이 말씀을 사용한 것은 자신이 다른 신자들로부터 분리되는 것에 관하여 말하는 것이 아닙니다. 오히려 사도 바울의 목적은 신자들에게 이단이나 불신자들과 함께 '부적절한 멍에'를 메지 말라고 권고하는 것입니다(고린도후서6:14-15).

'바리새인'이라는 이름의 뜻을 문자적으로 해석하면 '분리하는 자'라는 뜻입니다. 예수님께서는 "자기를 의롭다고 믿고 다른 사람을 멸시하는 자들"을 조심하라고 경고하셨습니다(누가복음18:9). 이렇게 자신을 의롭다고 믿으며 남을 경멸하는 태도는 자주 파벌을 만드는 원인이 됩니다. 왜냐하면 자신이 다른 사람보다 영적으로 더 낫다고 스스로 생각하기 때문에 자신들의 '분리'를 정당화하게 되기 때문입니다.

또 하나의 잘못된 해석은 고린도전서 11장인데 마치 바울이 분리와 분열을 인정하는 것처럼 해석하기 때문입니다. 바울은 "너희 중에 분쟁이 있다 함을 듣고 어느 정도 믿거니와 너희 중에 파당이 있어야 너희 중에 옳다 인정함을 받은 자들이 나타나게 되리라(고린도전서11:18-19)"라고 말하고 있습니다. 전후 문맥을 읽지 않고 이 말씀에만 집중할 경우 오역할 수 있는데 이 말은 분리 또는 분열하려는 자들에게 정당성을 부여해 줄 수 있을 것입니다.

하지만 고린도전서 11장 18-19절 본문의 실제적인 내용은 사도의 진정한 인식과 관점을 드러내고 있는 것입니다. 18절을 다시 한번 읽어 보십시오. "먼저 너희가 교회에 모일 때에 분쟁이 있다 함을 듣고 어느 정도 믿거니와."

분쟁이라는 문젯거리를 떼어 내 버리려는 연합에 대한 바울의 깊은 헤아림을 주의 깊게 들어 보시기 바랍니다. 바울은 자신의 생각을 다음과 같은 말로 소개하고 있습니다. "먼저 너희가 교회에 모일 때에…". 바울의 이 말을 무심코 지나치지 마십시오. 고린도 교회는 서로 분열되지 않았습니다. 그들은 각각이 가지는 독특함으로 여전히 한 곳에서 모여 예배드렸습니다. 그들은 여전히 연합되어 있었고 여전히 교회는 그들이 모이는 곳이었습니다.

바울은 고린도교회 교인들 사이의 분열을 정당화하지는 않았습니다. 사실 고린도전서의 중요한 주제는 연합의 재건입니다. 바울은 교인들의 분쟁을 바로잡기 위한 분명한 목적을 위해 고린도교회에 첫 번째 편지를 썼습니다. 고린도 교인들이 육적인 면에서 어떤 사람들은 바울을 따르고, 또 어떤 사람들은 아볼로를 따르고, 또 다른 부류는 게바를 따르기는 했습니다. 그래도 교인들은 여전히 '한 교회로 함께 모이는' 모임을 유지했습니다. 바울이 이 편지를 쓴 목적은 교인들이 자신들을 하나님의 나라로 인도해 준 지도자들을 넘어서 왕이신 주님만 바라보도록 하기 위함이었습니다.

매 주일 고린도교회 성도들은 예배와 애찬과 성찬을 위해 함께 모였습니다. 바울이 말하는 파벌과 파당으로 쪼개진 곳은 다름 아닌 바로 음식을 나누는 곳에서였습니다. 정말로 어떤 사람들은 자신들의 초점을 주님의 성찬에 맞추려고 진심으로 노력했고, 반면에 어떤 사람들은 애찬 시간에 그들이 할 수 있는 한 욕심껏 많이 먹으려고 하였습니다(**고린도전서 11:20-22, 33-34**)!

어쨌든 바울이 갑자기 마음을 바꾸어 분리가 나쁜 것이 아니라고 결심한 것은 절대로 아닙니다. 오히려 사도 바울은 식탐이 많은 신자들이 교회 안에서 분리되어 그룹이 되어 있다는 사실을 알고 있었습니다. 그와 대조적으로 공손하게 마음을 비우고 기다리는 신자들의 그룹도 있다는 사실을 알고 있었던 것입니다. 그것은 자기 수련이나 자제력의 부족으로 인해 생긴 것입니다. 자연스럽게 교회 안에서도 영적인 사람들과 육적인 사람들 간의 대립은 나타나게 될 수밖에 없었습니다. 하지만 교회 안에서 나누어진 것이지 교회를 나누어 새로운 교회를 만들지는 않았습니다. 바울은 신자들에게 서로 나누어지라고 말하지 않았습니다. 왜냐하면 신자들 모두는 여전히 '하나의 교회로' 함께 모였기 때문입니다.

사실 바울은 이어지는 바로 다음 장에서 자신의 주제인 연합을 우리 몸에 비유하면서 반복하여 설명하고 있습니다. 즉 몸은 각 부분들은 서로 다른 다양한 기능을 가지고 있지만 서로 의존하며 연합되어 있다고 설명하고 있습니다. 이 점에 대하여 바울이 쓴 모든 것이 축약되어 25절에 기록되어 있습니다.

> 몸 가운데서 분쟁이 없고 오직 여러 지체가 서로 같이하여 돌아보게 하셨으니
>
> 고린도전서12:25

연합은 고린도전서의 중심 주제입니다. 어떻게 연합이라는 전체의 주제를 무시하면서 문맥 중 한 절의 일부만 빼내어 분쟁을 정당화할 수 있습니까(**고린도전서11:18**)? 그렇게 하는 것은 의도된 속임수입니다. 신약 성경이 선포하는 모든 말씀은 분명하고도 명백하게 연합을 향한 것이지 분열을 위한 것이 아닙니다. 성경 전체는 연합하지 못함과 분파주의를 반복해서 꾸짖고 있습니다.

교회의 분열을 부추기는 데 사용된 또 하나의 구절이 있는데 그것은 예수님께서 하신 말씀입니다. 예수님께서는 "내가 세상에 화평을 주려고 온 줄로 아느냐? 내가 너희에게 이르노니 아니라, 도리어 분쟁하게 하려 함

이로라(**누가복음12:51**)"라고 말씀하셨습니다. 예수님께서는 자기 백성을 나누려는 말씀이 아니라 예수님을 따르는 사람들을 따르지 않는 사람들과 분리시키겠다고 말씀하신 것입니다. 실제로 예수님은 우리를 세상과 분리시키셨지만 예수님과 연합하게 하시고 우리들 서로를 연합하게 하셨습니다.

저는 크리스천 연합을 주제로 하는 신약 성경에 있는 말씀을 찾아보았는데 거듭난 성도들이 모인 교회의 하나 됨을 직접적으로 의미하는 말씀이 수백 개가 넘었습니다. 이 주제를 가지고 수년 동안 연구해 왔지만 아직도 분쟁하라고 지시하는 성경 말씀은 본 적이 없습니다. 만약에 목회자가 간통이나 감옥에 갈 만한 범죄와 같은 명백한 죄를 저질렀을 때 다른 지도자들이 그 목회자를 직위에서 해임할 수 있습니다. 만약 그 목회자가 거부한다면 교회는 새로운 리더십을 세우고 다시 뭉칠 수 있지만 이것은 아주 드문 경우입니다.

만약에 하나님의 말씀이 도시 전역에 있는 교회의 거듭난 크리스천들이 서로 서로 연합하라고 하는 것이면 그 전에 먼저 지역의 한 교회 안에서부터 연합해야 하는 것은 자명한 것입니다. 하지만 우리 모두는 서로 다르다는 것, 즉 능력과 열정 면에서 각각 다양하고 다르다는 것을 인식할 필요가 있습니다. 연합이란 교회 공동체 안에서 다른 사람들과 다르게 활동하고 싶은 열망을 가진 일부 사람들을 기꺼이 수용할 수 있는 것을 의미합니다. 이러한 다양성은 분리를 뜻하는 것이 아닙니다. 우리 모두 다양한 일들을 할 수 있고 독특한 권리가 보장되어야 합니다. 하지만 다양성이 투쟁이나 분쟁을 표현하는 데 사용되어서는 안 됩니다.

지도자들이나 회중은 연합이 이루어지는 가운데 다양한 재능들을 창조적인 방법으로 어떻게 사용할 수 있는가를 찾아야 합니다. 만약 연합의 목적이 한 몸 안에서 유지될 수 없다면 교회는 사랑으로 다시 태어나고 주님의 시간에 지혜로 행할 수 있도록 창조적이 되어야 합니다. 우리가 그리스도의 형상을 닮아 가는 한 우리는 창조적인 방법으로 수많은 교회를 세울 수 있습니다. 그러나 교만과 야심이 교회 안으로 들어올 때 분리는 곧바로 뒤따라 들어오게 됩니다.

요한계시록에 기록된 예수님께서 일곱 교회에 하신 말씀을 살펴봅시다. 그중 다섯 개 교회는 죄 가운데 있었습니다. 그리스도께서는 믿음의 순수함을 지키는 신자들에게 죄인들로부터 분리되라고 가르치신 적이 없습니다. 오히려 죄에서 떠난 신자들에게 예수님의 의를 본받으라고 명령하셨습니다.

분쟁을 정당화하는 데 자주 사용되는 또 하나의 논쟁은 교리적인 해석으로 분리를 정당화하는 것입니다. 분명하게 말하건대 교리는 무척 중요합니다. 교리는 우리의 믿는 바를 분명하게 해주고, 영적 현실성으로 들어가게 해 주며, 우리가 무시하고 지나칠 수도 있는 축복의 정도(正道)를 알게 해 줍니다. 또한 분명하게 성경에 근거를 둔 교리는 속임수와 반쪽짜리 진리로부터 우리를 보호해 줍니다.

하지만 우리의 믿음에는 핵심 진리와 그다지 중요하지 않은 진리가 있습니다. 우리가 죽기까지 지켜야 할 것이 있는가 하면 선한 크리스천들이 다르게 해석할 수 있는 가르침도 있습니다. 기꺼이 양보할 줄도 알아야 하고 항상 겸손해야 합니다.

실질적으로 우리는 그리스도의 신성을 믿지 않는 사람들과는 절대로 연합할 수 없습니다. 그러나 예를 들어, 마지막 때 들림의 순간에 대해 다른 견해를 가진 어떤 사람들과는 영적인 연합을 유지할 수 있는 것입니다. 새로운 언약에 대한 하나님의 진리, 성경의 영감, 구속사의 중심이 되는 예수 그리스도, 예수님의 십자가의 속죄, 예수님의 재림, 믿음을 통하여 은혜로 얻는 구원, 삼위일체와 성령님의 내재하심 등은 희석할 수 없는 분명한 진리입니다. 하지만 우리는 아직도 영적인 은사, 효과적인 교회의 형태, 이적과 기사, 찬양하는 방법과 청년들을 훈련시키고 장년들을 제자화하는 다양한 프로그램들에 관하여 계속해서 배우고 있습니다.

   예수님은 요한복음 17장에서 연합에 필요한 사항을 정의해 주셨습니다. 예수님께서는 우리가 하나 되는 것은 세 가지 핵심적인 현실성에 기인한다고 말씀하셨습니다. 예수님은 영적인 하나 됨은 우리가 예수님의 이름, 예수님의 말씀, 예수님의 영광을 믿음으로 이루어지게 된다고 말씀하셨습니다(요한복음17:11, 20-22). 이러한 세 가지 근본적인 진리를 우리가 고수한다면 주님의 백성은 하나가 될 것이라고 말씀하셨습니다.

   하지만 중요하지 않은 교리로 인해 의견이 일치되지 못해서 교회가 분열되는 것은 연기로 가려진 화면과 같습니다. 그것은 속임수입니다. 하나님의 말씀을 방어하려고 자기들의 입장을 고수하며 논쟁하는 사람들이 있습니다. 하지만 하나님의 말씀을 방어한다는 사람들이 어떻게 교회를 분리시킬 수 있습니까? 근본적인 교리가 아닌 것이나 영적인 은사나 예배의 형태로 교회를 분리하려는 사람들은 속은 것이며 다른 사람들을 속이려 하는 자들입니다.

   주여, 분리를 인정한 저희를 용서하옵소서. 당신의 교회를 치료해 주옵소서. 오 하나님! 그리스도가 중심이 된 연합을 이루게 하셔서 세상으로 당신의 권능을 믿게 하옵소서. 예수님 이름으로 기도합니다. 아멘.

43장

너희 중에 한 사람은 비방하는 자니라

예수님께서는 유다에 관하여 놀랄 만한 진술을 하셨습니다. "내가 너희 열둘을 택하지 아니하였느냐 그러나 너희 중에 한 사람은 마귀니라 하시니 이 말씀은 가룟 시몬의 아들 유다를 가리키심이라 저는 열둘 중의 하나로 예수를 팔 자러라(요한복음6:70-71)."

예수님께서 가룟 유다를 '마귀'라고 말씀하신 의도는 무엇입니까? 예수님께서 상징적으로 말씀하신 것입니까? 아니면 사람이 영혼에 악한 영을 가질 수 있을 뿐만 아니라 실제로 마귀가 될 수 있다고 말씀하신 것입니까?

어떤 사람들은 유다가 너무나 완벽하게 사단에게 사로잡혀서 실제로 인간성을 잃어버렸다고 가르칩니다. 우리는 이러한 해석을 받아들이기 전에 먼저 이 타락한 사도가 예수님을 팔아넘긴 후 그리스도를 배반한 것에 대하여 견딜 수 없는 큰 죄책감을 느껴서 자살했다는 사실을 기억해야 합니다. 마귀라면 죄에 대해 그러한 죄책감을 과연 느낄 수 있었을까요? 저는 그렇게 생각하지 않습니다.

저는 예수님께서 가룟 유다를 '마귀'라고 칭하신 것이 오늘날에도 많은 크리스천들 사이에 존재하는 것으로 믿는데 그것은 바로 '비방(비웃고 헐

뜯어서 말함)'입니다. 신약성경에서 헬라어 '디아볼로스(diabolos)'는 위의 요한복음 6장 70-71절 본문에서 '마귀(devil)'라고 번역되었는데, 다른 곳에서는 비인칭으로 '비방(slander)', '참소(malicious gossip)' 등으로 번역되기도 했습니다. 실제로 디모데전서 3장 11절과 디모데후서 3장 3절 두 곳에서는 '디아볼로스'를 '참소'로 번역하였습니다.

제 소견으로는 예수님께서는 "너희 중 하나는 마귀니라"는 말씀을 하지 않으셨습니다. 다른 말로 해석해 보면 예수님의 이 말씀은 유기적이고 신학적인 것으로서 너희 중 하나는 '비방하는 자'라는 것입니다. '너희 중에 하나는 참소(비방)하는 자로 결국 나를 배반하고 나의 원수들에게 나를 넘겨줄 것이다'라고 말씀하신 것입니다.

바울 사도가 말씀하는 것처럼 교회 안에서 이 비방의 문제는 종말 때까지 계속될 것입니다. 종말에 대하여 바울이 디모데에게 쓴 것을 주의 깊게 경청해 보십시오. "사람들은 자기를 사랑하며 돈을 사랑하며 자긍하며 교만하며 훼방하며 부모를 거역하며 감사치 아니하며 거룩하지 아니하며 무정하며 원통함을 풀지 아니하며 참소하며 절제하지 못하며 사나우며 선한 것을 좋아 아니하며(**디모데후서3:2-3**)." 사도는 배교의 큰 죄의 목록에 참소(비방)를 포함시켰습니다. 이 단어는 요한복음 6장 70에 있는 '마귀'란 단어와 똑같은 단어입니다.

여러분은 아마도 항상 다른 사람에 대해서 부정적인 것만을 말하고 대화 중에 항상 부정적인 정보만 가져다주는 사람들을 알고 계실 것입니다. 저는 성령님께 '비방하는 자'가 사단의 본성과 얼마나 흡사한가를 우리들에게 드러내 달라고 기도합니다.

성경은 우리의 말에 의해 의롭게 되거나 책망을 받게 된다고 말씀하고 있습니다. 그렇습니다. 심지어 배우자나 친구에게 다른 사람에 관하여 비밀스럽게 한 말까지도 포함하여 하나님께서는 우리가 하나님의 뜻을 순종하며 행하였는지 계수하시고 계십니다. 야고보는 "만일 말에 실수가 없는 자라면 온전한 사람"이라고 기록하였습니다(야고보서3:2).

말에는 능력이 있습니다. 성경은 "죽고 사는 것이 혀의 힘에 달렸나니 (잠언18:21)"라고 계시하고 있습니다. 신앙고백을 하는 우리의 말은 우리를 구원에 이르게 합니다. 하지만 믿음이 없는 말은 우리와 다른 사람들을 멸망시키고 비탄 가운데 빠지게 합니다.

야고보서 3장 8절은 "혀는 능히 길들일 사람이 없나니 쉬지 않는 악이요, 죽이는 독이 가득한 것"이라고 경고합니다. "혀는 불이요, 불의의 세계"입니다. 야고보가 계시해 주는 심오한 진리에 주목해 보십시오. 야고보는 "혀는 불의의 세계라 혀는 우리 지체 중에서 온몸을 더럽히고 생의 바퀴를 불사르나니 그 사르는 것이 지옥 불에서 나느니라"라고 했습니다.

사단은 세상에 있는 선하고 거룩한 모든 것들을 파괴하기 위해 이 세상에 들어오려고 하는데, 바로 우리의 혀를 통해서 들어옵니다! 우리가 이 땅에서 살아갈 때 인생의 진로나 방향이나 삶의 질이 우리가 하는 말을 통하여 '지옥의 불을 태우는 것'이 되기도 합니다. 만약 우리가 어떤 사람에 대하여 부정적으로 말하거나 또는 비방하는 자가 되어 평가하게 되면 지옥의 파괴하는 불이 우리의 말을 통해서 나오게 됩니다! 주여, 우리 말의 능력을 알도록 도와주시옵소서!

저는 하나님께서 교회로부터 험담과 부정적인 말의 영향력을 몰아내기를 원하신다고 믿습니다! 우리는 무엇이 나쁘고 왜 악한가에 대하여 완벽하게 분석할 수 있겠지만, 만약에 분석한 것에 대해 말만 하고 행하지 않는다면 우리가 지옥에 충성하고 있다는 것을 부인하지 못하게 될 것입니다. 하나님께서는 우리를 모든 나라를 위하여 기도하는 집이 되라고 부르셨습니다. 하나님께서는 우리가 성숙하여져서 무엇이 잘못된 것인지 확실하게 볼 수 있는 능력을 가진 영적인 공동체로서 세상에 구속을 베푸는 위치에 서도록 부르셨습니다.

사도 바울이 우리의 공동체에 방문한다고 상상해 보십시오. 우리의 분열에 대해 어떻게 말할지 상상이 되십니까? 아마 고린도교회에 그랬듯이 "내가 갈 때에… 나는 두려워하며… 다툼과 시기와 분냄과 당 짓는 것과 비방과 수군거림과 거만함과 혼란이 있을까 두려워하고(고린도후서12:20)"라고 말할 수 있을 것입니다.

이 말씀은 어느 교회를 생각나게 합니까? 다툼? 시기? 비방과 험담? 우리 안에 이러한 것들이 버젓이 존재하고 있는데 어떻게 하나님께 다가갈 수 있겠습니까? 저는 하나님께서 교회에게 새로운 길을 주신다고 믿습니다. 하지만 먼저 과거를 온전히 청산하지 않는다면 미래의 초석을 다질 수 없습니다.

아마도 여러분은 '이러이러한 이야기를 수용해야 한다'라고 생각할 수도 있습니다. 하지만 저의 소망은 우리 자신으로부터 시작하는 것입니다. 목회자들은 사람들에 대해서 부정적으로 말하는 것을 그만두어야 합니다. 목회자들은 설교 가운데 사람들에 대한 문제점들을 '누설'해서는 안 됩니다. 중보자들은 자신들이 기도하는 그 사람들에 대한 악의적인 비방을 그만두어야 합니다. 만약에 무엇이 잘못되었는지에 관하여 이야기하는 데 10분을 소비했다면 회개를 위해서 20분을 기도합시다.

여러분은 불완전한 삶을 어떻게 살아가고 있습니까? 혹시 부정적으로 반응하고 있습니까? 누군가 실패했다는 사실을 듣게 되었을 때 재빨리 소문을 퍼뜨리십니까? 만약 예수님께서 여러분과 교제하는 크리스천 모임을 보신다면 사도들에게 말씀하셨던 것과 같이 "너희 중에 한 사람은 비방하는 자니라"라고 말씀하지는 않으실까요?

만약에 여러분이 험담하는 자나 비방하는 자가 아니라면 그런 사람과 '교제'하는 것을 조심스럽게 피하셔야만 합니다. 그런 자들과 교제하게 되면 어느새 비판이 싹트기 시작합니다. 바울은 이를 "적은 누룩이 온 덩어리에 퍼지느니라(고린도전서5:6)"라는 비유로 경계했습니다. 우리가 현명한 자들과 동행하면 현명하게 될 것이지만 마음이 냉소적이고 비판적인 자들 곁에 머무르면 사실상 우리는 그들과 똑같은 자가 되고 맙니다. 그래서 예수께서는 너희가 무엇을 듣든지 "스스로 삼가라"는 말씀을 하셨습니다. 왜냐하면 우리가 무엇인가에 빠져 버리게 되면 그것의 영향을 크게 받게 되기 때문입니다(마가복음4:24).

그렇기 때문에 우리는 험담을 들어 주어서도 안 됩니다. 만약에 하나님께서 우리 삶 속에서 무언가 잘못된 것을 보여 주셨다면 그 문제를 해결하기 위해 기도해야지 그 잘못된 소식을 온 동네에 퍼뜨려서는 안 됩니다. 기도는 긍정적인 면에 초점을 두고 있습니다. 그리스도의 사랑을 가진 사람은 현 세상의 한계를 넘어서 미래에 기다리고 있는 잠재력을 볼 수 있는 영적 비전을 가지고 있습니다. 그리고 자신들이 본 것이 이루어질 때까지 기도합니다.

　우리 중 그 누구도 온전하게 바로 서 있지 못하다는 사실을 명심하십시오. 매번 우리는 다른 사람들을 판단하며 우리 자신도 판단받는 위치에 있습니다. 실제로 우리는 각자의 약한 방향으로 기울어질 수밖에 없습니다. 오직 하나님의 은혜로만 넘어지지 않고 바로 설 수 있습니다. 다른 사람이 실패한 것을 보고 자신의 의로 판단하거나 비방을 하면 바로 그 순간부터 스스로 타락의 길을 걷게 되는 것입니다.

　자비가 우리의 행동과 말의 동기가 되게 하십시오. 어떤 상황에 관하여 또는 개인과 토론 할 때 악의를 품고 하지 마십시오. 복수를 하려 하지 말고 용서하십시오. 이 땅에서 그리스도의 사역을 배반하는 자들처럼 하지 마십시오. 비방하는 자의 영역에 속하지 말고 그 자리로부터 떠나 자신을 보호하십시오.

　이스라엘 백성이 모세에 대해 불평하고, 투덜거리고, 불만을 토로했을 때 하나님께서는 이스라엘 백성을 멸망시키셨습니다. 교회가 분리되고 분열할 때 그 원인을 살펴보면 거의 대부분 교회 안에 불평의 요소가 그 근원인 것을 알 수 있습니다. 앞에서 언급한 것처럼 예수님께서는 가룟 유다를 '마귀'라고 말씀하셨습니다. 예수님께서는 '비방하는 자'라는 의미를 가진 디아볼로스(diabolos)에 대해 말씀하셨습니다. 유다는 확실히 자신의 부정적인 견해를 버리지 못했습니다.

　예수님께서는 유다가 마지막으로 남에 대하여 비판하도록 내버려 두셨는데 그것은 어떤 여인이 예수님의 발에 향유를 부은 일에 대하여 '낭비'한 것이라고 평가한 것입니다(마태복음26:7). 유다는 "이 향유를 어찌하여

삼백 데나리온에 팔아 가난한 자에게 주지 아니하느냐?"라면서 분개했습니다(요한복음12:5). 실제로 유다의 이러한 태도는 다른 사도들이 예수님께 분개하도록 해서 작은 반란이 일어나도록 부추기는 데 한몫을 했습니다(마태복음26:8). 누가 이 어이없는 사치를 허용했는가? 그에 대한 답은 바로 예수님이라는 것입니다. 유다의 배반 가운데는 '예수님께서 이 명백한 자금의 남용에 대해 사과하지 않았고 오히려 향유를 부은 여인의 사치스런 행동을 옹호한다'는 생각이 저변에 깔려 있었던 것입니다.

배반이라는 것은 갑작스럽게 일어나는 것이 아니라 한 인간에 대하여 오랫동안 풀리지 않은 분노, 실망, 시기심이 축적되어 나타나는 반응입니다. 복수하고자 하는 마음을 기도하면서 하나님께 내어놓지 못하면 그것은 필연적으로 우리의 영에 독이 되어 우리를 점차적으로 부식시켜 버립니다. 이 독은 그 후에 다른 사람을 비방하는 것으로 변해 버립니다. 우리는 의롭다고 느끼지만 실제로 악한 험담을 일삼게 되는 것입니다. 그러면 비록 '진리'를 위해 행한다고 느낄지 모르지만 결국은 원수가 되고 마는 것입니다.

하지만 그리스도를 배반한 사건을 이해하기 위해 우리는 그 근원인 불평의 영에 대해 살펴보아야 합니다. 감사해야 될 것을 제대로 바라보지 못하게 되면 불평하고 투덜거리게 됩니다. 그 불평과 투덜거림이 점점 더 생각의 세계를 점령하게 되며 결국은 지옥과 같은 삶을 살게 합니다. 루시퍼가 하늘나라에서 하나님으로부터 잘못된 점을 찾았던 것을 명심하십시오! 불평의 영을 가진 자들에게는 낙원도 충분하지 못합니다. 루시퍼처럼!

다른 크리스천에 대한 여러분의 분노가 자신으로 하여금 그 사람에 대해 비방하고 험담하게 하는 것을 경계하십시오. 특별히 그 대상과 내용이 교회 지도자에 관한 것이라면 더욱더 조심해야만 합니다. 다시 한번 강조합니다! 비방과 험담을 하게 된다면 여러분은 더 이상 그리스도의 형상을 닮아 가는 삶이 아니라 그리스도를 십자가에 못 박는 삶이 되고 맙니다.

물론 이 불평하는 태도가 단지 유다에게만 있었던 것은 아닙니다. 많은 제자가 되려는 사람들과 유대 지도자들 또한 감염되었습니다. 오병이어의 사건을 생각해 보십시오. 모든 곳에서 기적이 일어났고 그리스도께서는 방금 5천 명을 먹이셨는데도 많은 군중들은 결점을 찾기 시작했습니다. 예수님께서는 "너희는 서로 수군거리지 말라"고 경고하셨습니다(**요한복음6:43**). 하지만 무리는 계속 수군거리며 멈출 생각을 하지 않았습니다. 이 사람들이 그리스도를 모르는 사람들이 아니라 예수님의 제자들이었다는 점과 불평하는 자들이 죄인에게 불평하는 것이 아니라는 점을 기억하십시오. 다시 한번 우리는 "예수께서 제자들이 이 말씀에 대하여 수군거리는 줄 아시고 이르시되 이 말이 너희에게 걸림이 되느냐?"라고 하시는 말씀을 들을 수 있습니다(요한복음6:66).

불평하며 수군거리는 것은 기적이 일어나지 못하게 막고 그리스도의 말씀을 공격하는 것입니다. 예수님 당시에 그랬던 것처럼 오늘날도 똑같습니다. 불평은 궁극적으로 여러분이 예수님과 동행하지 못하게 하는 주요 원인이 됩니다. 불평은 죽이는 것입니다. 놀랍게도 바리새인들뿐만 아니라 초기 제자들도 하나님의 아들에게서 결점을 찾았던 것입니다! 제자들 가운데에 하늘나라가 임했지만 볼 수가 없었습니다. 함께 있어도 볼 수 없고 깨닫지 못하는 것, 이것이 바로 불평하는 태도의 결과입니다.

이 독이 오늘날 우리 교회 안에 유행처럼 번져 있습니다. 저는 여러분에게 분명하게 말씀드릴 수 있습니다. 하나님께서는 이 땅에서 하나님을 대신할 사람으로 불평하는 사람을 원하지 않으십니다. 만약 습관적으로 비방하고 수군거리며 불평한다면 그리스도에게로 가는 길에서 완전히 벗어나 있다는 사실을 명심하십시오.

저는 이미 개인적으로 불평에 대해 선전 포고를 했습니다. 저는 감사하지 않는 마음은 하나님의 뜻을 반대하는 적이라고 선포하였습니다. 제가 선포한 것과 같이 여러분도 저의 선포에 동참할 수 있으십니까? 불평의 영을 십자가에 달아 버리십시오! 우리는 하나님으로부터 우리 스스로 불신을 저지를 수도 있는 너무 많은 기회를 허락받았습니다. 우리는 너무나 많은 은사를 받음과 동시에 불평하고 불만족하는 마음을 허락받은 특권을 잘못 사용하여 우리의 운명을 망쳐 버려서는 안 됩니다.

이에 반하여 감사하는 마음은 모든 상황의 가장 좋은 부분만을 보게 해 줍니다. 저의 기도는 우리 모두가 예수님께서 우리에게 주시는 풍성한 삶을 누리는 것입니다. 불평을 여러분의 영혼으로부터 내쫓아 버리고 그 자리에 선하신 하나님의 살아 있는 임재가 충만하기를 원합니다. 그러기 위해 기꺼이 영적 싸움에 헌신하기를 바랍니다.

불평을 하게 되면 아름다운 우리 삶의 품격이 썩어 들어가게 됩니다. 바울은 "그들 가운데 어떤 사람들이 원망하다가 멸망시키는 자에게 멸망하였나니 너희는 그들(이스라엘)과 같이 원망하지 말라(**고린도전서10:9-10**)"고 경고합니다. 불평을 할 때마다 우리 삶은 멸망의 문으로 한 발짝 더 가까워지는 것입니다.

바울은 또 "무엇에든지 참되며 무엇에든지 경건하며 무엇에든지 옳으며 무엇에든지 정결하며 무엇에든지 사랑받을 만하며 무엇에든지 칭찬받을 만하며 무슨 덕이 있든지 무슨 기림이 있든지 이것을 생각하라(빌립보서4:8)"고 기록하고 있습니다.

만약 여러분의 마음이 하나님의 놀라운 삶이 아닌 다른 어떤 것에 집중하고 있다면, 그것은 '집중'하고 있는 것이 아니라 이미 산산이 부서져 버린 것입니다. 하나님께서는 우리에게 새로운 태도를 주시기를 원하십니다. 여러분은 "가만히 있으면 누가 잘못된 모든 것들을 고치겠습니까?"라고 말하고 싶어 할 것입니다. 오! 그런 걱정일랑은 절대로 하지 마십시오. 수많은 지원자들이 있습니다. 그러므로 여러분은 이렇게 말해야 바람직합니다. "내가 어떻게 하면 예수께서 오셔서 주시려고 하는 축복의 삶을 얻을 수 있을까요?"

우리는 하나님이 우리에게 주신 사람들에 대해 감사하는 것을 배워야 합니다. 여러분 중에 몇몇은 여러분이 사랑하는 사람들과 의사소통조차 제대로 하지 못할 것입니다. 왜 그렇습니까? 그 이유 중의 하나는 우리가 사랑하는 사람들이 우리 곁에 있는 것을 감사하지 않기 때문입니다. 하나님께서 우리로 감사함으로 그 문에 들어가기를 원하시는 것처럼, 우리는 사랑하는 사람들에게 다가갈 수 있어야 하고 사랑하는 사람들에게서 볼 수 있는 선한 것에 진실로 감사하며 사랑하는 사람의 마음속으로 들어가 말할 수 있어야 합니다.

예를 들어 만약 여러분이 가정의 십대 자녀들에 대하여 감사하지 못한다면 여러분이 자녀들에게 느끼는 실망이 자녀들을 여러분으로부터 몰아내게 됩니다. 자녀들과 함께 시간을 보내고 여러분이 자녀들에게 감사하는 것들을 진지하게 말해 보십시오. 그들에게는 수많은 선한 것들이 있습니다. 자녀들은 여러분으로부터 자신의 장점이나 잘하는 것들에 대하여 인정해 주는 말을 듣고 싶어 합니다. 아이들의 잘못을 바로잡아 주지 말라는 것이 아니라 바로잡아 주는 것과 인정하고 칭찬해 주는 것 사이에 균형을 맞추어야 한다고 말하는 것입니다. 그래서 자녀들 자신의 가치와 진가에 대한 감각을 충분히 살려 주어야 한다는 뜻입니다.

하나님께서는 우리를 사회적 존재로 만드셨기 때문에 우리는 인정받고자 하는 욕구를 가지고 태어납니다. 사실 우리는 의를 추구하는 것보다도 인정받기를 더 원합니다. 사랑하는 사람들을 인정함으로써 그들을 긍정적으로 만들고 노력하게 만들 수 있습니다. '감사'라는 자산이 그 가치를 증가시키는 것과 같이 우리가 사랑하는 사람들에 대해 감사하면 자기증오감에서 생겨난 파괴적인 성향과 거부에 대한 두려움이 사라집니다. 사랑하는 사람들의 잘못된 점을 지적함으로써가 아니라 계속적으로 감사하고 옳은 것이 무엇인지 알도록 영감을 불어넣어 사랑하는 이들이 더 잘되도록 해 주어야 합니다.

우리 마음속에는 다른 사람의 불쾌감을 알아차리는 전파탐지기 같은 어떤 것이 있습니다. 불만과 은혜를 모르는 것은 인간관계에서 혐오감을 주는 것입니다. 대부분의 사람들은 "만약 나를 이해해 주지 못한다면, 만약에 당신이 내 안에 있는 선한 것을 볼 수 없다면, 나는 내 모습 그대로를 받아들이는 사람들이 있는 곳으로 가겠다"고 말합니다. 감사는 우리가 사랑하는 사람들을 우리에게로 성큼 다가오도록 하는 것이지 사랑하는 이들을 우리로부터 멀리 밀어내는 것이 아닙니다.

예수님은 제자들을 부족하다거나 장애물로 여기지 않으시고 오히려 사랑의 선물로서 자신의 삶 속에 주신 아버지의 선물로 환영했습니다. 예수님께서는 "그들은 아버지의 것이었는데 내게 주셨으며(요한복음17:6)"라고 기도하셨습니다. 제자들이 예수님을 실망시켜 드렸습니까? 그렇습니다. 하지만 예수님께서는 제자들에 대해 감사했고 제자들을 존경과 감사로 대하셨습니다.

여러분이 사랑하는 목회자와 여러분의 교회는 하나님께서 주신 선물입니다. 그분들에게 감사하다고 이야기하십시오. 개인적으로 저는 하나님께 제 아내와 저를 향한 아내의 사랑과 내조에 깊은 감사를 드립니다. 마찬가지로 저는 제 아이들과 교회에서 제가 섬기는 분들에 대해 감사를 드립니다. 우리 교회의 목회자들과 장로님들과 집사님들은 매우 훌륭한 분들입니다. 그분들 중에 한 사람이라도 완벽한 사람이 있을까요? 아닙니다. 하지만 저는 그분들이 하나님의 거룩하신 손으로 주신 선물이기에 진정으로 감사할 따름입니다.

저는 결혼한 어떤 부부가 항상 친하게 대화를 하면서도 계속해서 무언가 잘못된 것이 있다며 따지고 다툰다는 것을 알게 되었습니다. 왜 이런 다툼을 멈추고 좋은 것만을 이야기하지 못합니까? 불만은 인간관계에서 가장 혐오감을 주는 것입니다. 반면에 감사는 하나가 되는 문입니다.

참으로 우리는 사람들이 지금까지 보지 못한 가장 행복하고, 가장 재미있고, 가장 중요한 사람이 되어야 합니다. 하나님께서는 우리를 살피시는 분이십니다. 하나님께서는 우리의 이름을 생명책에 기록하셨습니다. 그 사실 하나만으로도 우리는 무한한 감사와 행복과 기쁨과 즐거움을 누리기에 충분합니다.

여러분 중 몇몇은 비방이나 불평을 해 왔을 것입니다. 그러나 이제는 그러한 것들을 즉시 끝낼 때입니다. 무엇을 끝낼 때입니까? 바로 불평을 끝낼 때입니다. 앞으로 삼십 년 동안 매번 불평에 대한 유혹이 있을 때마다 의지적으로 감사할 무엇인가를 찾으시기 바랍니다. 하나님께 감사할 수 있는 사람이나 사건에 대한 목록을 만드십시오. 이제 불평과 불만을 끝내고 하나님의 놀라운 생명의 사람이 되어야 합니다!

주여, 제가 비방한 것으로부터 저를 구원해 주옵소서. 주여, 저도 역시 때때로 다른 신자들에 대해 험담하고 불평하여 주님을 배반하였다는 사실을 이제야 깨닫게 되었습니다. 예수님, 당신은 제 안에 당신께 감사하며 찬양하며 동행하려는 열정을 만드셨습니다. 저를 자유롭게 다른 사람들을 격려하는 사람으로 만들어 주옵소서. 예수님 이름으로 기도합니다. 아멘.

44장
그리스도의 기도에 대한 응답 되기

"성경에 있는 것을 내게 보여 주십시오." "하나님께서 성경 어디에 다른 교회들과 연합해야 된다고 말씀하셨는지 내게 보여 달라니까요." 한 목회자가 재촉하며 물었습니다.

저는 스스로를 억제하려고 노력했지만 그게 쉽지가 않았습니다. 저는 거듭난 다른 크리스천들과 연합하라고 직접 또는 간접적으로 우리를 부르시는 수백여 곳의 성경 말씀을 가지고 그 목회자를 당황하게 만들고 싶지는 않았습니다. 전에도 그분이 불평하는 것을 들은 적이 있습니다. 잘못된 신학에 매여 있는 그분에게 다른 교회와 연합한다는 것은 뻔뻔스러운 사기극일 뿐이었고 그렇게 하는 것은 눈을 감은 채로 잘못된 거대한 존재에 의해 삼켜져 버리는 것과 같았습니다.

저는 숨을 가다듬었습니다. 사람들이 성경을 공부를 할 때 저지르는 실수가 '읽은 말씀을 믿는 것이 아니라 자신들이 이미 믿고 있는 것을 읽을 뿐'이라는 사실을 이미 오래전부터 알고 있었습니다. 저에게는 정확한 본문 말씀뿐만 아니라 그리스도의 지혜와 부드러움이 필요했습니다.

그분을 위하여 바울이 유대인과 이방인을 연합하게 하기 위하여 여러 가지 방법을 알려 주는 로마서를 사용할 것인가? 아니면 분쟁하는 그리스도인들을 책망하면서도 가장 높은 차원의 다양성과 조화를 이루라고 권면하는 고린도전서의 말씀을 사용할 것인가? 신약성경에 연합을 주제로 하는 너무도 많은 말씀이 있기에 저는 어떤 본문을 선택할 것인가를 고민해야만 했습니다. 시간이 많지 않아서 저는 요한복음 17장을 선택했습니다. 그 이유는 그 말씀이 그리스도인들의 연합에 관하여 말할 뿐만 아니라 연합을 간곡히 부탁하는 그리스도의 마음이 계시되어 있기 때문입니다.

저는 그분에게 질문했습니다. "예수 그리스도는 어제나 오늘이나 영원히 동일하시다는 성경 말씀이 진실이라고 믿습니까?" 그는 확신을 가지고 "예"라고 대답했습니다. 그러면 "예수께서 영원토록 교회의 중보자로서 1세기에 간구하셨던 것을 오늘도 동일하게 기도하신다고 상상해 보아도 괜찮겠지요?(로마서8:27, 히브리서13:8)" 다시 한번 그분은 저의 말에 동의했습니다. 저는 그러면 이제 요한복음을 살펴보자고 말했습니다.

제 생각으로는 요한복음 17장에 기록된 예수님의 기도를 제대로 공부하면 예수님의 마음속으로 그분을 인도할 수 있으리라 믿었습니다. 여기에서 우리가 발견할 수 있는 것은 예수님을 따르는 자로서 연합된 사람들에 관한 예수님의 관점을 알게 되면 그들 자신의 두려움과 야망과 세계관을 예수님의 견해와 분리할 수 있게 된다는 점입니다.

예수님의 제자들은 자신들의 직분을 가지고 논쟁을 벌인 것으로 알려져 있습니다. 때때로 제자들은 세속적인 아이디어와 숨겨진 의제에 몰두하여 예수님의 가르치심에 관한 최소한의 이해도 하지 못할 때가 종종 있었습니다. 마태는 전직 세무공무원이었습니다. 몇몇은 단순하고 교육도 제대로 받지 못한 노동자, 즉 보잘것없는 어부들이었으며, 야고보와 요한은 세례요한의 제자였으며, 셀롯인 시몬과 가룟 유다는 사회적으로 극우파 국수주의자들이었습니다.

예수님께서 그들이 하나 되도록 기도하신 것은 전혀 놀라운 일이 아닙니다!

예수님의 제자들은 여러 가지 이유로 서로 나누어져 있었지만 예수님께서는 이 분리를 허락하신 것도 아니고 그러한 분리가 존재하지 않는 것처럼 행동하시지도 않으셨습니다. 예수님께서는 제자들의 세속적인 것에 대한 기대를 낮추지 않으셨습니다. 반면에 예수님께서는 제자들의 표준이 삼위일체 하나님의 하나 되심에까지 이르게 해 달라고 기도하셨습니다.

우리 안에 거하시는 그리스도의 영께서는 우리의 연합을 위하여 간구하시고 계십니다. 어떻게 우리들이 주님의 음성을 듣지 못하고 주님의 열정에 대해 차갑기 그지없는 귀머거리가 되어 있단 말입니까? 어떻게 주님을 사랑한다고 하면서 주님의 명령을 지키지 않고 우리를 위한 주님의 비전을 끌어안지 못한단 말입니까?

예수님으로부터 우리의 초점을 벗어나게 하려는 자는 바로 사단입니다. 마귀는 우리의 본성적 문화적 차이를 조종해서 다른 거듭난 크리스천들과 분리시키려 합니다. 이는 사실상 우리들의 다툼이라기보다는 보다 넓은 차원에서 사단과 주 예수님 사이의 다툼입니다. 마귀는 직접적으로 주님을 만질 수 없기에 우리를 분리시켜 그리스도의 마음을 아프게 하는 것입니다. 우리는 진리를 수호하는 것과 마찬가지로 우리 안에 일어나는 지속적인 분리가 실제로는 마귀가 우리를 속이고 넘어뜨리는 것임을 볼 수 있어야만 합니다. 저는 사단이 참으로 많은 크리스천들에게 연합이 악하다고 각인시킨 사실에 대해 놀라움을 금할 수 없습니다! 물론 소위 크리스천이라고 불리는 어떤 사람이나 교회 조직과는 연합하지 않을 것이라고 말하는 제 친구 목회자의 말이 어느 정도는 맞을 수 있습니다. 왜냐하면 너무나 많은 거짓 크리스천들이 있으며 사단은 여전히 광명의 천사로 위장하고 있기 때문입니다. 그래도 중요한 것은 분별하면서 거듭난 크리스천 사이의 비성경적인 분리를 회개하고 마침내 연합하도록 도전하는 것입니다!

연합을 이루기 위해 무엇에 근거를 두어야 합니까? 요한복음 17장에서 예수님은 자신의 교회를 가장 심오한 연합의 상태로 이끌 수 있는 세 가지 원동력, 즉 세 가지 본질적인 진리를 우리에게 주셨습니다. 그렇게 하나가 된 상태는 주님의 이름과 주님의 말씀과 주님의 영광과의 올바른 관계가 있을 때 이루어지게 됩니다.

여기 주님의 이름으로 기록된 하나 됨에 관한 기도가 있습니다. 예수님은 "거룩하신 아버지여, 내게 주신 아버지의 이름으로 그들을 보전하사 우리와 같이 그들도 하나 되게 하옵소서(요한복음17:11)"라고 기도하셨습니다. 하나님께서는 우리들처럼 주님의 이름을 부르는 모든 사람들이 연합하도록 부르셨습니다. 이 연합은 평범한 교리적인 지위의 해석에 근거한 것이 아니라 하나님의 도움과 용서를 위한 공통적인 필요에 의해서 이루어지는 것입니다. 사실 우리는 이미 그리스도의 구속의 권능 아래 연합되었습니다. 이것은 얻어지는 어떤 것이 아니고 인정하고 받아들여야 하는 것으로 십자가의 발 아래 우리는 하나인 것입니다.

다시 한번 예수님께서는 하나 됨을 창조하시기 위해 다음과 같이 기도하셨습니다. "내가 비옵는 것은 이 사람들만 위함이 아니요, 또 그들의 말로 말미암아 나를 믿는 사람들도 위함이니, 아버지여, 아버지께서 내 안에, 내가 아버지 안에 있는 것 같이 그들도 하나가 되어 우리 안에 있게 하사 세상으로 아버지께서 나를 보내신 것을 믿게 하옵소서(요한복음17:20-21)."

예수께서 교회 안의 연합을 위해 기도하실 때 연합의 근원을 사람의 기획이나 고안 등을 조직화하는 선천적인 재능에 두신 것이 아니라, "그들이 모두 하나가 되게 하소서"라는 예수님의 말씀에 근거하셨습니다. 그리고 예수님께서 '그들의 말로 말미암아 나를 믿는 사람들'에 대해 언급하실 때 실제로 두 가지 증거에 대하여 말씀하고 계십니다. 첫 번째는 예수님이 행하신 것을 선포하고 믿는 모든 자들에게 구속의 사명을 세우는 것입니다. 그다음에는 예수님께서 말씀하신 것을 계속적으로 반복하는 것인데 그렇게 할 때 그것을 따르는 자들의 삶 속에 연합이 창조되는 것입니다. 그것이 바로 위대한 지상 명령의 핵심입니다(마태복음28:20).

그리스도의 구속의 사명과 예수님의 가르침에 배어 있는 예수님의 인생은 모든 크리스천들이 이루어야 할 근본적인 실체입니다. 예수님의 십자가 희생은 우리의 모든 과거의 죄악을 속량하셨으며 예수님의 말씀으로 우리의 미래를 세우고 창조하는 것입니다. 이로써 바로 참된 연합과 그리스도인의 제자도가 나타나게 되는 것입니다.

예수님께서는 우리에게 예수님의 이름과 말씀을 주셨으며 그 두 가지는 교회 안에 하나 됨을 창조하고 세우는 것이 됩니다. 마지막 단계인 연합은 가장 높고 아름다운 것입니다. 왜냐하면 주님의 말씀으로 예비 된 마음들 위에 주님의 임재의 살아 있는 광채가 임하는 것이기 때문입니다.

> 내게 주신 영광을 그들에게 주었사오니 이는 우리가 하나가 된 것같이 그들도 하나가 되게 하려 함이니이다. 곧 내가 그들 안에 있고 아버지께서 내 안에 계시어 그들로 온전함을 이루어 하나가 되게 하려함은 아버지께서 나를 보내신 것과 또 나를 사랑하심같이 그들도 사랑하신 것을 세상으로 알게 하려 함이로소이다
>
> 요한복음17:22-23

'내가 그들 안에 있고 아버지께서 내 안에 계시어 그들로 온전함을 이루어 하나가 되게 하려 하심'은 바로 교회를 통한 예수 그리스도의 계시이자 참된 크리스천의 목표인 것입니다.

예수님께서는 제가 기도로 간구하는 모든 것에 대한 유일한 응답이십니다. 만약 제가 인도하심을 구하면 주님은 저의 목자가 되십니다. 만약 제가 아프면 주님은 저의 치료자가 되십니다. 제가 혼란 중에 있을 때면 주님은 저의 선생이 되어 주십니다. 하지만 우리가 우리의 놀라우신 구세주께 드려야 할 것이 있습니다. 우리가 주님의 연합을 위한 기도의 응답이 되어야만 합니다.

매번 우리가 다른 사람을 비판하는 대신에 그 사람들을 위해서 기도하면 우리가 주님의 기도의 응답이 되는 것입니다. 매번 우리에게 상처를 주는 형제에게 그 상처를 되갚지 않고 돌이켜 용서하면 우리가 주님의 소원에 응답이 되는 것입니다. 인종과 교단적 배경을 초월하여 우리가 연합하고, 우리의 배경이 어떠하든지 하나님의 백성들과 함께 서로 사랑하고, 기도하고, 선행을 베풀고, 겸손하게 기쁨으로 섬길 때, 우리는 그리스도의

마음에 기쁨을 드리는 자가 되는 것입니다.

생각해 보십시오. 참으로 놀랍지 않습니까! 우리는 보잘것없고 평범하지만 우리가 바로 "아버지여 그들을 연합하게 하소서"라고 기도하신 주님의 기도에 응답이 될 수 있습니다.

사랑하는 예수님, 저는 당신의 기도에 대한 응답이 되고 싶습니다. 당신의 이름과 당신의 말씀과 당신의 영광에 정확히 연결되어서 당신과 하나 될 수 있도록 도우소서. 그런 다음에 당신의 교회를 연합하게 하는 당신의 사랑의 도구가 되게 하소서! 예수님 이름으로 기도합니다. 아멘.

성숙훈련

ⓒ 미래공동체, 2025

초판 1쇄 발행 2025년 9월 1일

지은이	프랜시스 프랜지팬
엮은이	미래공동체(www.hiscoming.org)
펴낸이	이기봉
편집	좋은땅 편집팀
펴낸곳	도서출판 좋은땅
주소	서울특별시 마포구 양화로12길 26 지월드빌딩 (서교동 395-7)
전화	02)374-8616~7
팩스	02)374-8614
이메일	gworldbook@naver.com
홈페이지	www.g-world.co.kr

ISBN 979-11-388-4650-9 (03230)

- 가격은 뒤표지에 있습니다.
- 이 책은 저작권법에 의하여 보호를 받는 저작물이므로 무단 전재와 복제를 금합니다.
- 파본은 구입하신 서점에서 교환해 드립니다.